汽车先进技术译丛
日本汽车技术协会·汽车技术经典书系

汽车的交通环境匹配技术

［日］山川新二　主编

刘璟慧　译

机械工业出版社

《汽车的交通环境匹配技术》整理了汽车使用对社会的贡献以及汽车增加所引发的负面影响，阐述未来社会的交通环境、汽车匹配技术以及作为问题解决方法之一的汽车与道路的智能化。其研究与试验方法贴近工程实际，非常值得国内技术人员阅读借鉴。

Translation from Japanese language edition：自動車の交通環境調和技術，自動車技術会編集

Copyright © Originally published in Japan in 1997 by Asakura Publishing Company，Ltd.

Chinese translation rights arranged with Asakura Publishing Company，Ltd. through TOHAN CORPORATION，TOKYO.

All Rights Reserved.

版权所有，侵权必究。

This title is published in China by China Machine Press with license from Asakura Publishing Company，Ltd. This edition is authorized for sale in China only，excluding Hong Kong SAR，Macao SAR and Taiwan. Unauthorized export of this edition is a violation of the Copyright Act. Violation of this Law is subject to Civil and Criminal Penalties.

本书中文简体版由 Asakura Publishing Company，Ltd. 授权机械工业出版社在中国境内（不包括香港、澳门特别行政区及台湾地区）出版与发行。未经许可之出口，视为违反著作权法，将受法律之制裁。

北京市版权局著作权合同登记　图字：01-2015-0544号。

图书在版编目（CIP）数据

汽车的交通环境匹配技术/（日）山川新二主编；刘璟慧译. —北京：机械工业出版社，2018.11

（汽车先进技术译丛. 日本汽车技术协会·汽车技术经典书系）

ISBN 978-7-111-61422-7

Ⅰ.①汽… Ⅱ.①山…②刘… Ⅲ.①汽车-交通环境　Ⅳ.①U46

中国版本图书馆CIP数据核字（2018）第267269号

机械工业出版社（北京市百万庄大街22号　邮政编码100037）
策划编辑：孙　鹏　李　军　责任编辑：孙　鹏
责任校对：陈　越　　　　　　封面设计：鞠　杨
责任印制：张　博
三河市宏达印刷有限公司印刷
2019年1月第1版第1次印刷
184mm×260mm·10.5印张·251千字
0 001—3 000册
标准书号：ISBN 978-7-111-61422-7
定价：60.00元

凡购本书，如有缺页、倒页、脱页，由本社发行部调换

电话服务　　　　　　　　　　　　网络服务
服务咨询热线：010-88361066　　　机 工 官 网：www.cmpbook.com
读者购书热线：010-68326294　　　机 工 官 博：weibo.com/cmp1952
　　　　　　　010-88379203　　　金　书　网：www.golden-book.com
封面无防伪标均为盗版　　　　　　教育服务网：www.cmpedu.com

序

  本丛书是日本汽车技术协会主编的汽车技术经典书系，书系共12册。本系列丛书旨在阐述汽车相关的焦点技术及其将来的发展趋势，由活跃在第一线的研究人员和技术人员编写。

  日本汽车技术协会的主要责任是向读者提供最新技术课题所需要的必要信息，为此我们策划了本系列丛书的出版发行。本系列丛书的各分册中，相对于包罗万象的全面涉及，编者更倾向于有所取舍地选择相关内容，并在此主导思想下由各位执笔者自由地发表其主张和见解。因此，本系列丛书传递的将是汽车工程学、技术最前沿的热点话题。

  本系列丛书的主题思想是无一遗漏地包含基础且普遍的事项，与本协会的《汽车工学手册》属于对立的两个极端，《汽车工学手册》每十年左右修订一次，以包含当代最新技术为指导思想不断地进行更新，而本系列丛书则侧重于这十年当中的技术进展。再者，本系列丛书的发行正值日本汽车技术协会创立50年之际，具有划时代的意义，将会为今后的汽车工学、技术，以及工业的发展发挥积极的作用。

  在本系列丛书发行之际，我代表日本汽车技术协会向所有为本系列丛书提供协助的相关人员，以及各位执笔者所做出的努力和贡献表示衷心的感谢。

社团法人　日本汽车技术协会
汽车技术经典书系出版委员会
委员长　池上 询

前　　言

汽车作为现代社会的交通或运输工具，已成为必需品而不可或缺，但与此同时，汽车也带来了污染及交通事故等社会问题，近年来的治理力度正不断加大。

本书整理了汽车使用对社会的贡献以及汽车增加所引发的负面影响，阐述未来社会的交通环境、汽车匹配技术以及作为问题解决方法之一的汽车与道路的智能化。

第1章综述汽车的使用、社会活动以及环境问题。第2章论述城市与交通问题。第3章针对道路与停车问题、现行交通管制技术、新交通系统与其他交通方式之间的匹配进行说明。第4章则围绕广泛发展的物流，阐述包括自动化的问题及对未来发展的展望。

后半部分选取了与汽车和道路智能化有关的主题，这也是近年来包括日本在内的工业发达国家发展显著的领域。

第5章具体围绕交通信息系统、交通管理、驾驶辅助系统、地图导航、道路与车之间以及车与车之间的通信等主题技术展开说明。

第6章是对未来自动驾驶系统的进一步展望。即阐述了用于自动驾驶的传感器、未来的驾驶辅助系统及自动驾驶系统迄今为止的研究成果。

按照"汽车技术系列丛书"最初的计划，由于后半部分的技术正处于迅速发展的时期，因此并没有料到它会占据这么大的比重。例如，并没有想到当时的地图导航会如此迅速地普及，反而仍在讨论如何才能普及的问题。

但是根据近几年搭载数量的骤增，让我们看到了随之而来的汽车导航技术的显著发展。而且自1996年春开始，道路交通情报通信系统（VICS）作为世界首发的系统便开始在首都圈运行。

同年秋，自动驾驶道路系统（AHS）的公开试验又在上信越自动车道正在建设的路段开展。可见全世界对高级道路交通系统，即所谓的ITS的期许不断高涨，一些国家在道路方面所做的准备也不断深入。

在21世纪，有望实现非传统意义上的汽车，即真正的自动驾驶的汽车，但是目前除了攻克技术难关以外，可以说我们在诸多方面所要跨越的障碍难度都不低。

这些问题均是委托日本国内致力于这些前沿研究的专家学者执笔的，但是由于某些技术发展日新月异、收集整理原稿又要花费一些时间，可能所述内容又产生了新的变化；另外关于重复的部分，也可能因执笔人的立场不同而导致内容上的分歧，恳请大家谅解。

特别是归纳总结而成的后半部分，我想它将成为日本汽车方面首发的书籍。

山川新二

编辑的话

本书是由日本汽车技术协会组织编写的"汽车技术经典书系"的第12分册《自動車の交通環境調和技術》翻译而来的。本丛书的特点是对汽车设计、测试、模拟、控制、生产等技术的细节描写深入而实用,所有作者均具备汽车开发一线的实际工作经验,尤其适合汽车设计、生产一线的工程师研读并应用于工程实践!本丛书虽然原版出版日期较早,但因为本丛书在编写时集聚了日本国内最优秀的专家,使本丛书具有极高的权威性,是日本汽车工程技术人员必读图书,故多次重印,目前仍然热销。非常希望这套丛书的引进出版能使读者从本丛书的阅读中受益!本丛书由曾在日本丰田公司工作的刘显臣先生推荐,也在此表示感谢!

日本汽车技术协会"汽车技术经典书系"出版委员会

委 员 长	池上 询	京都大学工学部
副委员长	近森 顺	成蹊大学工学部
编辑委员	安部正人	神奈川工科大学工学部
	井上悳太	丰田汽车
	大沢 洋	日野汽车
	冈 克己	本田技术研究所
	小林敏雄	东京大学生产技术研究所
	城井幸保	三菱汽车
	芹野洋一	丰田汽车
	高波克治	五十铃工程技术有限公司
	迁村钦司	新ANSYS有限公司
	農沢隆秀	马自达汽车
	林 直义	本田技术研究所
	原 田宏	防卫大学校
	东出隼机	日产柴油发动机有限公司
	间濑俊明	日产汽车
	柳濑徹夫	日产汽车
	山川新二	工学院大学

主编
山川新二　　　　工学院大学
参编
棚泽正澄　　　　丰田汽车株式会社
广濑登茂司　　　丰田汽车株式会社
茅　阳一　　　　庆应义塾大学
石井一郎　　　　中野土地
山田晴利　　　　通产省工业技术院
田中好巳　　　　警察厅
得田与和　　　　日产科学振兴财团
谷口正明　　　　日产汽车株式会社
上村幸惠　　　　之前就职于五十铃汽车株式会社
佐藤　司　　　　日产柴株式会社
高羽桢雄　　　　东京工科大学
池之上庆一郎　　之前就职于日本大学
重松　崇　　　　丰田汽车株式会社
东　重利　　　　丰田汽车株式会社
小川陆真　　　　电装株式会社
福井良太郎　　　冲电气工业株式会社
藤井治树　　　　（财）自动车走行电子技术协会
佐藤　宏　　　　日产汽车株式会社
早舩一弥　　　　三菱汽车株式会社
津川定之　　　　通产省工业技术院

目 录

序
前言
编辑的话

第1章 汽车数量的增加和社会活动的变化 ·········· 1
1.1 汽车的使用和社会活动 ·········· 1
1.1.1 汽车成为首要运输装置 ·········· 1
1.1.2 用户喜好的多样化与社会需求 ··· 3
1.1.3 汽车与社会的冲突及共存模式探索 ·········· 5
1.1.4 今后课题 ·········· 6
1.2 从环境视角看汽车未来 ·········· 8
1.2.1 汽车公害及其对策 ·········· 8
1.2.2 地球环境问题及其对策 ·········· 9

第2章 城市和交通问题 ·········· 11
2.1 城市的构成 ·········· 11
2.1.1 城市结构 ·········· 11
2.1.2 城市交通需求的种类 ·········· 11
2.1.3 交通系统的种类 ·········· 11
2.1.4 出行目的与交通方式 ·········· 12
2.2 旅客运输工具 ·········· 13
2.2.1 适用范围 ·········· 13
2.2.2 利用密度 ·········· 14
2.3 交通工具的选择 ·········· 15
2.3.1 旅客运输 ·········· 15
2.3.2 城市规模与最佳交通工具 ·········· 15
2.3.3 货物运输 ·········· 15
2.4 城市道路 ·········· 15
2.4.1 道路网的形状 ·········· 15
2.4.2 城市道路的分类 ·········· 16
2.5 城市景观与道路要素 ·········· 17
2.5.1 道路宽度 ·········· 17
2.5.2 道路的长宽比 ·········· 17
2.5.3 步行道与车道的宽度比 ·········· 18
2.5.4 道路比例 ·········· 18
2.6 标志性道路 ·········· 18
2.6.1 标志性道路的定义 ·········· 18
2.6.2 标志性道路的类型 ·········· 19
2.6.3 基于空间特点的标志性道路的分类 ·········· 19
2.6.4 标志性道路的目标 ·········· 19
2.6.5 标志性道路的文化特点 ·········· 20
2.7 确保行人空间 ·········· 20
2.7.1 人行道的功能 ·········· 20
2.7.2 人行道的结构 ·········· 20
2.7.3 人行道的宽度 ·········· 20
2.7.4 庭院式道路和人车共同道路 ·········· 20
2.7.5 电缆等的地下铺设 ·········· 21
2.7.6 沿路的房屋排列构成 ·········· 21
2.7.7 行人专用道路 ·········· 21
2.7.8 行人专用道路和绿化带 ·········· 22
2.8 街树的配置设计 ·········· 22
2.8.1 街树的比例 ·········· 22
2.8.2 绿化带的设计 ·········· 22
2.8.3 植树的基本原理 ·········· 22
2.9 商业街布局 ·········· 23
2.9.1 商业街 ·········· 23
2.9.2 商业街的形状 ·········· 23
2.9.3 商业街的长度 ·········· 24
2.9.4 小公园广场 ·········· 24
2.9.5 步行者天堂 ·········· 25
2.10 购物公园 ·········· 25
2.10.1 购物公园的开端 ·········· 25
2.10.2 购物公园的种类 ·········· 26
2.11 郊区商业布局 ·········· 27
2.12 地域划分和城市防灾 ·········· 27
2.12.1 地域划分 ·········· 27
2.12.2 城市灾害的种类 ·········· 27

2.12.3 城市规划中的防灾 ········· 27
  2.12.4 阪神大地震的教训 ········· 28
第3章 道路、停车、新交通系统及与
    其他交通方式的协调 ········ 29
 3.1 道路及停车问题 ············· 29
  3.1.1 道路 ··················· 29
  3.1.2 停车问题 ··············· 34
 3.2 综合管制技术 ··············· 39
  3.2.1 交通管制系统 ··········· 39
  3.2.2 交通信息的收集 ········· 40
  3.2.3 交通信号控制 ··········· 41
  3.2.4 提供交通信息 ··········· 43
  3.2.5 辅助路径选择 ··········· 43
  3.2.6 导航系统 ··············· 44
  3.2.7 路径导航 ··············· 47
  3.2.8 辅助公共车辆优先通行 ··· 48
  3.2.9 综合管理技术的研究开发 ··· 49
 3.3 新交通系统及与其他交通
   系统的协调发展 ············· 49
  3.3.1 新交通系统的回顾 ······· 49
  3.3.2 改进已有交通系统 ······· 49
  3.3.3 新交通系统的开发 ······· 53
第4章 物流 ······················· 62
 4.1 从运输到物流及后勤保障 ····· 62
  4.1.1 物流的环境变化 ········· 62
  4.1.2 市场的全球化对应 ······· 64
  4.1.3 日本国内物流结构变革对应 ··· 67
  4.1.4 从运输到物流及后勤保障 ··· 69
 4.2 后勤保障 ··················· 72
  4.2.1 后勤保障概念 ··········· 72
  4.2.2 后勤保障的步骤 ········· 73
  4.2.3 后勤保障的课题 ········· 75
  4.2.4 后勤保障系统 ··········· 76
  4.2.5 后勤保障信息系统 ······· 77
  4.2.6 后勤保障及成本 ········· 79
  4.2.7 后勤保障的新领域 ······· 80
 4.3 自动化的现实和展望 ········· 81
  4.3.1 后勤保障和自动化 ······· 81
  4.3.2 自动化的现实 ··········· 81

  4.3.3 自动化的课题 ··········· 86
  4.3.4 今后的展望 ············· 87
第5章 汽车与道路的智能化 ······· 90
 5.1 交通信息系统 ··············· 90
  5.1.1 汽车与道路智能化的发展 ··· 90
  5.1.2 交通信息系统概要 ······· 91
  5.1.3 交通信息系统案例 ······· 93
  5.1.4 交通信息系统展望 ······· 96
 5.2 交通管理 ··················· 97
  5.2.1 道路交通空间的完善与运用 ··· 97
  5.2.2 限速法规 ··············· 99
  5.2.3 交通信号控制 ··········· 99
  5.2.4 交通管制系统 ··········· 102
  5.2.5 交通管理智能化展望 ····· 103
 5.3 驾驶辅助系统 ··············· 106
  5.3.1 认知辅助系统 ··········· 106
  5.3.2 判断辅助系统 ··········· 107
  5.3.3 操作辅助系统 ··········· 108
  5.3.4 驾驶人监视系统 ········· 109
  5.3.5 实际应用的课题 ········· 109
 5.4 地图导航 ··················· 111
  5.4.1 导航系统的构成 ········· 111
  5.4.2 地图数据库和 CD – ROM ··· 112
  5.4.3 当前位置检测 ··········· 114
  5.4.4 路径引导原理 ··········· 116
  5.4.5 路径引导方式 ··········· 119
 5.5 车路通信技术 ··············· 122
  5.5.1 车路通信的概念 ········· 122
  5.5.2 通信形态的分类 ········· 123
  5.5.3 通信媒介的比较 ········· 124
  5.5.4 车路通信系统实例 ······· 124
  5.5.5 今后展望 ··············· 128
 5.6 车车通信技术 ··············· 129
  5.6.1 车车通信概念 ··········· 129
  5.6.2 车车通信的应用与效果 ··· 129
  5.6.3 车车通信技术特征及
     研究现状 ··············· 130
  5.6.4 车车间行车数据传递系统的
     可行性研究 ············· 131

5.6.5 今后发展与课题……………… 133

第6章 自动驾驶系统的展望………… 134
　6.1 自动驾驶之传感器 …………… 134
　　6.1.1 路面形状识别技术 ……… 135
　　6.1.2 雷达技术 ………………… 140
　6.2 未来驾驶辅助系统 …………… 144
　　6.2.1 驾驶辅助系统的现状 …… 144

　　6.2.2 驾驶辅助系统的课题 …………… 147
　　6.2.3 未来驾驶辅助系统的发展 …… 149
　6.3 自动驾驶系统 ………………………… 150
　　6.3.1 历史 ……………………………… 150
　　6.3.2 自动驾驶系统的主要技术 …… 154
　　6.3.3 自动驾驶系统的效果和课题 … 157

第1章 汽车数量的增加和社会活动的变化

1.1 汽车的使用和社会活动

1955年,日本真正步入了汽车普及阶段,最初为保证运输,主要侧重于大力发展货车。自1965年起,个人消费的增长成为拉动经济增长最重要的力量,与此同时,乘用车逐渐呈现出加速普及的态势。在随后的20世纪70年代,市民生活形态迎来多样多元的时代,乘用车作为个人移动手段得到进一步发展。

1978年,日本的汽车保有量超过2800万辆,1994年达到约6500万辆(图1-1),汽车对于产业经济活动发展与国民生活水平提升的重要作用越发凸显。然而近年来各类问题也日渐突出,例如东京都等大城市的大气污染问题与气候变暖等地球环境问题,从长远来看的资源、能源等问题。本章将重点讲述汽车对社会活动的贡献与今后各类问题的解决方法。

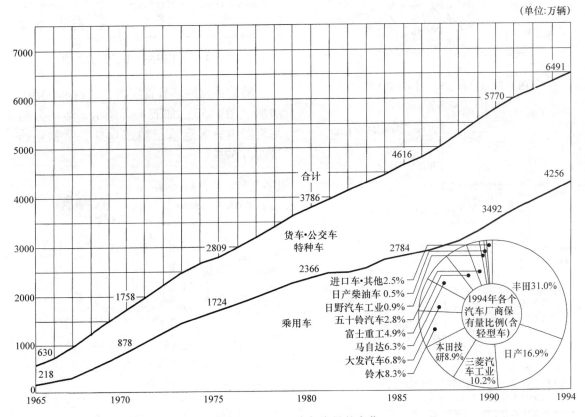

图1-1 国内汽车保有量的变化
含轻型汽车在内。运输省调查的各年份12月末保有量。两轮、三轮和被牵引车除外。资料:日本汽车工业协会、丰田汽车。

1.1.1 汽车成为首要运输装置

在汽车成为首要运输装置的过程中,汽车产业的地位也日趋提升。从图1-2可知,1997年全球汽车产量业已突破约4680万辆,汽车产业俨然已经成为国内乃至全球人们生活不可或缺的基础产业之一。表 1-1 表明汽车产业在日本经济中占据着重要的位置。1993 年汽车产业的生产额约为 42 兆日元，在主要制造业生产额中的占比攀升至 13%（图 1-3），从业人员增加至 722 万人（图 1-4）。汽车并不单纯只是运输人员、货物的手段，它还满足了人们对于运动的追求，并且作为一种兴趣爱好为生活增姿添彩。

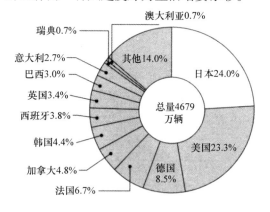

图 1-2　各国汽车产量（1993 年）

资料：日本汽车工业协会

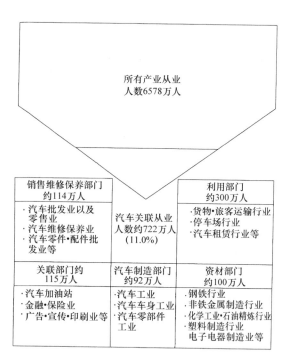

图 1-4　汽车相关产业的从业人数

随着道路网络日益完善，交通量也随之增加（图 1-5）。如表 1-2 所示，运输分担率为国内旅客运输量约占 66%，货物运输量约占 52%。

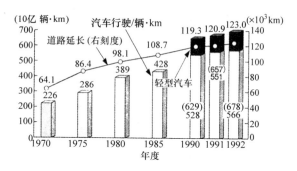

图 1-5　交通量·道路扩展的变化

1. 道路延长：改良后宽度为 5.5m 以上的高速汽车国道、国道以及都道府县道路。
2. 1970 年的道路延长是上年年末，其他是下年年初值。
3. 1990 年以后（）内含有轻型车。

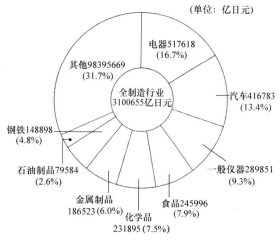

汽车生产额明细
- 汽车制造业（含三轮和二轮）208790 亿日元
- 汽车车身·挂车制造业　31026 亿日元
- 汽车零部件·配件制造业　176968 亿日元

图 1-3　制造业中的生产额占例

生产额基于快报。资料：通商产业省（工业统计快报 平成 5 年版）。

在时代洪流的大背景下，上述的汽车普及背后实则历经了各种尝试与技术开发，旨在为了满足用户的需求。

表1-1 汽车产业在日本经济中的地位

项目	地位	日本整体的产业	其中的汽车产业	汽车占比（%）
从业者人数	从业者的1成	6578万人	722万人	11.0（1993年推定）
主要制造业的生产金额	生产额的1成	310兆655亿日元	41兆6783亿日元	13.4（1993年）
零售业年销售额	零售额的1成	140兆6381亿日元	18兆964亿日元	12.9（1991年）
年出口额	出口额的1成（四轮车）	40兆4976亿日元	5兆8366亿日元	14.4（1994年）
主要制造业设备投资额	设备投资额的2成	5兆5588亿日元	9789亿日元	17.6（1994年计划值）
制造业研究开发费用	研究开发费的1成	8兆4546亿日元	1兆936亿日元	12.9（1993年）
税收	汽车相关税费占税收总收入的1成	89兆2319亿日元	7兆8301亿日元	8.8（1994年预算案）
国内旅客运输分担率	国内旅客的三分之二	1兆3558亿人·km	8899亿人·km	65.6（1993年）
国内货物运输分担率	国内货物的5成	5357亿t·km	2759亿t·km	51.5（1993年）

1.1.2 用户喜好的多样化与社会需求

不言而喻，用户期待汽车拥有更高的性能、更加的舒适且颇具效率。为此开发了许多应用电子技术的系统，这些系统在应对排放法规，显著提升安全性、舒适性的同时，还推动着技术、产业的发展。图1-6为汽车上引入此类系统后的相关数据事例之一，揭示出每辆车成本中电子电气成本占比的推移情况。1986年时值第二次世界大战后经济欣欣向荣之际，考虑到进口车等问题，政府重新修订税制，大排量的大型车进而受到追捧（表1-3）。商用车也呈现出相同的趋势，大型且高功率的卡车销售增长势头迅猛。近年来，从汽车在人们生活中的应用层面，也能够窥见出汽车用户喜好的变化，RV（译者注：Reja-Vehicle）的销售正处于高水平的发展之中。

另外随着物流的不断发展，各种冷藏车、附带液压控制装置的起重车等特种装备车应运而生，推动着车身改造厂商的飞速发展。图1-7表示的是特种装备车事例。

随着经济的高速发展，物流行业一改传统的包裹邮件等形式，创立出崭新的上门送货服务。如图1-8所示，1991年时的小宗货物经办数量已经扩展至11亿余个，在国民生活中深深扎根，在小巷深处都能见到轻型卡车等配送货物的场景。此外，工厂内等使用的生产用车也呈现出活跃景象。汽车产业正因如此根据广大用户要求，适时提供相应车辆，才取得了卓越的成就。

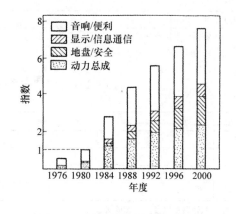

图1-6 每辆车的相关电子指数

表 1-2 各运输机构分担率的变化

运输机构国内旅客运输量 (单位:%)

	(乘用车)	汽车	铁路	船	国内航空	总旅客运输人·km (单位:亿人·km)
1970年度	(30.9)	(48.4)	(49.2)	(0.8)	(1.6)	5871
1975	(35.3)	(50.8)	(45.6)	(1.0)	(2.7)	7107
1980	(41.1)	(55.2)	(40.6)	(0.8)	(3.8)	7820
1985	(44.8)	(57.0)	(38.5)	(0.7)	(3.9)	8582
1990	(57.2)	(65.7)	(29.8)	(0.5)	(4.0)	12984
1993	(58.0)	(65.6)	(28.7)	(0.4)	(4.2)	13558

注:1.括号内是构成比。1985年之前不含轻型车运送。1990年以后包含家用货车。
2.资料:运输省[运输白皮书 平成6年度版]。

各运输机构国内货物运输量 (单位:%)

	汽车	铁路	内航海运	国内空运	总货物运输亿t·km (单位:亿t·km)
1970年度	(38.8)	(18.1)	(43.1)	(0.0)	3506
1975	(35.9)	(13.1)	(50.9)	(0.1)	3609
1980	(40.7)	(8.6)	(50.6)	(0.1)	4391
1985	(47.4)	(5.1)	(47.4)	(0.1)	4344
1990	(50.1)	(5.0)	(44.7)	(0.1)	5468
1993	(51.5)	(4.7)	(43.6)	(0.2)	5357

注:1.括号内是构成比。1985年之前不含轻型车运送。
2.资料:运输省[运输白皮书 平成6年度版]。

表 1-3 车型分类号码首位数字为 3 的乘用车登记总量变化

全部汽车厂商 (单位:辆,%)

1990	223562	503120
1991	307691	698706
1992	341778	857794
1993	488490	1028103
1994	502726	1146694

1994年各汽车制造商的占比:丰田 43.8%,日产 21.3%,进口车 15.4%,其他 19.5%

注:资料:丰田汽车。

表 1-4 RV 登记总量变化

全部汽车厂商 (单位:万辆)

	1t 带发动机罩板的四轮驱动汽车	
1990	32	71
1991	34	83
1992	41	94
1993	43	97
1994	48	111

1994年各车型占比:商务车 38.3%,旅行车 37.9%,越野型 17.2%

注:1.轻型车以及进口车除外。
2.资料:丰田汽车。

图 1-7 特种装配车事例

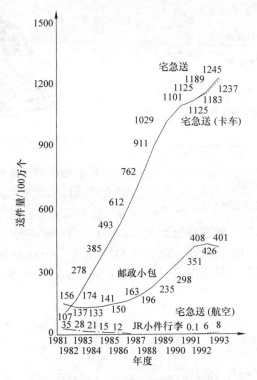

图 1-8 宅急送利用数量变化

1. 邮政小包根据《邮政统计年报》，JR 小件行李根据铁路统计年报制作（JR 小件行李在昭和 61 年废止）。
2. 宅急送（航空）始自平成 3 年（1991 年）12 月。

1.1.3 汽车与社会的冲突及共存模式探索

汽车的确对经济发展作出了极大的贡献，然而它与社会之间存在的冲突也日渐突出。其中之一就是图 1-9 揭示出的交通事故问题，1970 年以后交通事故死亡人数呈现出减少趋势，1979 年情况急转开始逐步增加。从图 1-10 可以看出，以大城市为首，汽车引起的 NO_x 等大气污染物质增加与噪声等问题亟待解决。

如何处理城市中的停车场问题与近来的报废汽车，加之车辆解体导致的粉尘等也成为亟待解决的重要课题。

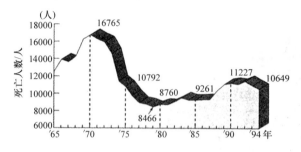

图 1-9　历年交通事故死亡人数的变化

资料：（财）交通事故综合分析中心［交通统计］平成5年（1993年）版

1994年数据是警察厅合计数据1995.1.4。

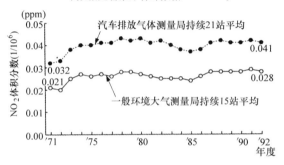

图 1-10　NO_2浓度的推移

资料：环境厅［环境白皮书 综述］。

截止到目前，尚未出现综合效率良好至足可取代汽车的运输工具，似乎产业、政府、民间协同努力以促进汽车与社会融合是唯一可选的道路。汽车厂商也正逐步致力于改进汽车本身的功能，解决汽车与社会之间存在的冲突。正因如此，日本汽车在技术层面已经处于世界领先水平。出于对环境的保护，各大汽车厂商努力推进开发低排放汽车，目前已达到可以判断技术优劣、存在问题，更加贴近现实开发并导入 CNG 车、EV 车等的水平。图 1-11 是电动汽车开发事例之一。还有人推荐用 LPG 车替代柴油车，用以治理改善大城市的大气环境。此前行业也已经着手开展与交通环境恶化有关的研究。

图 1-11　电动汽车（丰田 EV50）

日本通产省工业技术研究院于 1973 年启动大型项目"汽车综合管制技术"的研究开发，这些研究涉及最近即将付诸实用的 VICS（图 1-12）的开发。这些举措均是与 ITS AMERICA、ERTICO 等活动联动，目前已经开始通过 ISO 创建交通系统的国际规格。

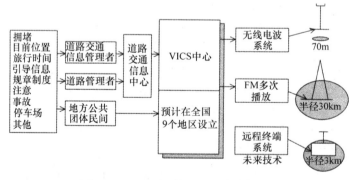

图 1-12　VICS 概要（基础建设方面）

1.1.4　今后课题

地球未来的可持续发展是全人类的责任。对于环境问题而言，减少以汽车的 CO_2、NO_x 等为首的各类排放废弃物等环境负荷物质的总量已成为重要课题。

汽车技术人员自然会努力提升车辆自身的性能，但是欲达到目标，还需通过铺修道路，加强交通流管理体系，整备物流体系与物流中心，构建包括铁路、海运、航空等在内的整个交通体系，实现交通流的畅通及物流的高效率等措施，削减各类排放废弃物。

以图 1-13 为例，低排放车形式多样，如在传统汽油、柴油车基础上进行改良的汽车，或是燃料与驱动系统各异的汽车，应当分别根据它们的功能、性能等加以利用，政府民间也应共同致力于此课题的研究。另外，今后或将步入从汽车的材料选取、设计、开发到制造、应用及至报废车辆都需要立足环境保护的时代，需要积极考虑循环再利用选取并设计材料，开发循环再生技术，降低制造与使用时的能源消耗，减少排放物等。将来甚至还有可能开发出更为环保的直接利用太阳能、风力等自然能源的汽车。从现阶段太阳能电池的能源转换效率等技术现状来看，实际应用任重道远，但是我们仍要面向未来进行技术研发。图 1-14 为自然能源的利用情况。

汽车所实现的社会贡献是巨大的，但是它确实也蕴藏着诸多问题。今后的关键在于汽车与环境之间的协调（包括汽车使用方法的改观），而产业也有责任以全球经济视野思考如何协调二者。随着今后社会的智能化发展，汽车不论时间地点随心便捷使用的功能会越发多变并逐步扩大。

［棚泽正澄・广濑登茂司］

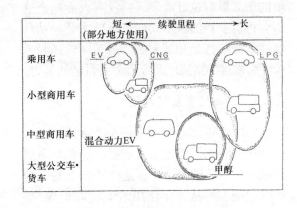

图 1-13 低公害车用途分类

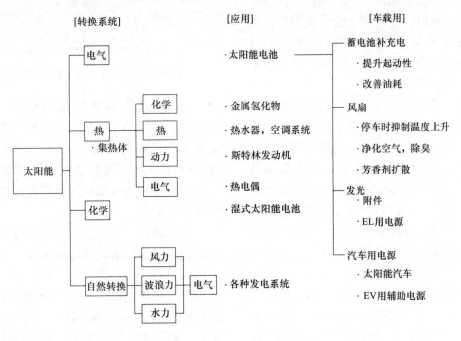

图 1-14 太阳能利用方法

1.2 从环境视角看汽车未来

汽车是象征现代文明的典型消费品，在诸如曼谷与墨西哥城等发展中国家的大城市中，交通拥堵问题较为严重，而汽车相比电车等公共交通而言，仅需道路而无需特殊的基础设施投资，能够便捷且舒适地到达任意地点，优势明显。

汽车作为交通工具拥有着出类拔萃的特质，然而随着汽车利用的逐渐扩展，其对环境的诸多影响也日渐突显，没有人能断言这不会再引发新的城市问题。本节主要是从环境视角概括性地阐述针对汽车引出的问题、曾经采取过的措施以及今后需要付诸的努力。

1.2.1 汽车公害及其对策

回顾最近 200 年化石燃料的利用历史，可知燃料的无污染化至关重要。产业革命后能源成了产业的核心，正是能源需求的大幅扩张致使人类从常年使用木柴转向于煤炭。煤炭会产生煤尘与煤灰等废弃物，直至石油出现才取代了煤炭的核心能源地位。在煤炭利用大肆兴起后，它对城市的大气污染公害也相应显现出来，随着对硫氧化物（SO_x）排放限制的加强，环保无污染的天然气因不含有硫而日渐被应用。

同样，我们从交通工具上也能够看到环保无污染的倾向。在汽车诞生之前，马车曾是陆路最高端的交通工具，实际上马车也存在废弃物。在 19 世纪的伦敦，有人预测马车数量的增加会使得伦敦在不久的将来会淹没在马粪之中，人们为此忧心忡忡。这一局面在汽车出现后得以彻底改变，街道变得干净宜居，环境的改善提升效果巨大。当时汽车对于环境改善贡献巨大。

汽车在短期内取得了佳绩，但是伴随着文明的发展，汽车数量急剧攀升。以日本为例，汽车保有量在 1965 年是 713 万辆，1992 年超过 6000 万辆，保持着平均 8% 的高增长率，不言而喻这种增长对环境带来的冲击也迅猛增加。汽车的绿色行驶自然而然地成为问题所在。

日本在 1970 年前后就开始重点关注汽车污染公害问题，其中对汽车排放的氮氧化物（NO_x）则尤为关注。有关人士指出发电站与工厂排放的 SO_x 是导致城市各类呼吸器官疾病的主要原因，对健康存在多种不良影响；相比之下，NO_x 含有光化学烟雾，其影响尚无定论。为此日本成立环境省，旨在积极推动污染公害对策。出于社会对于严格限制 NO_x 的强烈呼声，1973 年每日平均 0.02ppm 的环境标准出台。并且针对工厂等固定排放与汽车等移动排放分别颁布 NO_x 排放量法规。

图 1-15 可以看出，自 1973 年的 5 年间，小型汽油乘用车 NO_x 排放减少了 1/10，由此可见法规的严苛程度。

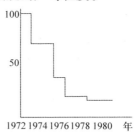

图 1-15 小型汽油乘用车的 1972NO_x 限制

在那之后，日本围绕 NO_x 展开过激烈的讨论，1978 年国家大气中 NO_x 浓度标准放宽至每日平均 $0.06×10^{-6}$。对于汽车而言，1972 年这一初期法规影响巨大，各家汽车产业公司为达到法规水平而纷纷全力进行技术研发。

正因如此，日本的汽车技术得以达到世界领先水平。技术人员在不懈努力后终于取得回报，1976—1977 年，本田、丰田、日产等公司竞相发布达到该法规要求的车型。这同颁布过法规（Muskie Act《马斯基法案》）实际却并未执行的美国大相径庭。这种污染公害对策通常会致使油耗变差，一时

第1章 汽车数量的增加和社会活动的变化

之间日本的汽车油耗普遍升高，随即在1980年之后，乘用车的平均标准油耗相比法规颁布前的数值改善20%左右。这种在发生问题后，通过技术上的不懈努力化解问题的实例举世闻名（不过以1982年为界，油耗日趋恶化。这并非环境法规的过失，而是消费者将目光投向了大型车）。

削减柴油车的 NO_x 要远远难于汽油车，直至今日业界仍然为此做着持续的努力。图1-16为柴油乘用车与大型卡车的法规效果事例，可见它们相比小型汽油车 NO_x 的降低进程显然要更加缓慢。

汽车对于环境的影响其实还有许多，不仅限于 NO_x。法规中限制的大气排放物有HC、CO、柴油车的黑烟等粒子状物质以及噪声。1975年（昭和51年）法规颁布。诸如雪地轮胎破坏道路并排出粉尘等环境污染问题也不容忽视。

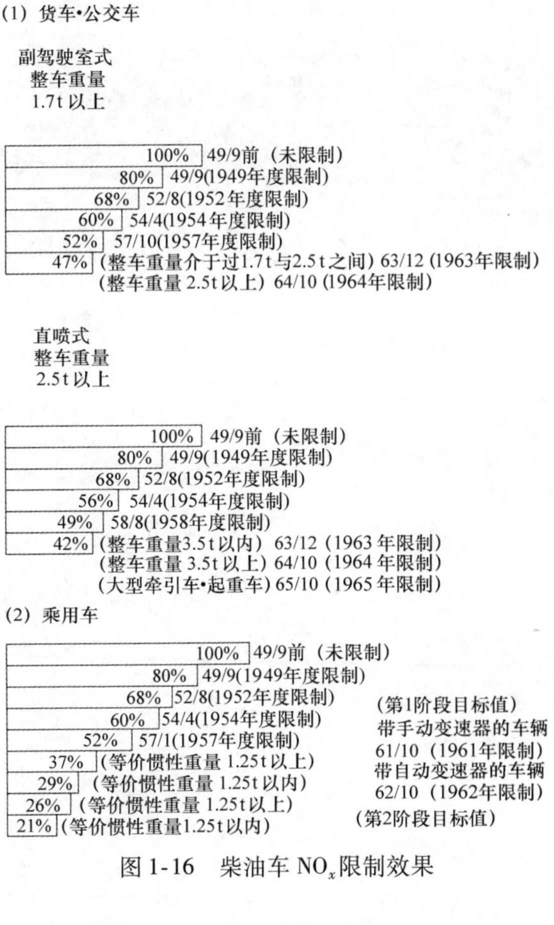

(1) 货车·公交车

副驾驶室式
整车重量
1.7t 以上

100%	49/9前（未限制）
80%	49/9(1949年度限制)
68%	52/8(1952年度限制)
60%	54/4(1954年度限制)
52%	57/10(1957年度限制)
47%	（整车重量介于过1.7t与2.5t之间）63/12 (1963年限制)
	（整车重量 2.5t 以上）64/10 (1964年限制)

直喷式
整车重量
2.5t 以上

100%	49/9前（未限制）
80%	49/9(1949年度限制)
68%	52/8(1952年度限制)
56%	54/4(1954年度限制)
49%	58/8(1958年度限制)
42%	（整车重量3.5t以内）63/12 (1963年限制)
	（整车重量 3.5t以上）64/10 (1964年限制)
	（大型牵引车·起重车）65/10 (1965年限制)

(2) 乘用车

100%	49/9前（未限制）	
80%	49/9(1949年度限制)	
68%	52/8(1952年度限制)	（第1阶段目标值）
60%	54/4(1954年度限制)	带手动变速器的车辆
52%	57/1(1957年度限制)	61/10 (1961年限制)
37%	（等价惯性重量1.25t以上）	带自动变速器的车辆
29%	（等价惯性重量1.25t以上）	62/10 (1962年限制)
26%	（等价惯性重量1.25t以上）	
21%	（等价惯性重量1.25t以内）	（第2阶段目标值）

图1-16 柴油车 NO_x 限制效果

1.2.2 地球环境问题及其对策

上一节阐述过人们始终在持续努力去克服汽车对环境的影响。展望未来重点则在于如何从更为宽阔的视野即保全地球环境去应对此影响。从1980年代后半期，地球环境问题就得到全球性的关注，其实这不仅是环境问题，更是触及人类文明可持续发展的问题，我们应对其本质加以审视。

现在汽车正在急速消耗有限的不可再生资源，制造出无法为地球环境所包容的众多数量与形态的废弃物。解决此问题的关键在于力争令体系变得益于维持无污染的地球文明。

汽车产业需要立足于此观点，从技术层面思索如何实现低油耗、高运输效率以及如何让燃料切换为再生型资源；从社会层面广泛思考人类未来运输交通手段，构筑全部涵盖汽车之外手段等在内的体系。

这些问题涉及的面均十分宽泛且不易解决，在此以燃料问题为例进行浅析。

目前广受热议的石油替代燃料有甲醇、天然气等碳系燃料、电力或是氢等非碳系燃料。我们若立足现在阐述的地球环境问题这一观点，暂且不谈短期性策略，则应该使用非碳系燃料作为第一能源，碳系燃料单纯用作能源媒介物，否则将毫无意义。如此说来，第一能源大概还是某种形式的太阳能或是原子能。

目前，生物质生产－乙醇发酵方式是该范畴内可利用的能量形态之一，在巴西很多车辆都应用此方式生产甲醇作为燃料，这当然会成为未来能源的选择之一，但是电力与氢仍然是高性能燃料的首选。

电力的优势在于它能够利用时间变动性较大的太阳光发电与夜间电量需求较少时利用原子能发电，并且从地域性环境角度出发，为了实现汽车零排放，电力驱动也是城市交通手段的极佳选择。这意味着电动汽车开发热潮必然会持续高涨。

另外氢燃料汽车尚无应用实例，它也是最近才在汽车展等亮相。全球氢燃料供应很少，现在尚无法投入使用。展望未来，如果使用沙漠与未开发的土地，大规模利用太阳能（光发电或是其他形式），那么氢作为输送介质的可能性最大，而运输装置仍然是高效利用氢的最佳对象。这意味着研讨氢燃料应用或将是今后的重点。

今后我们需要从广泛维系地球文明的视角审视汽车，希望读者对此给予充分理解。

第 2 章　城市和交通问题

2.1　城市的构成

2.1.1　城市结构

在城市发展的脉络当中，主要有以下三种结构：①基于交通轴的城市结构，②基于水系的城市结构，③基于空间轴的城市结构。其中沿交通轴的城市结构最多。城市发展的形式也存在多种学说，如同心圆学说、扇形理论学说、多中心理论学说，其中最多的是扇形理论学说。扇形理论学说如图 2-1 所示，工业区、过渡地带和住宅区从市中心的中心商业区沿着交通干线呈扇形延伸。

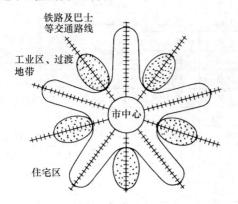

图 2-1　基于扇形理论（章鱼爪理论）的城市构成

2.1.2　城市交通需求的种类

所谓的交通就是指通过交通主体（人和物）、交通工具（汽车、铁路交通、船舶、航空）和交通道路（设施）这三要素的组合，将交通主体从一个地点移动到另一地点。基于城市活动，会产生大量且复杂的交通需求，可以进行以下分类。

a. 通勤、通校交通

在城市的规划中，企业汇集的商业区、工业区及住宅区是分开的。虽然会在临近区域开展义务教育，但是高中以后几乎就无法靠步行上下学。这些交通具有时间区间、路径及使用交通工具固定的特点，利用大宗公共交通工具的情况较多。

b. 业务交通

业务交通主要发生在商业区或工业区，在时间和方向上无规律，而且要求交通迅速，因此使用乘用车的情况较多。

c. 旅行休闲交通

可分为市内指向型和市外指向型。前者指观看演出、音乐会、专业棒球比赛等，多使用用于通勤的大宗公共交通工具。后者指去海边、爬山或游览旅游胜地等，需求具有季节性，由于假期时多使用乘用车，因此会造成道路交通拥堵，但是与城市交通毫无关系。

d. 购物交通

购物按大类可分为日用品和选购品。前者可以在居住地附近解决，不会引起交通问题。后者请参见 2.11 节。

e. 家务、医疗交通

用于走亲访友或求医问药的交通，不仅不定期，而且使用的交通工具也不固定。

f. 货物运输交通

除了在市内进行材料、产品等与业务有关的运输外，还包括对消费物资、生活垃圾等与生活有关的运输。货物运输一般使用卡车。

2.1.3　交通系统的种类

交通现象在近代社会中伴随生产、流通、消费的所有领域，城市存亡受到交通功能左右的同时，根据城市规模等因素的不同，最佳交通形式也有所不同。另外身为移动空间的路线（道路、线路、水路、航路）和站点（公共汽车站、火车站、码头等交通衔接点）共同形成交通道路。表2-1 表示旅客运输中的交通方式。

表2-1　旅客运输中的交通方式分类

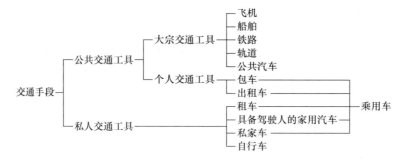

2.1.4　出行目的与交通方式

城市交通出行由于城市规模、属性的不同而不同，交通现象也呈现多样化。如表2-2所示，为了满足如此复杂的交通需求，仅靠一种交通工具是无法实现。

表2-2　按出行目的划分的各交通工具的构成　　　　　　（单位:%）

目的	交通工具/城市	东京（区部）	札幌	仙台	熊本	横滨	福井
所有出行	徒步	45.2	42.0	39.2	不含		
	摩托车		3.9	11.0	20.4		
	出租车		3.6	2.7	4.3		
	商用车	17.7	8.4	7.7	51.8		
	乘用车		17.4	18.1			
	公交车·电车	3.5	17.3	15.6	21.6		
	铁路	33.6	5.9	5.1	1.4		
	其他	0	1.5	0.6	0.5		
通勤出行	徒步	20.0	18.9	14.2	15.8	12.8	13.2
	摩托车		4.1	13.3	15.4	21.7	17.8
	出租车		2.2	1.2	1.8		
	商用车	11.7	4.5	3.9	38.6	49.7	57.7
	乘用车		24.3	29.0			
	公交车·电车	4.2	32.0	28.7	27.1	11.2	5.2
	铁路	64.1	11.8	9.6	1.3	4.5	6.0
	其他	0	2.2	0.1	0	0.1	0.1
公务出行	徒步	18.9	11.0	15.8	6.1	15.1	8.7
	摩托车		4.4	11.4	13.9	13.7	7.1
	出租车		3.6	3.4	1.9		
	商用车	57.6	39.2	30.5	74.3	67.9	82.7
	乘用车		34.3	33.1			
	公交车·电车	1.5	4.9	4.0	3.4	1.1	0.6
	铁路	22.0	1.7	1.0	0.5	1.0	0.7
	其他	0	0.9	0.1	0.4	1.2	0.2

（续）

目的	交通工具/城市	东京（区部）	札幌	仙台	熊本	横滨	福井
上学出行	徒步	62.4	62.7	5.82	62.3	63.2	60.6
	摩托车		2.7	10.7	12.7	10.8	18.5
	出租车		0.3	0.1	0.2		
	商用车	2.4	0.3	0.1	7.3	10.6	6.5
	乘用车		5.3	5.1			
	公交车·电车	2.7	19.1	17.0	15.5	10.8	5.5
	铁路	32.5	7.8	8.7	2.0	4.5	8.9
	其他	0	1.8	0.1	0	0.1	0
购物出行	徒步	74.1	74.5	72.5	68.1	49.8	33.2
	摩托车		2.4	6.6	9.7	27.0	22.1
	出租车		1.8	1.6	1.9		
	商用车	7.7	1.0	1.0	8.1	18.1	39.1
	乘用车		4.6	4.9			
	公交车·电车	4.2	12.1	12.2	12.0	2.9	3.1
	铁路	14.0	3.2	1.2	0.2	0.7	2.3
	其他	0	0.4	0.1	0	0.5	0

（译者注：灰色空格中的数字请参看原文 13 页）

2.2 旅客运输工具

2.2.1 适用范围

图 2-2 为对数刻度，横轴代表距离，纵轴代表抵达时间。如果愿意，即使步行也是可以想走多久就走多久，想走多远就能走多远，但是一般常识性的步行是以 15min 为准的。由此图可知缺少对应 A、B、C 三个区域的交通工具，这些区域原本就与传统的交通运输存在差距。为了解决存在的差距，开发出了面向 A 区域的"移动人行道"等连续运输系统及面向 B 区域的称为新型交通系统的中型铁路运输系统。C 区域与城市无关。

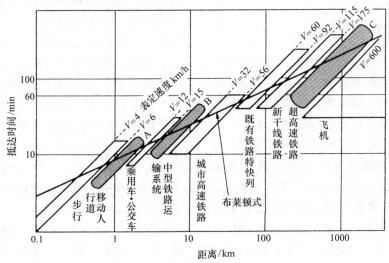

图 2-2 各交通工具的服务区域

旅途距离越长，乘客对交通工具的要求速度也越高。如果将交通工具按照速度由快到慢排序，应该是城市高速铁路→中型铁路运输系统→乘用车→公交车→移动人行路→步行。因此，能满足乘客运输距离要求的交通工具排序也呈相同顺序。实际上还要考虑交通时间和包括上下车时间在内的所有时间在整个行程中的占比。乘客选择交通工具的实际行为会受到整个旅途的平均速度所左右，但交通工具的使用距离越长，那么整个旅途的平均速度就越接近交通工具的表定速度。

G. 布莱顿（G. bouladon）假设旅途距离（d，单位是 km）和旅途时间（t，单位是分）之间存在下列法则。

$$t = kd^a$$

假设步行的界限为 400m，而走完 400m 所需要的时间是 5min，那么当距离增加到 10 倍时，人会产生疲劳，因此所需的时间就会变成 2 倍时间。

$$t = 6.6d^{0.3}$$

再加上前文提到的交通时间，提出：

$$t = 7.62d^{0.46}$$

如果在图 2-2 中描出这些点，就会变成布莱顿式显示。

2.2.2 利用密度

图 2-3 表示人的旅途距离与利用密度之间的关系。根据该图可知，现有的交通工具分别适合不同的区域。也就是说，铁路和公交车之中都存在各自适合运营的区域，一旦抛开适合区域，那么就会出现许多问题，比如铁路陷入经营困难（C 区域）或公交车在街上行驶时遭遇交通拥堵（B 区域）等。在不同情况下，各区域的界限多少会发生一些变化。而且，即使有交通需求，也存在没有合适交通工具的区域，他们聚堆在一起（A 区域）。这部分区域可用虚线表示。

区域 A 是指相对较近的距离，步行稍远但乘坐交通工具又太近的情况，交通需求量很大，相当于 1~3km 的距离带，为了解决这部分需求，开发了上文提到的"移动人行道"等连续运输系统作为一种延长步行距离的方法，用于大城市的火车站或机场等指定场所。

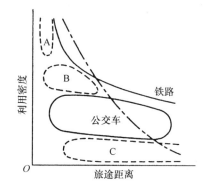

图 2-3　交通工具的适用范围

区域 B 多指大城市的郊区或中小城市，铁路因使用者较少不划算，所以对客车的需求很大，有时反而会出现交通混乱的局面。由于需要介于高速铁路和客车之间的交通工具，开发了上文提到的中型铁路运输系统，而且单轨铁路也作为城市交通工具被广泛使用。但是，无论是中型铁路运输系统还是单轨铁路，都需要购买建设用地，建设费高，与其说它是介于铁路和客车之间，不如说是更接近铁路的交通方式。其优点是车辆实现了轻量化、结构简单，缺点是包括用地费在内的建设费约为高架铁路的 1/2~1/3。而且，为了提高客车运输效率，需要采取许多应对措施，如实施交通管制系统、客车定位系统、客车优先车道、客车专用车道等改善道路运输系统。此外，德国和奥地利等国家正在筹备有轨电车，而且目前日本广岛等地区已经成功应用。

区域 C 大多为中小城市的郊区，属于使用者人数极少地区，甚至连客车运营都无法实现。被称为交通贫困地带，大量公共交通工具的运营环境都不好。如果没有私家车，这里的住户出行非常不便，因此这个区域属于广泛使用私家车的区域。老人、儿童、病人及身体残疾等交通弱势群体或因经济原因无法使用私家车或出租车的交通贫困人群将会遇到问题。

2.3 交通工具的选择

2.3.1 旅客运输

使用者会根据各交通工具的特点选择交通工具。这叫做交通方式划分。选择交通工具时，要比较用运费差除以时间差所得出的每节约 1h 的费用和每个人每小时的价值（时间价值）后再做决定，像日本这种时间价值很高而且交通工具之间的运费差较小的地区，选择交通工具时，多要考虑所需时间上的差异和方便性及舒适性方面的差异，而不是考虑运费差。

① 可分成使用包括自行车在内的徒步交通和利用交通工具的交通。可以按照不同的目的，根据徒步率对于实际距离的结果而分类。

② 利用交通工具的交通可以根据时间比和成本比分成使用乘用车和使用大型公共交通工具的交通。

③ 使用大型公共交通工具的交通根据所用时间比可以分成客车和铁路运输。

④ 铁路运输可以分成铁路和轨道（中型铁路运输系统、单轨铁路），但具体建设哪种还有赖于交通需求量的大小和政策。

2.3.2 城市规模与最佳交通工具

a. 小城市

小城市指人口在 5 万人以下，仅靠徒步和自行车就能满足交通出行需求的城市。无需担心交通拥堵。

b. 中型城市

中型城市指人口在 5 万～50 万人，仅靠道路交通就能够满足交通出行需求的城市。一旦超过 20 万人，就会出现交通拥堵问题。

c. 大城市

大城市指人口在 50 万～200 万人，混合使用城市高速铁路（地铁）、新型交通系统和道路交通的城市。以交通拥堵为首的交通问题严重。

d. 特大城市

特大城市指人口超过 200 万人，以城市高速铁路（地铁）为主体，道路交通为辅助的城市。

2.3.3 货物运输

对于旅客运输来说，速达是最重要的因素，也就是说要求运输时间短，而在货物运输中，速达性固然重要，但是运费低廉是更关键的因素。各交通工具占据的货物运输量的比例最终会左右运费。

在 200km 左右的近距离运输中，在门对门的方便性作用下，货车呈压倒式表现出较高的占有率，而在城市中更是处于货车运输垄断的情况。并且，这也是导致城市交通拥堵的原因。

2.4 城市道路

城市道路（街道）不仅是城市交通设施，而且还是确保宝贵城市空间，在地下设置自来水及煤气管道等生活设施（基础设施）的空间。

2.4.1 道路网的形状

城市的市区由以道路为中心的交通设施构成，道路网受道路交通条件所左右，但却不受地势、地形或地基等自然条件的影响。反过来说，城市的形式由相对于城市中心部的主要道路网形状而决定。

道路网（街道网）的形式包括①放射圆环式路网，②放射式路网，③方格式路网，④梯子式路网，⑤斜线式路网，⑥线型式路网等，但是符合现代城市且数量居多的形式还是①。详情请参考图 2-4 及表 2-3。

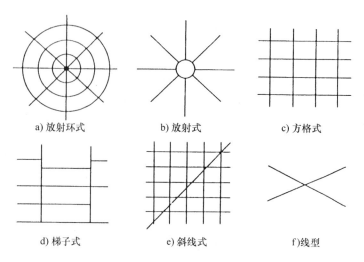

图 2-4 城市道路网的基本形式

表 2-3 城市样式与特点

城市道路网的形式		典型城市	特点
有中心型	放射环式	东京、大阪、巴黎、伦敦、柏林、罗马、首尔	常见于大城市，呈同心圆发展，因此反复进行中心部分的再次开发。中心部分虽然交通拥堵，但是市区通往其他区域的交通便利
	方格式（网格式）	希腊或罗马城市、平安京、平成京、长安、费城、纽约、日本城下町	常见于古代及中世纪封建城市，还多见于现代大城市的一部分（中心部分）。方格式与梯子式相结合，也称作是垂线型（纵横型）。土地利用方便
	斜线式	底特律、华盛顿、墨西哥城、卡尔斯路埃	以缩短交通流动路线为目标，在方格式的基础上增加了斜型道路。由于交叉路口形式改变，出现交通拥堵，适用于道路交通较少的状态，但是已经不符合当今各个城市的实际需求
无中心型	梯子式（ladder）	伏尔加格勒，日本大城市周边的中小城市	城市功能呈带状或线状布置，追求发展空间。在城市功能中，日常性的功能被横切，而通向更广区域的流动路线被纵切。适合中小城市或工业住宅等单一功能的城市

2.4.2 城市道路的分类

道路可分为公有道路和私有道路，所谓的公路是指公路法所规定的道路。从道路管理者的角度来看，道路可分为①高速国道，②一般国道，③省道，④县道和乡道。如果从功能上分类，则可分成如下几类：

a. 汽车专用道路

它又叫做城际高速公路，是仅供汽车行驶的专用车道，除了上下高速的高速路口（匝道）外，普通道路无法上下高速。

b. 主要干线道路

它与汽车专用道路一样，主要满足相对旅途较长的交通需求，同时还形成了防灾等宝贵的城市空间。大城市多为放射环式，而小城市则多为绕行公路。

c. 干线道路

干道与主要干道一同形成了干道路网，作为城市主要汽车交通要道，目的是保持畅通的城市活动。

d. 辅助干线道路

它是负责大型城市分区中的主要干道与各分区道路和干道路网之间进行交通集散的道路。

e. 街区道路

它与辅助干道一同形成大型城市分区中的比邻道路网，也为道路沿线的小区提供服务。

f. 特殊道路

它是仅供行人、自行车或有轨电车等汽车以外的交通工具使用的道路。

g. 景观道路

道路会考虑沿线的建筑物高度等因素建设景观，虽然景观路是重视景观建设形成的道路，却并非专门建设的道路。

2.5 城市景观与道路要素

普遍认为道路景观不仅与道路的横向构成和延展有关，还与宽度和沿线建筑物、街道树木的高度、大小等有关，也就是说道路景观是由不同比例的街道构成物构成的。

2.5.1 道路宽度

宽阔的道路形成了独具风格的道路景观。例如宽105m的札幌大道公园，宽100m的名古屋久屋大道、若宫大道和广岛的和平大道，宽44m的东京昭和大道、樱田大道和大阪的御堂筋等宽阔的大路都已成为各个城市的象征。

国外的例子还有宽70m的巴黎香榭丽舍大街（从凯旋门到协和广场，图2-5）和宽60m的柏林菩提树大街，这些大道在日本也很有名，共同之处是都非常宽阔。

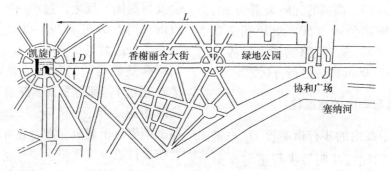

图2-5 香榭丽舍大街

以行人为主体的闹市街或购物园地等场所需要与两侧的街道在视觉上具有衔接性，需要为行人塑造出愉悦的整体感和亲密感。行人来来往往，又期待有一个交流的场所，因此宽度一般控制在10m以内。东京浅草寺仲见世购物街宽8m，大阪的心斋桥购物街宽6m，横滨的元町大道宽9m，而购物园地算上树木和长椅等街道设施等空间，宽度也不超过20m。在宽阔的大道上形成闹市街时，要利用树木将步行街与车道空间分开，然后在宜人的空间内形成单侧的闹市街。

为了营造街道和谐、安静的氛围，最希望街道宽度保持在20m左右，然后呈现出与沿线融为一体的景观，给人以与地区相符的印象。如果宽度大于20m，可以在步行街与车道之间或在中央地带设计宽阔的植树带，通过明确区分形成独立的空间。

2.5.2 道路的长宽比

道路的长度 L 与道路宽度 D 的比值叫做道路的长宽比，用 L/D 表示。如果道路宽度 D 不变，且道路高宽比 H/D 一定时，那么道路长度 L 越长，景观就越单调。此时，就需要在道路中途增加弯曲和转弯，或是增设纪念碑等当做显眼的路标，或是在交叉路口的边界故意设置路名，通过道路分区塑造富有变化的景观。

道路空间在长度方向上进行形态上的分

区，那么视觉上的闭合就是景观的统一。这种情况下，道路长宽比 L/D 中的道路长度 L 要采用分区后的长度。而且，L/D 是表示道路空间统一或匀称等特点的最佳指标。L/D 过小，道路就会成为广场，过大则会出现狭窄巷道的感觉。

在宽阔的大道上，L/D 为 15~40 比较合适。札幌大道公园为 14，名古屋久屋大道为 15，巴黎香榭丽舍大街为 16，巴黎歌剧院大街为 23，维也纳卡特纳大道为 28，东京银座大道为 32……由此可见，市中心的繁华街道也有共同之处。道路长度边界要设定为 2km，在 1km 以内进行分区。

对以行人为主体的闹市街区或购物公园来说，则是 L/D 越小越好。例如，大阪的道顿堀花园路为 30，横滨的元町大道为 50，旭川的平和通购物公园为 50，奥地利萨尔斯堡粮食胡同为 80 等。道路的长度边界要设定为 1km，在 500m 以内进行分区。

2.5.3 步行道与车道的宽度比

包括绿化带在内的步行道宽度 D_s 与道路整体宽度 D 的比值就叫做步行道与车道的宽度比或舒适空间率，用 D_s/D 表示（图 2-6）。D_s/D 值越大，散步步行街的感觉越强烈，反之则会令行人感到憋闷。独具风格的干道需要足够的步行道空间，因此希望步行道与车道的宽度比 D_s/D 超过 0.3，普遍认为 0.3~0.5 之间比较合适，而两车道时在 0.5 左右合适。

在诸如闹市街或购物公园之类的以行人为主的道路中，步行道与车道的宽度比 D_s/D 一般为 1。

步行道宽度需要确保防护栏、路标、电线杆、公交车站、行人过街天桥及地下通道入口等空间，还要有自行车道。而且步行道肩负着形成城市景观的重要责任，需要保证能提高植栽或道路景观质量的路面设施的空间。另外，道路是城市的脸面，最好能够通过绿化提高城市景观的美感，培育出独具特色的植栽。

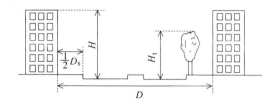

图 2-6　步行道与车道的宽比及道路宽度和沿线建筑物及街旁树木的高度比

2.5.4 道路比例

沿线建筑物的高度 H 相对于街道整体宽度 D 的占比就叫做道路比例，用 H/D 表示（图 2-6）。如果 H/D 过大，街道空间就会变得封闭，反之，过小则街道空间就是开放的。当 H/D 处于 1/3~1 之间时，就会成为令人舒适的景观，而 H/D 处于 2/3~1 之间时则是最均匀的景观。如果繁华街区的 H/D 超过 1，那也是氛围融洽且令人心情愉悦的街道。相反，如果 H/D 在 1/3 以下，那么街道过于宽敞，需要栽种多排绿化带或者在步行道上设计纪念碑等路标收紧空间。

另外，当某种程度的距离空间内希望 H/D 一定，则要采取以下措施：①整备用地大小，②统一建筑物高度，③指定建筑墙面线，④确定屋顶的形状及坡度等。

2.6 标志性道路

2.6.1 标志性道路的定义

标志性道路中的"标志（symbol）"一词，通常多用于描述象征、标记和符号，这不单纯是一种表达事物形态的概念，更是一种涵盖属性内容等的抽象概念。

提起城市的标志，有的是位于市中心的广场、公共设施、建筑物或塔楼等人造建筑，有的是市区可眺望到的山川湖水等自然景观，如果是历史悠久的城市，街边路旁及传统工艺等本地产业和节日仪式都是城市的标志。除了诸如仙台的乞巧节、秩父的夜祭、飞驒的高山祭和博多节之类比较有名的传统以外，还有冈山县津山市的时代游行或栃木县鸟山町的夏日庆典等，这些都成为了地方小城市的代表。

如果将标志性道路定义为"城市标志性的街道"，就是指位于市中心位置且市民广泛使用、道路沿线具有可代表城市特色的建筑物或商业街，在城市结构中处于中轴线上的这类具有显著特点的街道。而且道路本身具有特有的形态和沿线景观，长年累月在市民心中积淀的景色，并广为故事或诗歌传诵。例如东京的银座大街、大阪的御堂筋、横滨的日本大道、仙台的定禅寺大道以及前文提到的广岛和平大道等，而国外还有巴黎香榭丽舍大街、维也纳卡特纳大道等。

作为城市标志性的道路，不单单要在物理形态上出色，还要通过多数市民长年累月地开展活动积攒回忆。应该说城市标志就是超越时间、空间所酝酿而成的道路，它并不仅仅是通过街道空间的装饰所形成的，而是道路空间与城市、沿线和市民融为一体所创造的"标志"空间。

特别是留意城市景观时可以发现，主要有以下几个方面特点：①道路扩宽；②具有亲和力的装扮；③形成具有地域特色的绿化；④确保袖珍空间等；⑤利用街道设施充实行人空间；⑥推进电线类向地下布置；⑦形成沿线街边；⑧推动社区道路建设等。另外，通过以上整备工作，可以有效利用身为公共空间的道路，使市民更加亲近，生活更加丰富。图2-7表示标志性道路的舒适空间率实际举例。

2.6.2 标志性道路的类型

① 城市颜面的街道：东京的银座大街，广岛的和平大街。

② 城市的代表街道：仙台的定禅寺大

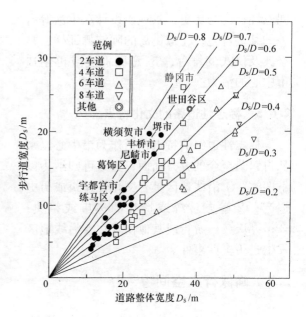

图2-7 标志性道路的舒适空间率实际举例

道，横滨的大道公园。

③ 具有文化遗产的象征性街道：以世界文化遗产姬路城为地标的城前大道。

④ 作为祭典或街市等舞台的街道：札幌大道公园，德岛绀屋町大道。

2.6.3 基于空间特点的标志性道路的分类

① 道路宽阔，绿化丰富，沿线建筑物统一，还有商店，景观出色且颇具个性的道路。

② 沿线具有较高知名度的建筑或纪念碑等特点突出的道路。

③ 企业、商业的汇集地带，既是交通枢纽，又是城市活动的中心地区，广为市民所用的道路。

④ 身处在象征城市的山川河流等自然风光之中的道路。

2.6.4 标志性道路的目标

标志性道路的目标多种多样，主要可归纳成以下五项：①地点的舒适、心情的舒畅等，愉悦度颇佳；②充满"温暖""繁华"的活力，具有"心灵相通"或"邂逅"的偶然性；③与历史、景观、设计、生活等有关的某些特色；④像德岛的阿波舞那样，是祭典及仪式的舞台；⑤意图促进或再创造市中心的活力。

2.6.5 标志性道路的文化特点

标志性道路的特点包括作为市中心以来从古繁荣至今的方方面面，大致可归纳为以下四类：①沿线地区具有文化性建筑或历史遗产；②举办传统或特有的集市或祭典；③举办庆典、游行或其他仪式；④沿线地区发生过历史性事件。

2.7 确保行人空间

2.7.1 人行道的功能

人行道不单纯是供给城市行人行走的道路，同时还肩负着确保城市空间，保证城市设施地下埋设，营造城市景观，建立沿线服务等重要作用。人行道一般设置在道路的两侧，但是当遇到较长的桥梁或隧道等特殊情况时，与其在两侧设置两条较窄的人行道，就不如在道路的一侧设置一条较宽的人行道。有时，也会碰到行人要绕道而行的情况。

在欧美等发达国家，城市设置人行道已经发展成为一项原则，并且城市的道路叫做街（street），地方的道路叫做路（road）。另外，如果城市道路不设有人行道，那么这样的道路也只能叫做路（road），不能称为是街（street）。

2.7.2 人行道的结构

人行道原则上会使用路缘石并高于车行道（Mount Up 型），然后通过防护栏或其他设施与车道分离。从地形上来看，有时也会设置在土路的斜坡或尽头。不高出车行道而在同一平面并通过防护栏或分区分离的做法，从交通安全的角度考虑并不受欢迎，但是有限于道路结构不得不这样做的情况。另外，在较窄的道路进行人车分流就不用防护栏，只用人行道与车行道路面的高低差即可。

2.7.3 人行道的宽度

行人的占有宽度为 0.75m 左右，而人行道的最小宽度是 2m，根据需要通常采用 0.75m 的倍数。对于第 4 种的 1~2 级道路来说，通常要超过 4 倍的 3.5m。而且为了设置路上设施，还要进一步增加道路的宽度，如绿化带要增加 1.5m 以上，而其他情况则要增加 0.5m 以上。

如上所述可确定道路宽度，但是还要在此基础上综合考虑其他因素，如：①道路宽度要确保行人空间，最小要宽 2m 保证可对向错开；②道路宽度要保证行人安全并保证顺利通过；③在交叉路口，道路宽度要确保视野距离，保证交叉道路的视野；④道路宽度不仅要确保路上设施的设置，还要保证地下埋设设施的空间；⑤保证城市空间，追求街道的美感与沿路环境的融合。

2.7.4 庭院式道路和人车共同道路

Woonerf 源于荷兰语，意思是居住庭院的意思，表示行人与自行车或慢行汽车可安全舒适共存的居住庭院。为此区域内的道路要优先行人和自行车设计，具体如下：①执行排除交通流的交通法规；②缩小汽车通行空间；③采用能迫使汽车减速的设计，如 Z 形大弯、陡坡及路面减速带等；④设置停车场；⑤设置随处可达的空间；⑥设计能引起驾驶人注意的不同质感的台阶。

日本也采用相同的设计思想，在到处扩展道路宽度，并利用弯曲部分迫使汽车减速。这样的道路就叫做人车共同道路，作为服务于社区居民的道路，通过进一步营造步行街氛围，展开道路加固铺设，建设清秀舒适城市等措施，早已演变成"以人优先"

的道路。

2.7.5 电缆等的地下铺设

最影响道路景观的要数电线杆和电缆。如果电缆或电话线等设施能够藏身于地下是最理想的，但是设置埋设地下埋沟要花上10倍以上的费用，因此迟迟没有进展。埋沟是正式的地下使用设施（不光指人行道下，有时还利用行车道的下方），但是退而求其次，还可以设置小规模电缆使用的埋沟或者在人行道下设置操作系统（cab system）。通过把电缆等设施埋设地下确保道路宽度，路面铺设也能根据分区带来娱乐步行街设计上的变化。没有电线杆或电缆的人行道变得清爽整洁，与周围环境和谐统一，营造出人们集会的舒适环境。

2.7.6 沿路的房屋排列构成

在沿路的房屋排列构成方面，民用地的建筑物正面是景观的重要设计要素（景观要素），表示街道的由来和改革时期的历史以及地理上的条件，是集中表现街道信息彰显街道特色的地方。垂线能给人以强有力的感觉，东京的日比谷大楼就是日本战败后占领军所用的 G.H.O（最高司令部）本部大楼。虽然朝向日本天皇居所是选择这里的一个原因，但是还有一个原因是垂直的建筑风格给人以强有力的感觉和权力的庄严。

另外人行道与民用地建筑共同占据着道路空间中的大部分，是公共用地非常重要的设计要素。在规划设计上的注意事项如下：①道路比例 H/D 要在 $1/3\sim1$ 之间；②人行道与周边的公共会堂等公共建筑物要融为一体；③与公园相邻时，要与公园融为一体；④与河流平行时，要与河流景观相协调；⑤人行道不仅要栽种绿植，还要设置花坛、长椅等街道设施；⑥要设置路灯。

2.7.7 行人专用道路

人车混合的普通道路设计中的坡度或弯道等线形几何结构都是聚焦在汽车标准或行驶性能上而展开道路设计的，因此行车道上附带的人行道不得不符合行车道的要求，人行道的机构不符合人类步行的移动形式。步行通过身体能量实现移动，所需条件与汽车截然不同。

如果按照不同的移动方式，从立体或平面上分别区分道路空间并形成专用划分，那么各项功能不仅能够得到进一步充实，同时还能避免相互干涉。在行车道路网以外的位置或立体地设置行人专用道路网就叫做人车分流系统，这样的道路就叫做行人专用道或步行街。这种立体分离的思想源于1898年的英国，当时英国首次出现交通事故造成的死亡，引起全国震惊。最先开始实施的是以纽约郊区的住宅城市雷德朋（Radburn）命名的雷德朋方式（图2-8）。

图 2-8

行人专用道包括公园绿地等，是城市的人类活动空间，同样具备农村的森林、农田所发挥的作用。在城市中，不仅可提供洁净的空气与一丝清凉，还能为城市景观增色，营造视觉上的变化，打破连续高楼大厦下的单调。要根据地形等自然条件和土地利用条件进行详细设计，而非千篇一律。要采用自然的线条、足够的绿植、源于自然的铺装、漂亮的街头长椅和唯美的照明营造舒适的美景。

行人专用道空间设计的有以下基础条件：①步行移动速度为 70～80m/min，较慢；②日程生活中一段步行旅程的极限约为 1km；③行人占用的空间与其他交通方式相比更少；④难以抵挡降雨等气象条件或自然条件；⑤能够应对陡坡或地面凹凸不平等物理变化；⑥重视舒适性能；⑦心理上的距离比地理上的距离更是问题。

2.7.8 行人专用道路和绿化带

行人专用道基于道路法设计，而林荫道是基于城市公园法设计而成。二者均是通过在空间上线性的行人空间与行车道分开，然后在确保步行安全性和舒适性的同时，满足文体活动上的需求。

二者都是为了满足上下班、上下学、购物、散步等需求，可以利用河流堤坝、河流沿岸、河流按群、废弃轨道等。最大限度地保护已有树林会呈现带状分布的绿化带，走在水边的散步甬道能享受水所带来的视觉享受，可以确保具有浓郁自然风情的寂静空间，还可以在居民区内增设小广场让散步的居民驻足其中，成为人与人交流的场所。

2.8 街树的配置设计

2.8.1 街树的比例

街树高度 H_t 相对道路整体宽度 D 的比例叫做街树比例，用 H_t/D 表示（图 2-9）。合适的比值应该在 0.2～0.8 之间，而宽阔道路的这个值会变低。图 2-9 表示标志性道路街树的比例实例。

2.8.2 绿化带的设计

人行道的绿化带宽度超过 1.5m，栽种根基上需要树坛。花坛的纵向多为长方形，

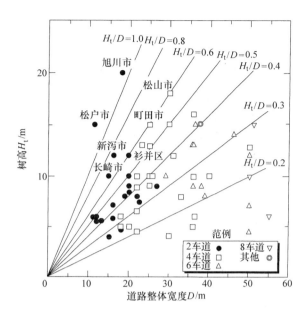

图 2-9　标志性道路的行道树比例实例

正常情况下的宽度在 60cm 以上。但是乔木需要 150cm 以上，如果宽度在 200～300cm 之间还会有富余。而且为了促进街树扎根，优化排水，防止树木因积水导致行道树枯死，还要在树坛周边的道路铺设透水性好的材料。设计上的注意事项可归纳为以下五项：①普通街道的人行道，树木只种乔木，而地表种植草皮或花草；②干道上的人行道绿化要分为两层结构，一层是郁郁葱葱的乔木，另一层是打理整齐的灌木；③人行道较宽时，要栽种两排乔木；④需要明亮氛围的道路景观时，要隔开一定距离再种植；⑤当人行道具有相当的宽度时，要栽种独立的街树绿化带，通过自然地种植将人行道变成步行街，营造颇具味道且感觉亲切的景观。

2.8.3 植树的基本原理

基于街树的城市设计在根据生态学充分考虑植物生长环境的同时，还要人工营造能丰富生活环境的自然氛围。而且在进行树木设计时，不仅树种的选择非常关键，树木高度、树木宽度、树木密度和枝叶密度等设计

都是非常重要的内容,下面叙述基本原理的主要内容[3]。

a. 植树的原理

阳光、水源和土壤是种植的三个条件,无论缺少哪一条都会枯萎。但是要求有高低,根据所需阳光量的多少可将树木分成喜光树、中性树和喜阴树木,还有强抗旱或大气污染的树木和无法抗旱或大气污染的树木。另外植物生长所需的表层土壤还分为最小深度和理想深度,例如乔木的最小深度是90cm,理想深度是150cm;中等高度树木的最小深度是45cm,理想深度是90cm;灌木或草皮花草之类的最小深度为30cm,理想深度为50cm。

b. 空间感

从心理层面确定要设计的空间氛围感。

c. 植树形式

有时一棵树木也能形成景观,这叫做独立植被。大多数的景观由多棵树木所形成,分散种植的叫做稀疏植被,密集种植的叫做树群,排列种植的叫做树排。树排又分为整齐式和自由式,其中整齐式是以中间为轴线由左右对象组成,井然有序具有统一感,能营造出庄严的气氛,多用于法国的平面几何式庭院,但因为要求平坦宽阔的土地,大多缺少自然的亲切感。而自由式的树排则是融入到自然风景中,由曲线道路或自由的栽种构成,给人以柔和、放松的感觉,日式庭院多采用这种方式。

2.9 商业街布局

2.9.1 商业街

日本最初形成商业街的地方就是过去沿街的地方。这是因为当时的城市交通工具完全依赖于道路。日本国土面积狭小,铁路是最合适的交通工具,因此日本铁路运输的发达程度位列世界第一,作为城市交通工具也发挥了重要作用。

后来沿街的老牌商业街逐渐落寞,以铁路为中心的终点站指向越来越强,形成了许多以车站为中心的商业区。

综上所述,日本以站前广场为中心,在周边形成商业街,以车站为中心的交通不仅肩负着上下班、上下学的使命,还能够为购物和娱乐提供方便,因此车站周边的车流量较大。

在站前商业街上,汽车的活动线路和行人的活动线路经常交叉,有时会导致人们无法安心购物。因此就在商业街的里侧形成了优先行人的购物步行街,并且在外侧的干道沿路还设置了停车场与公交车站。

2.9.2 商业街的形状

购物步行街如果呈直线状不免过于单一,因此经常会适当地创造一些变化,例如加入T字路,或是让道路呈平行或弯曲状、或是设计成田字形或是与广场相连。如果对商业街的形状进行分类,可分成图2-10所示的若干类,但是具体要说哪种更好,还是要考虑城市的规模及历史,道路方向、顾客流动、商业街规模、交通工具、人口、环境等诸多要素,不能同一而论。

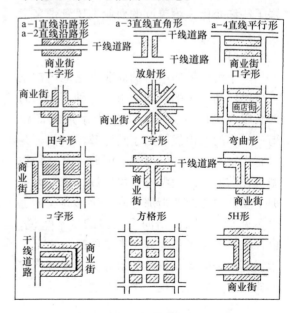

图2-10 商业街的形状

a. 直线形

日本最多的商业街形状就是以站前为中心或沿道路沿线的直线形。直线形是以城市交通工具的道路交通为中心,沿道路沿线形成的商业地带。直线形根据与干线道路的关系可分为 a-3 直角形和 a-4 平行形,变形的形式还有 a-2 旋转形。a-1 直线形并不受欢迎,因为商业街的中心会有车流穿过,难以让顾客安全舒适地享受购物乐趣。虽然扩宽人行道能起到保证客户安全的作用,但是却远离了道路相反一侧的商业街,导致客户不会逛遍各处,较少去往对面的店铺。东京的银座大街就是一个较好的例子。a-3 直角形因为商业街不在干道上,因此可以成功排除车流经过,只是如果不是两条干道相连的话,例如只有单侧是干道,那么商业街的繁荣度就会出现差异。a-4 的平行形也能够直接排除汽车通过,但是不能离干道太远,缺点是商业街延伸的越长就会出现繁荣度的差异,通常以 500m 左右为限,太长的话商业街毫无变化,顾客就会行走的疲惫不堪。神户的元町通商业街就是典型的例子。a-2 的旋转形能多少在直线型的基础上增添了些许变化,给单调的商业街风景带来了变化。

b. 十字形

以市民广场为中心的商业发达地区常见于市民广场较多的外国城市,这种情况下通常会以市民广场为中心形成十字形的商业街。日本的城市发展始于封建政治时代,并没有设置市民广场的习惯,因此少有这种类型。在欧洲,即使没有市民广场,像意大利那不勒斯中心商业街那样的十字形商业街也很多见。对于欧洲指向型很强的日本来说,也存在将十字形作为理想类型的趋势。十字形仅有四条分支,但是如果分支变多就将成为放射形。放射形是十字形的变形。

c. 口字形

考虑环游时最具人气的商业街形状就是口字形。它的变形有环形和田字形,还有方格形。方格形又叫面形或环游形,是最富有环游形特点的形状,虽然日本较少,国外以土耳其伊斯坦布尔的大巴扎市场为首,国外有很多博得大量人气的这类商业区。另外,方格形商业街发展方式因中心干道的位置不同而不同。

d. T 字形

由于直线形缺乏变化,因此为了增添变化而发展成 T 字形的情况很多。T 字形也叫做直线形的变化。

e. 弯曲形 (crank)

弯曲形也是直线形的变化,理由同 T 字形。另外,有时也会因为地形或其他原因将直线形变形为弯曲形。这种变形就是 H 形。

f. コ字形

コ字形就是口字形缺一部分,也可以称之为是它的变形。

2.9.3 商业街的长度

商业街的直线长度或一边的长度,换句话说就是街区的延伸,会受购物者的步行距离所左右。一般情况下的步行距离在 500m 以下,而 200~300m 最为合适。如果超过 500m 就会给人以过长的印象,需要在中途设置广场或长椅等设施供顾客休息。

2.9.4 小公园广场

原来商业街的存在意义只是为唤起购买行为的动机并提供商品,但是新时代下,除了为消费者提供商品以外,还要求为消费者提供会面、休息的场所。作为服务于市民的娱乐场所和沟通交流的场所,必须重新审视商业街的价值。

在商业街中创造舒适的行人空间,能够将人从汽车中解放出来,使人们能在接受阳光普照的同时享受散步的乐趣,长椅能够为人们提供聊天的场所,在购物的同时得到休息。这些多元的功能可以让商业街保持繁荣，充满活力。

为了实现上述功能，就要在让商业街的中心与市民广场式的小公园广场相连。具备公园广场的商业街才能创造出商业街的舒适环境。这不仅有利于区域社会的社会资本充实，还能为举办大型活动提供方便。只是，这也会出现因广场的存在而中断消费者购买欲望的缺点，但是即使存在这种缺点，从长远来看依然会促进商业街的整体繁荣。商业街中的广场不仅是前来购物的消费者休憩的场所，通过设置树木、花坛、长椅、雕刻、喷泉、路径指南、公用电话等设施，甚至打造儿童的游乐场所，不仅能够成为全家购物的场所，还能成为人与人交流的场所。这才是商业街能营造热闹、明快的氛围，持续繁荣的所在。

2.9.5 步行者天堂

当没有设置小公园或广场的余地时，在一定的时间段内对商业街的道路禁止车辆通行，这就形成步行者天堂。这种步行者天堂具有两面性，并不一定就会受到当地商业街的欢迎，理由如下：①必须在附近为私家车主设置停车场；②当举办某些活动或提供某种服务时，如果不能提高销售额则毫无意义；③由于无法设置广场，不仅要考虑步行者对环境整备的需求，还要考虑人车分流。

日本自昭和45年（1970年）开始就在东京的银座、新宿、池袋、浅草等繁华的商业街实施步行者天堂的制度，后来发展至整个日本。而且实施步行者天堂制度的地方多为宽阔的道路。如果超过20m就是一种失败，因为即使走在行车道上，也会因为太宽而出现一种类似荒野的感觉，不知何去何从造成心情极差，不会为城市景观加分。

2.10 购物公园

2.10.1 购物公园的开端

既然购物行为本身就具有休闲化的一面，那么商业街必须是构成城市空间的一部分。这要求城市空间对步行者也就是消费者来说，要具有享受性和舒适性。代表城市的景观要成为城市的颜面。对于普通的商业街来说，虽然也要求在其中心设置广场等设施并具备上述功能，但是随着不断地发展，已经要求商业街永久地人车分流，而非一时的人车分流。这就是购物公园。

购物公园存在的意义在于扩展城市空间，主要通过绿化和商业建筑正面的设计提高城市景观。让步行者徜徉在景观出色的商业街中，不仅能够使人感到闲适，还能增加购物客流量，激发商业街的活力。

回顾购物公园的历史，最早开始于1930年，出现在德国埃森的里贝克大街（Limbecker），随后荷兰、英国及美国等国家纷纷效仿。

购物公园就是指商业街的道路禁止汽车通行，能够保证步行者安心购物的场所。路上种有树木和花草，还设有长椅和展示橱窗，并点缀喷泉与雕刻，通过亮丽的照明丰富道路色彩，就连路面铺设都选用富有乐趣的马赛克，将道路本身公园化，使购物者享受在公园中购物的乐趣。

Mall直译的意思是林荫道、散步道，而Shopping Mall则是购物林荫道或散步道的意思，林荫路的概念又恢复到从前。日本将其翻译成购物公园，多指单纯的Mall。

日本效仿欧美的流行趋势，在规划大阪府枚方市樟叶新城的建设时，在重新建设新樟叶车站的环节中，基于新的城市规划制定了新的站前广场和购物公园，最初于昭和47年（1972年）完成。这就是樟叶步行街（图2-11），是世界第一个基于全新的城市规划而设置购物公园。

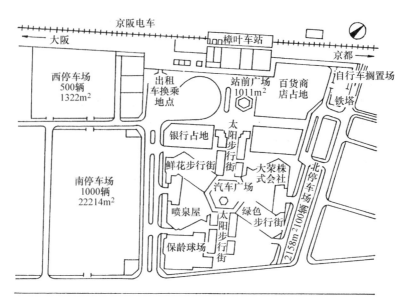

图 2-11 樟叶步行街布置图

几乎与樟叶步行街同一时期,在北海道旭川市平和通也建设了购物公园,接着又在函馆、吴、横滨、大阪、下关等地分别建设,这些步行街都是在既存的商业街道路的基础上改造成购物公园的。也就是说,为了改造传统的商业街,改建了商店的正面并禁止汽车通过,将原来的步行街和行车道合为一体,还通过增设许多街道长椅使步行者专用道与商业活动融为一体,使得步行者能够安全快乐地购物。

迄今为止建成的购物公园都是商业空间优先型,仍存在一些问题。为了尽可能多地招揽购物者,不仅道路采用彩色铺装,还栽种树木,增设长椅。今后要将购物公园定位成城市规划上的城市空间,优先步行者的享乐空间大于购物功能,并将改善城市景观放在首位。希望能营造出置身于卓越的城市景观中,在公园享乐的同时,在行走间偶然发现一家小店的氛围。

2.10.2 购物公园的种类

从步行者的角度看,购物公园按照汽车的分流方式不同可分成不同种类。而且无论哪种,如果宽度超过20m,就会超出人体尺寸难以让步行者感受到整体感,因此必须避免。

a. 完全步行街(Full Mall)

完全步行街是指道路整体均为永久性的行人专用道。分为全程完全步行街和分区间完全步行街。前者是指途中全无交叉道路的步行街,如枚方的樟叶步行街、大阪的道顿堀花园路以及德国的慕尼黑步行街等。后者指途中存在行车道的交叉道路,如旭川平和通购物公园和横滨的伊势佐木步行街等。无论哪个都是一长一短。

b. 中转购物中心

在宽阔的人行道上增设公共交通工具,扩宽原有道路的人行道,经过设计以后在形成步行街的同时,进一步缩小行车道并控制交通。禁止停车,仅允许公交车、电车和急救车等公共交通工具通行。美国的尼科莱特购物中心是具有代表性的例子,虽然国外很多,但在日本却不太盛行。

c. 半开放式商业街(semi-mall)

这与中转购物中心形态相同,同样是扩宽原有道路的人行道,经过设计以后在形成步行街的同时,进一步缩小行车道并控制交通。只是交通规则不同，行车道允许普通车辆通行，但是多为单行道，而且除了晚上禁止停车。此种形式的商业街日本比较常见，如横滨的马车道、下关的绿色步行街以及函馆的绿色市场等。

d. 人造陆地和过街天桥

这是从火车站前的过街天桥经过改良发展而来的站前广场，属于中转购物中心或半开放式商业街的立体形态。要在分流平面行车道的人工地基2层的人行道部分栽种植物并设置长椅等身为购物公园的街道设施。在新城市中还会设有干线的人行道轴线。

e. 立体式地下商业街

这包括地下人行通道、地下商场及下凹式庭院等。外国有很多地下商场，地下人行横道的两侧遍布许多商店。日本也在市中心或站前广场建设地下商场，或依靠地下室通风与外部空间相连，形成可自然采光和换气的下凹式庭院。无论哪种，都是把地下空间作为步行者空间用于购物公园的。

2.11 郊区商业布局

得益于私家车的普及和电冰箱的普及，使得郊区商业布局得以形成，带来了城市形态的变革。

人的购买行为主要分为日用品的购买和选购品的购买。日用品可在附近商业区的商铺中购买，而选购品则是一周一次或一个月一次的购买性行为，又可以分成市内指向型和郊区指向型。市内指向型是指前往市中心的购物中心购买高档产品，有大量可以使用的公共交通工具，方便出行。

可是在土地价格偏低的郊区建设占地面积较大的大型购物中心，却能够逛许多专卖店。利用私家车出行，一次可购买一周的食物储存在冰箱中。冰柜冰箱的普及也进一步提速。专卖店多，价格也便宜，不仅可以买到食品，还能够买到其他日用品，因此越来越多的人选择郊区购物中心。这不仅引发

了流通革命，也致使人们的购物行为发生变化，但是这也引发了城市道路交通系统的变革，从原来利用铁路出行购物转变为利用道路出行。这在美国已经非常发达，在日本也在不断发展壮大。

2.12 地域划分和城市防灾

2.12.1 地域划分

城市大多被干道分割成若干区域。一旦被分割，区域的整体性将消失。分割要素受干道的车道数量和整体宽度的影响。在双向6车道、整体宽度在30m以上时进行区域分割最常见。车道数量的影响更明显。由于超过6车道的干道交通量较大，交叉路口的信号处理要优先干道，那么交叉的区划街道的人行道就变得不方便。因此希望干线道路的直行车道能采取高架或地下立交的形式。

福井市在福井地震后的区划整理过程中，将身为市内干道的北国街道从12m宽扩大的20m、36m，并且还将中央大道宽度扩展到44m，实现了城市防灾的目的。反过来说，例如为了阻断火灾、建设防灾城市，必须进行区域分割。

2.12.2 城市灾害的种类

日本城市产生过程中除了密集的市区较多以外，住宅房屋都是木质结构，又身处太平洋地震带，自古以来就是地震火灾的多发地区，而且风灾水害也较多。

战后随着城市规划工作的深入，建筑物阻燃和消防能力的强化以及在早期灭火方面的努力，虽然出火警的次数依然持续增加，但是大规模火灾却得以减少。

2.12.3 城市规划中的防灾

基于城市规划建立城市防灾构造的方法有土地利用、设置城市设施及开发市区等。

a. 土地利用

根据土地利用规划及许可条件下的开发行为规章制度，规划上的方法如下：①为了防范水灾，要具有重要的水土保持功能及蓄水功能；②为了防范火灾要指定重点防火地区，深入推进阻燃发展；③通过指定特别用途区域使危险物品存放处远离住宅区；④通过指定特别用途区域促进土地利用的简化等。

b. 完善城市设施

为了形成城市防火结构要做到以下几点：①通过完善道路等城市道路网确保阻燃效果，同时要确保逃生道路和紧急运送道路；②通过完善公园设施等确保避难所、逃生道路及防灾赈灾基地；③通过完善城市河流或下水道等设施确保泄洪和紧急水运等。

c. 市区开发

包括①街道的完善；②建筑物的阻燃；③基于土地分区规划工作完善公共设施等。

2.12.4 阪神大地震的教训

1995年（平成7年）1月17日发生在兵库县南部的阪神大地震波及六甲断层地带，给呈狭长分布的人口密集地区带来了重创。图2-12就是当时阪神大地震的图片。

JR新干线及原有铁路线、神户电铁、阪特快电铁、阪神电铁、山阳电铁、神速高速铁路、神户市营地铁、神户新交通等铁路设施遭到破坏。另外，道路设施也遭到毁坏，高速公路449处，国家管理的普通国道554处，省道2759处，县道乡道762处。

阪神大地震中的火灾属于同时多发的城市火灾的典型，神户市共有1368名消防人员紧急出动。除了消防员以外，警察等也纷纷奔向救援现场，造成了交通拥堵。当时汽车保有量相当于一个家庭1.5辆私家车，其中也有不少人开着车跟在别人后面瞎起哄。由于交通拥堵，导致消防人员无法到达现场，为保证90%的消防员抵达现场就花了5h。另外，出动的消防车及救护车等其他配套救援设施也因为建筑物和电线杆的倒塌造成道路堵塞导致无法前行。还有的消防车虽然赶到了现场，却因地震引发的水管破裂导致消防用水没水而无法使用。虽然尝试从远处的河流或大海引水，但是当重型车辆轧过管道时，有时会发生断裂。

神户市内共发生火灾176次，烧毁面积达到658555m^2，其中一个原因就是交通拥堵。人们不得不放任大火烧毁房屋。阻止火灾蔓延的是宽阔的道路和由公园形成的自然防火区域。在发生地震的同时，应该紧急进行交通疏导，减少车流量。

【石井一郎】

参 考 文 献

1) 石井一郎：地域計画，森北出版，p.119-124（1993）
2) 石井一郎ほか：景観工学，鹿島出版会，p.137-140（1990）
3) 都市デザイン研究会：都市デザイン・理論と方法，京都，学芸出版社，p.156-159（1981）
4) 石井一郎ほか：都市計画，森北出版，p.115-119（1984）
5) 石井一郎：商店街の計画設計，土木技術，Vol.42，No.2，p.100-106（1987）
6) 石井一郎：都市の防災，技術書院，p.14-26（1995）
7) 国立大分高専土木工学科都市計画研究室資料

图2-12 在阪神大地震中损毁的阪神高速公路上摇摇欲坠的公交车

第 3 章 道路、停车、新交通系统及与其他交通方式的协调

3.1 道路及停车问题

3.1.1 道路

城市道路中的最大问题依然是交通拥堵和环境问题。无论是在公共交通不发达、以私家车为主要交通方式的中小城市，还是在东京、大阪等公共交通完善的大城市，问题都非常严重。在第 1 章中已阐述了环境问题方面的内容，因此本章将着眼于交通拥堵问题展开论述。

欧美等国家和地区针对城市道路交通中的拥堵和环境问题，采取了一种叫做"交通需求管理（Transportation Demand Management，TDM）"的全新应对方式。

之所以采用这种应对方式是因为在欧洲各国普遍存在一种认识，那就是解决交通拥堵问题的传统办法就是新建道路，让道路能与不断增长的交通需求匹配，然而受到资金和土地等因素的制约，这种方法很难落到实处。另外这种全新的应对方式还有一个更深层次的目的，那就是要着眼可持续交通，协调与环境之间的关系。而美国也试图利用交通需求管理来解决大气污染问题和交通拥堵问题。美国在 1990 年修订了《清洁空气法》，要求根据污染等级制定并实施可达成联邦环境标准的年度计划，而且根据 1991 年制定的综合陆上交通效率化法案，还要求在联邦补助的前提下整合道路建设和大气污染改善计划。防止大气污染在美国交通政策中拥有最高的优先级别。正是在这种大背景下，洲际道路的不断完善，拼车出行的不断推动及公共交通工具的不断完善都持续深入。

对交通需求管理的定义可能并不统一，建设省道路局报告对此的定义是，交通需求管理就是"通过改变时间、路线、方式，追求汽车高效利用及调整发生源头等交通需求，减轻城市或区域层面道路交通拥堵的方法体系"。其目的在于"缓解道路交通拥堵情况，确保流动性，改善环境，激发区域活力"，其中优先级别最高的不是改善环境，而是缓解道路交通拥堵，这一点与欧美各国不同。但无论怎样，与传统的建设道路等基础设施的思路相比较，结合现有道路建设水平进行管理的交通需求管理仍具有划时代的意义。

对应上述定义，应对交通需求管理的措施如下：

- 改变时间方面的措施——将一部分高峰时段里的交通需求转移到其他时间段。该措施的目的是追求交通需求在时间上均等。

- 改变路线方面的措施——将一部分拥堵地区的交通分散到其他地区。该措施的目的是追求交通需求在空间上均等。

- 改变方式方面的措施——通过提高公共交通工具的方便性，追求合理的交通工具分配。

- 高效利用汽车方面的措施——通过增加乘用车的平均乘车人数或提高火车的载货率，追求汽车的高效利用。

- 调整发生源头方面的措施——通过调整或改变交通目的或土地利用政策（例如工作单位靠近住处）来减少交通量。

- 对于不同目的都能合理通用的措施可分成以下几类，具体如图 3-1 所示。

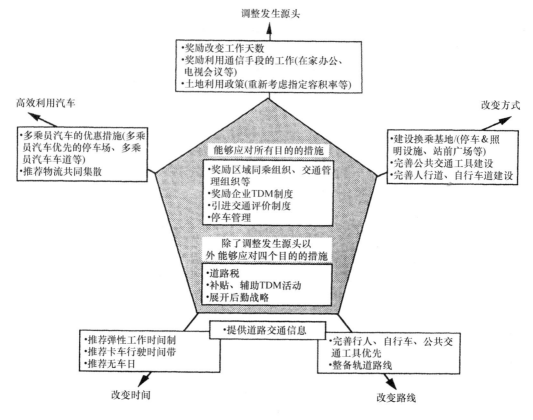

图 3-1 根据目的整理而成的交通需求管理措施

该图显示的措施既包含无需建设设施、花较短时间即可实施的弹性工作时间制、无车日等措施,也包括需要较长时间才能显现效果的土地利用政策。图中所列的措施与道路建设相比,大多数产生效果的时间更短,这正是交通需求管理的特点之一。

日本在 1992 年发布了"道路建设长期构想",旨在以传统的道路建设举措为中心,解决交通容量扩大和交通需求管理的问题;并且对拼车出行、平均需求、组合交通管理及后勤方面的国外事例进行详细说明,体现了对交通需求管理的高度关注。1993 年又开始推出"新交通拥堵对策项目",首次将交通需求管理作为解决拥堵问题的支柱并展开相关应用。到了 1994 年,又在全国范围内选定了 10 个示范城市(札幌、秋田、宇都宫、金泽、丰田、高山、奈良、广岛、德岛、北九州),实施"综合交通拥堵应对支持示范事业",其中,交通需求管理在实施方面得以发展。

a. 美国的交通管理

根据美国运输省的报告可知,美国的交通需求管理的施政方针可分为如下 11 种。

① 提供比一人驾乘汽车更好的交通方式:

● 改善公共交通工具;

● 拼车(Car Pool);

● 合乘上下班交通车(Van Pool);

● 面向行人、自行车骑行者的设施建设和造型改善。

② 引导和规章制度:

● 在雇主支持下的以企业为主体的需求管理;

● 多人同乘车辆(High Occupancy Ve-

hicle，HOV）的优先政策；
- 停车设施建设的规章制度，停车收费的规章制度；
- 征收道路使用费用，杂税。

③ 调整工作时间：
- 弹性工作时间，变更工作时间；
- 信息通信的利用，在家工作。

上文已提到过，美国交通需求管理的主要目的是减轻大气污染和交通拥堵，为此在减少一人驾车上下班出行方面做了巨大努力。措施①的目的是完善能从一人驾车实现转变的交通方式建设，而措施③的目的则是改变通勤出行的发生时间或避免通勤出行。与此相对，措施②包括从一人驾车向其他交通方式转换或增加每辆车的乘车人数等引导性的规定。所谓的雇主支持下的以企业为主体的需求管理是指雇主向员工提供各种各样的奖励政策，促进从一人驾车实现转变。在合伙用车或合乘上下班交通车方面，还可以利用数据库系统提供合适的同乘对象等服务。另外还面向同乘车辆采取提供事务所附近停车场或停车费打折等的优惠措施，或者对一人驾驶车辆收取停车费等。

HOV 的优惠政策包括 HOV 车道。HOV 车道是指在高速公路或干道上、为多人同乘车辆所设置的专用车道，有的地方还会设置 HOV 专用灯。

公共交通工具的完善也与上述措施交相呼应，不断发展。而且从太田处获悉，洛杉矶作为汽车依存型城市的典型代表，也继近代轻轨交通（Light Rail Transit，LRT）蓝线之后，又开通了地铁红线。

下面将以加利福尼亚州南岸大气保护局条例 XV 的效果为例，介绍上述 TDM 措施的效果（原田）。表 3-1 表示的是从效果预研中提取的上一年和下一年具有可比性的 76 家企业的通勤方式变化情况。从中可知，同乘一辆车的情况大幅增加，平均乘车人数增加 4.3%。但是铁路、客运的分担率反而

有所下降，曾经一人驾车出行的通勤人员更多地选择了同乘一辆车或其他交通方式（包括步行、二轮车）。

表 3-1 条例 XV 引起的通勤方式变化

交通方式	上一年度（%）	下一年度（%）	增减（%）
一人驾车	74.3	67.5	-9.1
同乘一辆车	15.8	21.2	+34.0
铁路·客运	3.9	3.8	-2.5
其他	6.0	7.4	+23.0
平均乘车人数	1.25 人	1.30 人	+4.3

b. 荷兰的交通管理

荷兰是围海造陆所形成的国家，人们对全球变暖导致海平面上升更加敏感，因此将环境保护作为交通政策中的第一要务，认为需要控制汽车交通的发展。但是荷兰拥有鹿特丹港和阿姆斯特丹史基浦机场两大交通枢纽，具有欧洲门户的作用，运输业成了该国的立国之本。因此，如果单纯采取抑制汽车交通的政策，将阻碍经济发展。为了解决汽车交通与经济发展之间的矛盾，荷兰政府出台了控制出行距离的相关政策。该政策是在多数人的通勤距离都超过 30km、且在总出行距离中占据较高比例的大背景下提出的，但仍有人认为由于它未能反映外部经济效果，虽然出行成本控制得较低，反而助长了长途出行的发展。

荷兰政府交通政策的基本方针是"第二次综合交通计划"，该政策的目标是可持续发展社会（a sustainable society），意义在于"既满足当代人的需求，又不损害未来子孙后代的需要"。该政策阐明了为了不将环境问题的重负转嫁给子孙后代，而构建交通系统的必要性。

为了建立可持续发展社会，需要清洁的大气和清洁的能源，同时还需要构建可将狭小国土消费控制在最小范围的国土与交通系统，因此明确了以下政策目标。

环境目标——到 2010 年，将汽车的

NO_x 排放量降低到 1986 年排放水平的 75% 以下，到 1995 年再实现降低 20%。

到 2010 年，CO_2 的排放量至少要比 1986 年的排放水平降低 10%。这意味着 1995 年的排放量不能超过 1989～1990 年的排放量。

噪声目标——因过往交通导致出现超过 55dB（A）噪声的地区面积不能超过 1986 年的水平。要将外壁噪声超过 55dB（A）的房屋数量减少一半。

交通安全目标——1995 年的死亡人数要比 1986 年降低 15%，受伤人数要减少 10%。到 2010 年，要将死亡人数降低 50%，受伤人数减少 40%。

汽车使用目标——要在大规模的住宅区建设高级的公共交通工具。1992 年以后，在所有土地使用规划中，都要在建设公共交通工具的地点进行产业开发。

针对 1995 年以后，每 100 位员工应该设置多少停车设施，做出了如下规定（适用于工厂及其他事务所的停车场设置规则）。兰斯塔德地区内或城市据点以及其他城市被分类为 Type A 的地区，每 100 位员工应设置 10 个停车位。除此以外的 A 地区则应每 100 位员工设置 20 个停车位。在可以同时享受公共交通和私家车两方面服务的 B 地区，与 Type A 同理，分别是每 100 人设置 20 个停车位和每 100 人设置 40 个停车位。在城市地区，在交通相对安静稳定以及行人专用区域等因素的作用下，也能够对控制汽车使用起到一定的作用。

在汽车使用的发展上，以 1986 年的 100 为基准，到 1989 年就控制到了 117，1994 年控制到 125，2000 年控制到 130，而到了 2010 年则控制到了 135。

公共交通目标——到 2010 年，通过铁路、客运、轨道电车及出租车构建成连续的公共交通系统，运输能力要达到比 1986 年主要干道交通高峰期旅客运输能力增加 50%～100% 的水平。

在主要通勤路线超过 5km 的旅途中，使公共交通工具的移动时间控制在汽车出行的 1.5 倍以内。在四大城市地区，该目标在 2000 年实现。与汽车交通费相比，公共交通工具的交通费更占优势。

干道目标——具有高速公路规格的道路叫做干道，要构建出四大城市地区和其他国家直接相连的交通网。到 2010 年，要将从背后与鹿特丹港及阿姆斯特丹史基浦机场相连的干道交通拥挤概率降低至 2%，而其他干道要降低到 5%。

为了实现以上目标，如表 3-2 所示，可以采取以下四大类的 35 项措施。

表 3-2　第二次综合交通规划中的措施

政策分类	措施内容
1. 环境和舒适性	1. 降低大气污染 2. 减少化石燃料的使用量 3. 降低噪声 4. 提高道路安全性 5. 控制国土分割 6. 提高危险物品运输安全性
2. 流动性的管理和控制	7. 集中住宅、工作地点、休闲设施等公共设施 8. 停车政策（ABC 政策） 9. 城市重组（控制汽车使用） 10. 信息通信技术的利用 11. 改变劳动时间、营业时间 12. 收费
3.1 可达性 - 人的移动	13. 完善公共交通工具建设 14. 完善干道建设 15. 完善自行车利用设施建设 16. 促进汽车的同乘 17. 完善换乘设施 18. 完善信息提供设施、升级交通管理
3.2 可达性和市场位置 - 物的移动	19. 基于道路运输的共享保持和效率改善 20. 铁路运输 21. 水路运输 22. 综合运输 23. 信息技术和货运

政策分类	措施内容
3.3 海港	24. 可达性和海港位置
3.4 航空运输	25. 可达性和阿姆斯特丹史基浦机场位置
4. 辅助政策	26. 通过沟通与教育促进行为变化
	27. 确立欧洲交通政策
	28. 为立案地区层面连贯交通政策的组织机构设立
	29. 与交通相关的组织进行合作
	30. 引进基于企业•企业群体的交通管理
	31. 确保用于交通基础设施投资的财政
	32. 交通规则
	33. 与交通和基础设施有关的研究
	34. 交通的社会性
	35. 政策修订

注：源于文献9。

c. 日本的交通管理

下面介绍正在实施"综合交通拥堵应对支持示范事业"的10个城市的大致情况。

① 在札幌市（人口173万人），利用民间闲置用地建设用于Park&Ride的停车场，完备了郊区地铁周边的停车场。

② 秋田市（人口31万人）设立了推进TDM的组织机构并呼吁错开上下班时间。

③ 宇都宫市（人口43万人）在民企的协助下，开启了用于通勤的固定行驶路线短途客车并引进了弹性工作时间制度。而且还计划开展Park&Bus Ride实验。

④ 在金泽市（人口45万人），继续在游客较为集中的黄金周实施Park&Bus Ride的方式。而且自1992年（平成4年）开始，一直在面向驾驶私家车去市区上班的人群开展Park&Bus Ride实验。

⑤ 在丰田市（人口34万人），面向大规模事务所，从1994年（平成6年）起开展了由驾驶私家车上下班转变为利用铁路上下班的实验。

⑥ 高山市（人口7万人）规定在游客较为集中的高山祭期间，要换成大型客车前往市中心地区，而且在周围还设置了大型客车的停车场。

⑦ 奈良市（人口36万人）实施Park&Ride。

⑧ 广岛市（人口109万人）除了呼吁错开时间上下班、上下学以外，还研讨引进Park&Ride。

⑨ 德岛市（人口26万人）除了试行错开时间上下班以外，计划为可改善公共交通工具方便性的Park&Bus Ride建设停车场，还将扩大JR的运输能力。

⑩ 北九州市（人口102万人）除了民企开通固定线路的短途客车以外，还在城市单轨铁路小仓线建设了用于Park&Bus Ride的停车场。

综上所述，日本引进TDM的相关工作才刚刚就绪，尚处于试引进、探讨效果和问题的阶段。日本若想要引进TDM，必须要在理解日本与欧美各国在交通情况、社会情况之间存在差异的基础上，再研究符合日本国情的TDM。最后，再总结一下日本引进TDM时将会遇到的问题。

与欧美各国相比，日本公共交通工具的分担率偏高，特别是上下班、上下学很大程度上都依赖公共交通工具，因此可以说早晚高峰时段的公共交通拥堵情况已经达到极致。在这种情况下，如果不开始着手解决交通拥堵问题，只是凭借从驾驶私家车转变成使用公共交通工具，是不一定能成功的。而且考虑到日本目前不光是早晚高峰期交通拥堵、就连白天也会经常堵车，因此以白天的交通为对象研讨TDM的引进事宜是非常必要的。

在TDM中，当企图从使用汽车向其他交通方式转变时，多半是转换成使用公共交通工具（虽然也有改为步行或骑自行车的情况，但是并不多见）。而在公共交通工具中，公共汽车是最为广泛利用的交通方式，为了提高公共汽车的服务水平，一直以来采用的都是设立公共汽车优先车道或专用车道的办法。但是要想在城市中使用公共汽车优先车道和专用车道，正如黑川所述，需要单侧三车道。如果是单侧只有二车道，还要给公共汽车确保一个车道，那么将会对其他普通车辆的通行造成很大影响。日本城市中拥有单侧三车道的路段很少，因此无法落实公共汽车优先车道或专用车道的情况较多。为此在引进 TDM 的时候，要认清需要完善城市内部道路的事实。

另外日本公共交通机构的经营主体层出不穷，也没有统一的收费系统。而且车站等地还不得不上上下下走台阶，因此换乘时会给用户身体带来很大的负担。要想提高公共交通工具的吸引力，这些都是必须要完善的地方。

综上所述，日本要引进 TDM，势必要经过反复的试行并针对问题点不断改进，最终达成共识。之所以采用这样的流程，是因为很难事先预测出引进 TDM 会给人们的行为带来怎样的变化，而且也不能期望突然引进 TDM 就能引起人们在行为上的变化。在外国，要求使用者、本地居民参与的规划流程非常多见，希望日本也能形成这样的流程。

3.1.2 停车问题

a. 停车问题与停车场

汽车交通为了实现交通目的，不仅要考虑行驶问题，还要考虑出发地和目的地的停车问题。因此要想提高汽车交通的便利性，在完善行驶道路的同时，还需要确保车辆的停放空间。特别是在城市中，由于车辆停放空间不充足，引发了许多问题。

在城市道路的停车问题上，显而易见地出现了许多违章停车现象。在路上违章停车会导致交通容量下降，这不光会引起交通拥堵，还有可能诱发交通事故，更有甚者还会割裂道路与沿线其他道路的衔接，导致紧急车辆无法同行。

在上述问题的影响下，在汽车的不断普及下，位于郊区、具有大规模停车场的商业中心逐渐取代了停车场紧俏的市中心商业区。而且一到假期或周末，常常会看到等待进入商业中心或游览设施等地停车场的车辆会在路上排起长队，严重影响普通车辆的通行。

在论述停车问题时，为了能更充分的理解下述内容，首先通过图 3-2 介绍一下日本

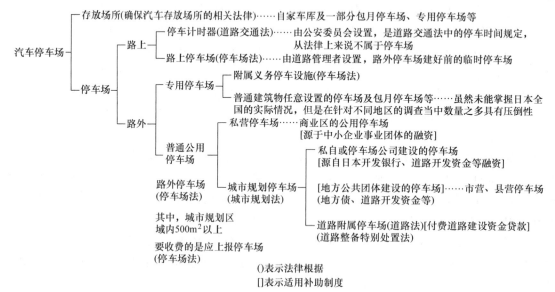

图 3-2　停车场的分类和依据法规、补助制度

停车场的分类。由此图可知，停车场的空间不仅仅只有道路和公共用地，还包括其他的民用地，建设主体多种多样。其实，这也是造成停车复杂的一项重要原因。

截止至 1994 年（平成 6 年）3 月，日本全国的停车场建设情况为城市规划停车场 353 处，收纳量 85012 辆，应上报停车场 5826 处，收纳量 924983 辆，附属义务停车场 36022 处，收纳量 1129575 辆，路上停车场 9 处，收纳量 1363 辆。虽然从收纳量上来看，附属义务停车场和应上报停车场所占的比例较大，但是从每个设施的平均收纳量来看，城市规划停车场最多，为 240 辆。

b. 停车问题的历史

关于路上停车，早在 1951 年（昭和 26 年）就已经出现了问题，并且在东京都等地还展开了相关调查。虽然当时的汽车保有量极其稀少，但是由于道路建设较慢，因此引发了停车问题和交通拥堵问题。基于上述调查，1957 年（昭和 32）5 月公布了"停车场法"，同年 12 月还制定了"停车场法施行令"。"停车场法"在城市里交通明显相对拥挤的商业区内规定了停车场建设区，在要求建设路上停车场、路外停车场及城市规划停车场的同时，还规定大规模建筑物在新建或改建时具有一定的建设附属义务停车设施的义务。而且，为了能在路外停车场建好前解决停车需求，还设置了路上停车场，路上停车场的收入不仅可以作为路上停车场的管理费，还可以充当路外停车场的建设资金。1962 年（昭和 37 年）制定了"确保汽车存放场所的相关法律"，规定汽车上牌时有确保车库的义务。

同样在 1962 年，还修订了停车场法，将能够指定为"停车场建设区域"的地区扩大到了商业区的周围。

附属义务停车场是 1963 年（昭和 38 年）建设省向各地方公共团体通告"标准停车场条例"时提出的，规定了汽车停车需求较大的专用建筑物的停车场建设要求，当占地面积超过 2000m^2 时就要按照 1 辆/300m^2 建设，而非专用建筑物当占地面积超过 3000m^2 时，则要按照 1 辆/450m^2 建设。但是面对这样的标准条例也存在批评的声音。

• 在中小城市中，占地面积超过 2000~3000m^2 的建筑物并没有那么多，因此在小规模建筑物云集的市区，附属义务条例并不能有效发挥其功能，需要降低必须承担附属义务建筑物的最小规模。

• 由于建筑物用途可以分成专用和非专用两类，因此无法非常详细的顾及具体建筑物的停车需求。

• 虽然停车设施的需求量与建筑物规模无关，这是按照一定的比例计算决定的，但是由于大规模建筑物的停车场使用率较低，因此需要重新衡量计算决定方式。

随后，围绕以上批评意见，经过多次修订，进一步对标准条例进行了调整和完善（详参见后文）。

后来日本经济高速发展，汽车也迅速普及，但是随之而来的噪声、振动、大气污染等环境问题日益严重，因此对停车设施建设方面也采取了更加谨慎的态度。正是因为当时汽车罪恶论和控制停车场建设能够有效减少汽车交通量的想法，所以没有积极地进行停车场建设。

但是进入 20 世纪八九十年代（昭和 60 年代）以后，停车政策发生了很大的变化。

第一点变化就是在确保城市交通功能和控制交通事故的双重目的作用下，于 1986 年（昭和 61 年）修订了道路交通法。当时，为了控制不需要或不着急的车辆进入市区，确保行驶空间，在城市中执行全面禁止停车的规定。但是，由于不完善的监管体制和路外停车场建设缓慢，导致路内违规停车现象不断蔓延。根据 1986 年修订的道路交通法规定，在附近没有合适的路外停车场地带，由于工作或其他原因不得不在路内停车时，允许短时间停车，还规定要设置停车计时器或可发放停车券的设备及停车方法等。另外还提高了罚款、违规金的金额，规定可委托民间法人对违停车辆进行移动和保管。

第二点变化就是城市规划发面的停车政策转变。1987年（昭和62年），城市规划中央审议会重新审视了停车政策，将停车场定位成城市不可或缺的设施，并发表报告表示"要根据城市的规模和特点，充分考虑市区形态、道路等城市交通设施系统及与交通管理的匹配，再制定基本规划"。在停车场的建设策略方面表示"虽然停车场的建设主体是依靠民间，但是对于城市规划应该确保的停车场来说，在民间建设力量的基础上，根据需要由公共部门进行建设是明智的做法"。另外还指出建设停车场向导系统的重要性，呼吁建设用于整理货物的停车设施。

c. 近年来的停车对策

进入20世纪80年代末（1989年）以来，开始实施综合停车对策，进一步扩充了停车场建设的各项政策措施。表3-3表示的是近年来停车对策的汇总结果。

表3-3 与停车场有关的实施政策

年度	与停车场有关的制度
1973	● 创立付费道路融资事业制度（无利息借贷制度）
1985	● 创立道路开发资金（低利息借贷制度）
1989	● 修订道路法等（1989.6.28发布，1989.11.22实施） （创设立交道路制度）
1990	● 修订道路交通法及车库法（1990.7.3发布，1991.7.1实施） （提高违规金，导入使用者责任制度等） ● 大幅修订与停车场附属义务有关的标准条例（1990.6.11通告） （强化专用建筑物的附属义务等） ● 通过发挥综合设计作用，进一步缓解容积率（1990.11.26通告）

（续）

年度	与停车场有关的制度
1991	● 修订道路法（1991.5.2发布，1991.11.1实施） （可以向停车场使用者征收费用） ● 修订停车场法（1991.5.2公布，1991.11.1实施） （扩大附属义务区域，强化建筑物的附属义务，规定停车场建设地区的停车场建设规划制定的义务） ● 修订与停车场附属义务有关的标准条例（1991.11.1通告） （降低非专用建筑物附属义务对象：3000m^2→2000m^2） ● 增加第5次特定交通安全事业五年计划中的停车场新设工种 ● 创立基于特定交通安全事业对停车场的补助制度 ● 创立私营公用停车场的补助制度 ● 在公立住宅的补助对象中增加停车场 ● 创立针对停车场建设的住宅金融公库融资的比例增加借贷制度
1992	● 修订城市规划法及建筑标准法（1992.6.26发布） （大幅弱化住宅用地区域中的与停车场相关的建筑法规等）
1993	● 制定第11次道路建设五年计划（1993.5.28内阁会议决定） ● 修订城市规划法及实施建筑标准法（1993.6.25）
1994	● 修订与停车场附属义务有关的标准条例（1994.1.20通告） （附设用于处理货物的停车设施） ● 将应对假期停车场扩充为道路开发资金的融资对象

注：源自文献19。

1990年（平成2年），修订了两项规定，一项是以强化违反放置停车规定等为主要内容的道路交通法（明确了与放置行为有关的该车使用者责任，一旦出现放置行为，可以勒令其在一定时间内不准驾驶），另一项则是以持续保证汽车保管场所而制定的全新制度等为主要内容的"确保汽车保管场所等的相关法律"。

到了1993年（平成5年），又进一步修订了道路交通法，其主要内容是全新规定了针对违停车辆，对其安装车轮锁装置（夹具）的措施等，而日本全国的警察从1994年（平成6年）5月10日开始执行该措施。其实英国等地很早前就开始使用车轮锁装置。安装车轮锁要在公安委员会指定的安装区间内进行，从1994年（平成6年）至今，已经以繁华街道的干道为中心，指定了具有257个区间、长达195.58km的安装区域。在指定区间内减少违停车数量的效果非常明显，全国平均减少了50%，而大阪市区（御堂筋）则减少了约70%。

1991年（平成3年）3月，城市规划中央审议会提出了"自动车停车设施建设的应有状态及其推进方法"过程报告。根据该项报告可知，1991年修订停车场法，并创立停车场建设规划制度，该项制度是指制定包括市町村停车设施建设目标、建设基本方针等内容的停车场建设基本规划。另外还修订了停车场法，包括强化公寓等普通建筑物的附属义务以及将附属义务对象扩大至居住区等内容。

对于居住区来说，根据建筑标准法规定只允许建设小规模的车库，因此在确保车库上也出现了问题，但是根据1992年（平成4年）对建筑标准法及城市规划法的修改结果可知，该规定已经放宽。例如，根据从前的规定，在居住地区不允许建设占地面积超过$50m^2$的车库（附属于建筑物），而修订后，在第二种居住地区允许建设$300m^2$以内的车库。

1990年（平成2年）6月，大幅修订了附属义务停车场的标准条例，主要内容是强化百货商场、事务所等专用建筑物的附设义务等。原来的标准条例规定占地面积超过$3000m^2$（专用的话为$2000m^2$）的部分是附属义务对象，但是对象外部分的停车需求占据了实际停车需求的很大一部分，因此重新修改了该规定。进一步降低了具有停车设施附属义务的建筑物规模下限，规定如果城市人口规模达50万人以上，对象下限是$1500m^2$，不足50万人的城市是$1000m^2$（但是对于总占地面积达到$6000m^2$的建筑物，基于附属义务规定了停车数量的放宽措施）。1991年（平成3年）11月，非专用建筑物的附属义务标准从总占地面积$3000m^2$下调至$2000m^2$。

1994年（平成6年）1月，修订了关于货物处理所用停车设施的附属义务条例。这是为了解决货车处理货物时在路内停车时而出现的问题。根据传统的标准条例规定，在计算决定应设置停车设施数量时，作为根据的停车需求中包括处理货物的停车需求，但并没有明确规定停车设施的数量，也没有规定其参数（高度、宽度等）。而修订以后，规定了附属设施中用于货物处理的停车设施数量，并规定宽度要超过3m、内部纵深超过7.7m、横梁下端高度超过3m。但是稍稍感觉横梁下端高度有些不足。

在停车场建设方面，原来的方针是以民间为主体开展建设，并且设置了无利息或低利息的融资制度作为辅助政策。付费道路融资事业、综合停车场事业（NTT-A型）、道路开发资金等都属于这些融资制度的范畴。但是仅靠民间开展的停车场建设无法解决停车场的严重不足，因此1991年（平成3年）又修订了道路法及停车场法，创立了面向停车场建设的补助制度。在这些补助制度中包含以下内容，成为了官方支持停车场建设的举措。

① 面向停车场建设规划的补助制度
- 停车场建设规划调查。

② 面向停车场建设的补助制度（仅列举具有代表性的例子）
- 特定交通安全设施建设事业；

- 公共停车场建设促进事业；
- 市区地再开发事业。

③ 面向停车场有效利用的补助制度
- 停车场向导系统；
- 停车场有效利用系统。

d. 减小汽车进出停车场的影响

上文论述的是与停车场或车库建设相关的内容，但是正如最初遇到的问题那样，由于即将进入停车场的汽车在马路上滞留而影响其他车辆行驶的情况仍不断增加。特别是在假期的观光地或大规模商业设施的停车场附近，这种现象更加显著。为了解决此类问题，除了提出《大规模开发地区相关交通规划研讨手册（草案）》以外，还针对交通评价展开了研讨。

《大规模开发地区相关交通规划研讨手册（草案）》的目的在于预测和评价大规模开发的交通对周边会带来怎样的影响，并制定恰当的交通规划，1989年（平成元年）3月通告了大规模开发地区相关交通规划的制定进展情况，同时提出了该研讨手册（草案）。其后，在1990年（平成2年）6月又针对集中发生在地区内的交通量预测提出了修订后的研讨手册，1994年（平成6年）10月又修订了与事务所有关的集中发生的基本单位及手册适用对象标准。

该手册阐述了不同出行方式（汽车、二轮车、铁路系统、客车、徒步）下，预测大规模开所将引发的集中产生的交通量的步骤，还规定要研讨能将开发给交通带来的影响控制在允许范围内、不阻碍目前交通流动所需的设施建设。

交通评价对象不仅限于大规模开发，其目的在于"事先预测和评价道路沿线开发事业对交通造成的影响，根据不同需要，通过开发者和道路管理者采取不同责任义务下的预防措施，缓解和消除对交通造成的影响，确保更加顺畅的道路交通"。目前正在开展以大规模商业设施为主要对象的交通评价试验应用。

综上所述，近年来日本扩充并新增加了各种制度，积极地推动停车设施的建设。毋庸置疑，为了解决停车问题，需要利用这些制度，充分考虑各城市的交通特点切实地建设停车设施。在此基础上，还需要研讨能够提高停车场有效利用的向导、导航系统以及能够妥善管理汽车交通需求的交通需求管理等。

【山田晴利】

参 考 文 献

1) 太田勝敏：都市における交通需要マネージメント，Good Scene, Vol.13, pp.26-35 (1994)
2) A. M. Howitt and A. Altshuler：The challenges of transportation and clean air goals. Prepared for executive training purposes, Kennedy School of Government, Harvard University (1992)
3) 建設省道路局道路経済調査室：交通需要マネージメント．-TDM-（案），交通需要マネージメント研究会（1993）
4) 建設省道路局（編）：Next Way 新長期構想，道路広報センター (1992)
5) Federal Highway Administration and Federal Transit Administration：Implementing effective travel demand management measures. Inventory of measures and synthesis of experience. U. S. Department of Transportation (1993)
6) 松本昌二：米国における交通需要マネージメントの概要-その歴史的展開と評価について-，道路交通経済，Vol.18, No.2 (1994)
7) 交通と環境を考える会（編）：環境を考えたクルマ社会-欧米の交通需要マネージメントの試み，技報堂出版（1995）
8) 原田 昇：アメリカの交通需要管理-混雑緩和と大気保全の効果，交通工学，Vol.27, No.2, pp.59-63 (1992)
9) Second transport structure plan-Part D：Government decision (1990)
10) 太田勝敏：交通需要マネージメントによる道路交通対策についての留意点，都市と交通，No.30, p.11-17 (1994)
11) 黒川 洸：まちづくりと交通-公共交通の活性化-．交通工学，Vol.30, No.3, p.1-2 (1995)
12) 中島 浩：都市における駐車場整備の現状と課題，交通工学，Vol.21, No.7, p.17-28 (1986)
13) 有安 敬：駐車政策の今後の展望 4. 都市政策における駐車場整備，交通工学，Vol.30, No.3, p.49-54 (1995)
14) 新谷洋二：都市内駐車対策の歴史的考察と駐車場整備の課題，交通工学，Vol.21, No.7, p.4-11 (1986)
15) 高橋洋二：駐車政策の今後の展望 1. 都市における駐車問題，交通工学，Vol.29, No.6, p.55-60 (1994)
16) 福本俊明：建設省の駐車政策の最新動向，都市計画，Vol.40, No.3, p.26-33 (1991)
17) 建設省都市局都市再開発課（編）：駐車場マニュアル，（社）日本駐車場工学研究会（1982）
18) 東川 一：改正道路交通法の駐車対策，交通工学，Vol.21, No.7, p.12-16 (1986)
19) 横田耕治：駐車政策の今後の展望 2. 道路事業における駐車場整備，交通工学，Vol.30, No.1, p.43-49 (1995)
20) 小菅孝嗣：駐車政策の今後の展望 3. 違法駐車の現状と警察の駐車政策，交通工学，Vol.30, No.2, p.33-38 (1995)

3.2 综合管制技术

对于车辆驾驶来说,不仅实现车辆本身的安全行驶非常重要,在道路或交通信号系统等基础设计方面,管理路上行驶车辆的流动也非常重要。换言之,交通管制的作用不容小觑。

交通管制系统负责交通管理,从道路网引导车辆行驶的角度来看,结合驾驶水平,交通管制系统中的管制水平也会发生变化。本节将对以下内容展开说明:①提供现况交通信息;②提供路径选择信息;③基于道路与车之间通信的导航和优先通行。

3.2.1 交通管制系统

交通管制系统基于道路网管理车辆的行驶等情况。

全国各都道府县警察局都在构建以交通管理为目的的交通管制系统,旨在交通安全与通畅。该系统主要凭借各类传感器和位于交叉路口的摄像头掌握都道府县内的交通情况,再根据以上信息结合交通量的情况控制交通信号灯,妥善处理交通流。此外还会凭借路上设置的灯箱式信息板反馈给驾驶人。

目前全国都道府县警察局所设置和使用的管制系统是以图3-3中的170个(1995年底)管制中心为开端,其配备表3-4中显示的各项设施。

表3-4 都道府县警察局所设置和使用的交通管制系统情况

(a)交通安全设施等的建设情况[1995年(平成7年)底至今]

种类	现有量
交通管制中心	170
本部中心	47
城市中心	28
子中心	95
交通信息提供装置	2449 座
交通信息板	2175 座
路旁通信装置	274 座
监视摄像头	1836 台
公共汽车感知器	1132 座
中央线位移装置	59.3km
信号灯	157792 座
区域控制器	50556 座
路线自动感应控制	4585 台
其他系统控制	18553 座
全(半)感应控制	11069 座
其他感应控制	345 座
按钮式	23083 座
其他	49601 座

注:源自警察厅资料。

图3-3 日本交通管制中心的分布(1995年年底)

如表 3-5 所示，在高速公路及城市高速公路中分别设有专用交通管制系统，进行交通信息收集等工作，这些信息将汇总到都道府县警察局的交通管制系统中，然后再进行综合交通管制。无论是存储量还是存数质量，都位于世界前列（图 3-4）。

交通管制系统以实现高级道路交通系统（Intelligent Transport System，ITS）为目标。得益于近年来电子通信技术的发展，ITS 能够深入到交通需求量的层面进行交通管理。

表 3-5 在高速公路等地所设置的交通管制系统情况

项目	数量
道路信息板	4396 座
警告标示板	1474 座
路旁通信	128 区间
车辆监控电视	2875 台

1994 年 4 月 1 日至今 信息来源于建设省

图 3-4 交通管制中心示例（警察厅）

3.2.2 交通信息的收集

目前还未实现道路与车辆之间的通信，在这种情况下，当收集路上车辆行驶情况的交通信息时，要通过表 3-6 及图 3-5 中的各类传感器，采用不指定车辆的方法进行。然后利用计算机处理这些传感器所搜集到的信息，再总结出交通量、占有率、行驶速度、旅行时间等交通信息。

图 3-6 表示包含上述交通信息收集的交通管制系统的基本雏形。

表 3-6 用于收集交通信息的传感器

传感器名称	测量项目	主要设置场所
超声波车辆传感器	是否存在车辆	普通道路，城市高速
环形车辆传感器	是否存在车辆	高速公路
微波式车辆传感器	是否存在车辆及车速	普通道路
光学车辆传感器	车辆存在及道路与汽车之间的通信	普通道路
旅行时间测量装置	车辆牌照的一部分	普通道路，城市高速

图 3-5 用于收集交通信息的传感器

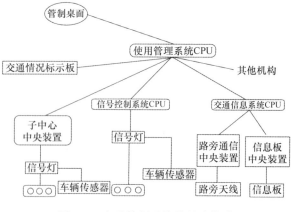

图 3-6 交通管制系统的基本构成

3.2.3 交通信号控制

a. 交通信号控制的基本常数

控制交通信号灯时，时机非常重要。在所谓时机的表示方法中存在以下三个常数。①周期：指信号灯经历绿－黄－红一轮的时间，根据交通量大小而增减。②分配：指在一个循环周期内，分配到各个方向上的时间比例，根据交通量进行分配。③偏差：指相邻交叉路口间绿灯开始时间的偏差，要以道路能够畅通行驶为目标进行设定。

b. 交通信号灯的种类

根据显示的控制方法可将交通信号灯分成以下三类。①地点控制：指交叉路口等的控制；②系统控制：指在干道等地，按顺序变成绿灯的路线单位控制；③地域控制：指在像网眼一样被道路包围的城市中，为了整理从纵向道路到横向道路等在内的广范围的交通而开展的全面控制，会根据交通情况进行某种控制。在交通管制系统中，主要根据地域控制来控制交通信号灯。

c. 基于连续通过时间图的系统控制

在系统控制中，控制常数中的偏差设定对控制效果影响极大。因此多采用连续通过时间图展开设计，如图3-7所示，连续通过时间图可表示出在时间－距离的图中，绿灯时能通过所有交叉路口的情况。如果采用该方法，能够实现优先增长或下降以及系统速度设定等内容，能够控制路线的交通量。

d. 因交通需求而变化的控制方法

交通管制系统中的中央装置每隔一定时间（比如5min）就会确定分配、周期和偏差等信号控制常数并控制信号。图3-8表示的是其中周期的变化示例，根据交通需求改变信号控制的常数，控制交通量。

e. 两难时的感应控制

车流量较少时，对于黄灯及完全红灯的显示来说，受车速及视认地点等条件的影响，有可能会出现无法安全通过交叉路口或无法安全停车的情况（两难区），甚至很多时候还会发生追尾事故或直行与转弯车辆相撞的情况。为此利用传感器检测两难区有无车辆，自动持续或终止绿灯等控制不仅是保证交通安全上的重要目的，也是车辆行驶控制技术之一。

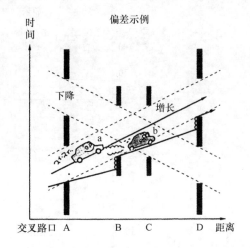

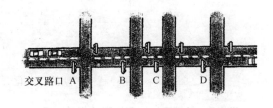

图3-7　信号控制中的连续通过时间图

f. 基于交通信号控制的夜间行车速度控制

利用身为信号控制常数之一的偏差能够设定系统速度，因此也能够控制在干线道路上行驶车辆的实际行驶速度。

从大阪警察局获悉，交通死亡事故的60%都发生在夜间，而且因为车速而出现事故的比例极高，因此设定信号灯控制常数，进行下述交通信号灯控制对防止大阪夜间交通事故的发生效果显著。①与干道系统速度的限速相结合；②夜间闪烁信号灯尽量回归使用三色；③如果按照系统速度行驶，就可以不减速或停车直接通过；④如果按照比系统速度还快的速度行驶,那么因信号灯停车的次数就会增加。

结果不仅能够得到表3-7中表示的实际行驶中接近该设计的情况,还能够减少交通事故的发生(表3-8),可以说这是一项利用信号灯控制车辆行驶的控制成果。

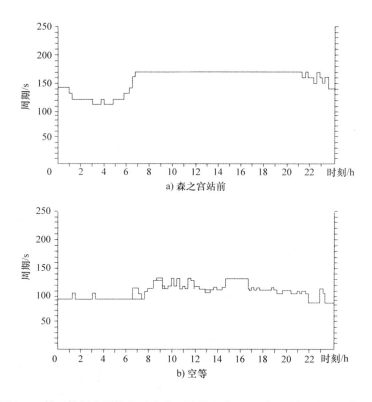

图3-8 低于控制中周期的日变化(咨询日期1993年3月2日(星期二))

表3-7 基于系统速度设定的行驶车辆速度控制示例(大阪警察局)

方向	速度	50km/h			80km/h		
		事前	事后	效果	事前	事后	效果
增加	旅途时间	51′37″	46′00″	-5′37″	34′49″	38′29″	+3′40″
	停车次数	27	13	-14	15	24	+9
下降	旅途时间	53′34″	49′25″	-4′09″	33′21″	39′50″	+6′29″
	停车次数	27	18	-9	11	27	+16

注:1. 信息来源于大阪警察局。
2. 国道170号(大阪外环线)八丁畷交叉路口~柏原高中前交叉路口之间30.6km。

表3-8 信号灯对抑制高速行驶控制的效果(大阪警察局)

深夜区间(23~5时)内的交通事故发生情况

区分	件数			死者数			伤者数		
	1994年	过去平均	增减	1994年	过去平均	增减	1994年	过去平均	增减
全体管辖区内实施道路	2559	2589	-30	81	90	-9	3717	3924	-207
	704	800	-96	23	30	-7	1066	1236	-170

深夜区间(23~5时)内与速度有关的交通事故发生情况

区分	件数			死者数			伤者数		
	1994年	过去平均	增减	1994年	过去平均	增减	1994年	过去平均	增减
所有事故与速度有关	704	800	-96	23	30	-7	1066	1236	-170
	123	160	-37	13	15	-2	206	270	-64

3.2.4 提供交通信息

a. 提供交通信息的目的

通过道路中的各类传感器及交通管制中心的监控摄像头所收集到的交通信息表示的是该时点的道路交通情况，无法表示接下来的情况会变成什么样子。但是了解到交通拥堵情况等信息也会对驾驶人自主选择道路产生重大影响，因此依然有众多方式向人们广泛地提供信息，如路上的灯箱式信息版、交通信息广播、常规广播、电话及FAX等。

b. 交通信息的内容

交通信息主要可分为两种，一种是出发前（道路外）讨论即将要行驶的道路及行驶本身所需的信息，而另一种则是出发以后与路上前进方向有关的信息。无论是哪种情况，对象都是拥堵信息、工程施工或事故信息以及所需时间等信息，而前者通常靠电视广播或电话、FAX等提供。近来也有通过CATV、计算机通信等新媒体提供的情况。对于和路上前进方向有关的信息来说，有的会用灯箱式信息板中所显示的十几个字把最重要的内容表示出来，有的则会选择能用语音文字体现广泛且多个信息的交通信息广播。最近对抵达主要目的地（区间）所需时间的信息需求高涨，像图3-9只提供所需时间的专用显示板也不断增加。

图3-9 所需时间的专用显示板

3.2.5 辅助路径选择

在车辆驾驶中，确定抵达目的地的最佳路径（由系统决定）不可或缺，但前提是要能够完全掌握车辆情况。目前还未达到这种程度，但是能提供驾驶辅助类的交通信息，如基于驾驶人独立判断的路径选择等。

其中有一种辅助方式是通过同时向驾驶人提供每个并列可供选择的线路抵达目的地所需的时间，使其选择车流量相对较小的道路。经过各地实践可知，这种方式具有一定的效果，下面将进行详细说明。

a. 一般道路和高速道路的选择（大阪）

从大阪南部的堺市向大阪市中心移动的接近平行的线路有三条，分别是①国道26号；②阪神高速堺线；③阪神高速湾岸线。在三条线路的分歧点前设立所需时间显示板（图3-10）以形成向驾驶人提供每条线路在平行区间内所需的时间的系统。

图3-10 多条路线所需时间的显示板（1）

从开始提供所需时间前后的交通情况变化预测该系统的效果可知，根据三条线路的线路利用率变化及高峰时间区间（6:00~10:00）的平均所需时间（表3-9），原本选择用时较长的阪神高速堺线的车辆会更换为其他用时较短的路线。因此可以说像该系统这样，能提供多条线路所需时间，会对路径选择起到一定的辅助作用。

表 3-9　提供多条路线所需时间所引起的路线利用率的变化

	提供前	提供后	增减	所需时间
国道 26 号	24.3%	26.5%	+2.2%	28.4 分
阪神高速堺线	46.6%	42.7%	-3.9%	45.4 分
阪神高速湾岸线	29.1%	30.8%	+1.7%	24.8 分
总交通量	21201 台	23052 台	—	—

b. 基于城市间路线所需时间的路径选择（大阪 - 京都）

衔接大阪北部枚方市和京都市内的路线从东至西分别有①国道 1 号；②省道京都守口线（旧国道 1 号）；③国道 171 号，共三条。虽然在行驶距离上都没有太大的差异，但由于行政区划不同而导致交通信息不连贯以及途中有京都赛马场等因素的影响，大多数的驾驶人都对究竟选择哪条道路犹豫不决。

因此就构建了能够同时显示并向驾驶人提供各条路线两点间所需时间以及两地间主要目的地所需时间的系统（图 3-11）。

图 3-11　多条路线所需时间的显示板（2）

为了掌握该系统的效果，围绕同一时刻（实测）的 5min 旅途时间的平均值对每两条路线之间展开了相关分析（图 3-12）。结果是各条路线间的相关率较高，也就是说各路线间所需时间的差异变小，能够起到恰当分散多条路线间交通量的作用。

3.2.6　导航系统

近年来，电子通信技术迅速发展，凭借 GPS 或各类传感器能够精确测量行驶中的车辆位置。而且随着电子地图数据库的普及，能够在屏幕中的地图上显示出车辆行驶位置及行驶方向的汽车导航装置（图 3-13）也得以普及。

自 1996 年春季开始，导航就开始逐步实际应用车路通信系统，该系统能够利用车路通信等手段直接传送驾驶所需的交通信息，并显示到显示屏等处。

这就是所谓的道路交通信息通信系统（Vehicle Information and Communication System，VICS），通过车载装置可实时接收各都道府县公安委员会（交通管制中心）或道路管理者所收集的道路交通信息，利用这些数字数据能够为选择道路发挥重大作用。另外，该系统以提供交通信息为目的，不进行路径导航。

a. VICS 的目的

（i）VICS 的目的　VICS 是一种通过导航系统等车载装置实时向驾驶人提供道路交通信息的系统，其中道路交通信息包括旅途时间、拥堵等道路交通信息及停车场是否有剩余车位等信息。驾驶人不仅可以根据 VICS 提供的实时信息，准确把握道路交通情况，还能够有效选择可避免道路拥堵的路径，实现交通量分散，且在以下三个方面作用显著。①有效减轻或消除道路拥堵；②缩短道路交通整体所需要的时间；③防止迷路或焦虑，保证冷静驾驶。

该系统不仅能够改善交通安全，通畅交通，还能够在提高经济性，减少排放等在社会公益层面作出应有贡献。

（ii）运营机构　综上所述，由于该系统公益性较高，以（财）道路交通信息通信系统中心（VICS 中心）为运营主体，由警察厅、邮政省、建设省共管。

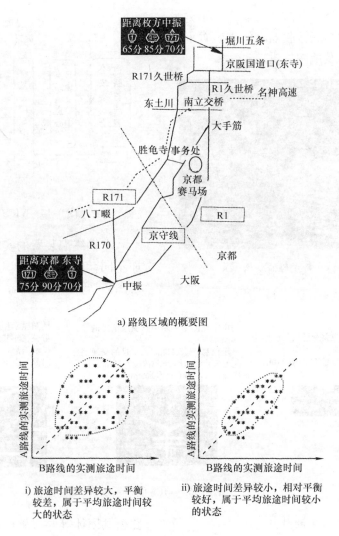

图 3-12 所需时间的均分

实测旅途时间路线之间的相关系数与各条路线的平均旅途时间比较
（时间区间：6:00～21:00）

时间类型	前/后	实测旅途时间的路线间的相关系数			平均实测旅途时间/(min·s)		
		R1/R171	R1/京守	R171/京守	R1	京守线	R171
工作日	之前	0.479	0.674	0.385	51·56	56·13	57·53
	之后	0.625	0.803	0.817	49·15	54·38	52·52
星期日	之前	0.759	0.703	0.559	42·22	52·14	48·29
	之后	0.682	0.884	0.863	42·42	42·41	41·23

b. 系统结构

如图 3-14 所示，公安委员会或道路管理者所收集到的道路交通信息由（财）日本道路交通信息中心汇总后在送达至 VICS 中心，加工成便于导航装置终端使用的信息以后，再利用路上的光信标、电波信标（利用红外线或电波向通过信标附近的车辆发送数字数据）及 FM 重复广播（向已有的

FM 广播的电波播放数字数据）等各类媒体，通过相应的车载接收器在终端装置上用文字、简化图形及地图提供信息。

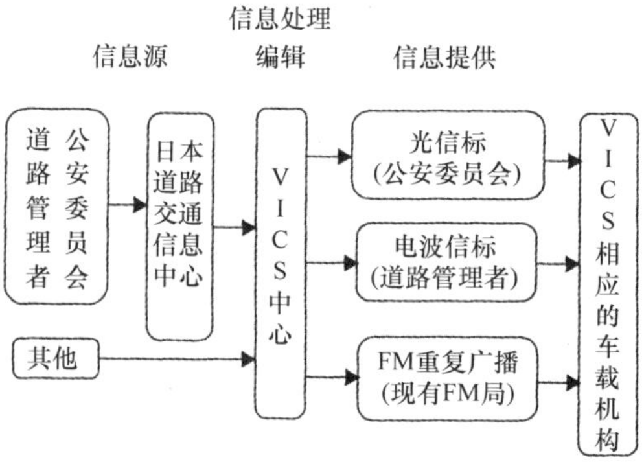

图 3-14 VICS 的系统结构

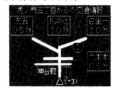

图 3-13 汽车导航装置

车辆终端装置的实际显示因种类的不同而不同，但大同小异，均接近图 3-15 的示意图。

文字显示型
利用文字表示道路交通信息的形态
显示信息：首都高9号深川线 增长 自然 箱崎IC 辰巳IC 拥堵 1km

简化图形显示型
利用简化图形表示道路交通信息的形态
显示信息：来自虎门三丁目的交通信息
芝五5min 札辻10min 白金一10min
御成门 神谷町 六本木5min

地图显示型
重叠在车载装置的数字道路地图上
显示信息：霞关 建设省 警察厅 虎门邮政省 内幸町 日比谷公园

图 3-15 VICS 的显示示例

c. 信息提供媒体的特点

基于光信标及电波信标的信息提供是在信标周边狭窄的范围内进行，因此能够提供内容极其详细的信息。而且光信标不仅能够提供信息，还能够传递来自车辆的信息（Uplink），因此利用它还能够计算出所需时间等内容。利用 FM 重复提供信息，因为服务领域较广，因此信息提供可覆盖广阔区域。

充分发挥这些媒体特点，最大限度地发挥综合系统的作用并且高效的展开信息提供，根据不同对象领域区分使用，作为利用信标提供 VICS 信息的原则，普通公路由公安委员会（都道府县警察）设立光信标，而高速公路等地则由道路管理者（日本道路公共团体等）设置电波信标。

d. 应用展开

VICS 自 1996 年 4 月起，在东京、琦玉、千叶、神奈川各地及东名·名神高速公路全线应用，又在同年 12 月在大阪实施，1997 年 4 月在爱知县投入使用。

计划在项目开始后的七年间，向爱知、京都、兵库等八个都道府县开展应用。

e. VICS 对应的导航装置

为了接收 VICS 信息，需要传送数据形式的数字数据和在数字地图上显示的对应表（数据），这些均由 VICS 中心统一管理。

因此在生产能够接收 VICS 信息的汽车导航装置时，需要掌握上述技术的公开内容（付费）。

使用在这些条件下生产、销售的终端装置是免费的。

3.2.7 路径导航

汽车导航装置不仅能够显示出行驶位置,还能够实现多种其他功能。其中推荐驶达目的地的最优(基于距离、时间、驾驶难易度等角度)路径功能对自动驾驶最有帮助。推荐最优路径时,主要存在静态路径导航和动态路径导航两种优化方法。静态路径导航是根据地形形状等不随时间变化的要素进行优化,而动态路径导航则是根据交通拥堵情况及该时段所需时间的信息等动态信息进行优化。

a. 静态路径导航

汽车导航终端装置使用数字化的地图,因此能够在地图上检索出距离目的地的最短路径。此时虽然距离可能是最短的,但是考虑到交通拥堵等因素,不能确定一定是最早抵达的路径。这种不考虑时间变化要素的路径推荐方式就是静态路径导航。

b. 动态路径导航

动态路径导航是根据交通管制系统向驾驶人提供抵达目的地的最优路径信息的系统。交通管制系统可以使用交通拥堵等即时信息,与静态路径导航有所区别,是车辆自动驾驶不可或缺的系统。

另外动态路径导航可以根据进行最终路径计算(选择)方式的不同分成两类,一类是在车辆侧进行的终端决定型路径导航,而另一类则是在基础设施侧进行的中央决定型路径导航。在目前交通管制系统高级化的过程中,日本方面以警察厅为中心,围绕信标方式的双向路车通信新交通管理系统(Universal Traffic Management System, UT-MS)不断促进研究开发与实际应用的工作。下面将以 UTMS 中的动态路径导航为中心展开说明。

(i) 服务形态 UTMS 中的动态路径导航的服务形态如下。

① 驾驶人在车载装置中输入目的地。

② 临近信标通信区域时,将来自车载装置的 Uplink(从车载装置向信标的信息传递)信息送达至目的地。

③ 凭借信标,从重新计算并存储的最优路径信息中编辑该车至目的地的 Link(路线)序列等,作为下载(从信标向车载装置的信息传递)信息向车载装置提供。

④ 车载装置根据接收到的信息,显示抵达目的地的路径、所需时间、经由地点名称等信息,如图 3-16 所示。

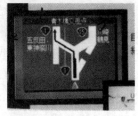

图 3-16 路径导航在显示屏上的显示示例

(ii) 信息提供 UTMS 中的动态路径导航的最终目的是优化整体交通流。但是实现这一目的的车载装置普及,还是需要针对各车载装置展开最优的路径导航。为了推动具有双向通信功能的车载装置普及,来自交通管制中心的路径导航一定要比车载装置单独进行的路径导航有效,从驾驶人的立场出发,需要车载装置提供的信息如下:

① 抵达目的地的路径:三条路线(包括仅使用平地的路线和使用高速公路的路线)。

② 抵达目的地所需时间预测。

③ 抵达目的地的距离。

④ 途经地点名称。

(iii) 提供信息范围 当在地图上显示车载装置所提供的路径信息时,驾驶人最希望能够从起点到终点,完整地显示出路径信息,但是无法做到将长距离的路径信息从信标送达至车载装置。一项调查(1985 年道路交通调查结果)表明,道路交通出行的

82.4%都在30km以内，因此作为详细路线的衔接，所提供的路径范围大致是所在位置的30km以内。

因此对于目的地超出提供路径距离范围的驾驶人来说，都是在前进的同时延长显示路径信息的。

上述出行距离为日本全国平均水平，在出行距离较短的大城市中，路径提供的范围也可以更短。

（iv）车载装置与基础设施的功能分工

提到源自基础设施的路径导航和具有车载装置的路径导航功能的分工，首先会利用基础设施预测交通流，根据预测结果在距离较长的重要道路上进行路径导航，一旦接近目的地，会在接近目的地的地区或重要道路围成的区域内，通过车载装置用自身的数据库和路径探索功能导航到最终目的地。

c. 路径导航系统实例

本节将简要说明以运输业、出租车公司的基站为主，而非直接使用车载装置，以事务所的使用为主要目的的路径导航系统。

该系统叫做 ATIS（株式会社道路交通信息服务：东京第三部门运营），使用大型计算机作为中央处理装置，以电话或专用线连接，进行路径导航，提供交通信息。在路径导航方面，如果输入东京内的出发地点和目的地，那么中央处理装置就会基于该时点的交通管制系统信息计算并提供包括所需时间在内的推荐路径，最多三条路径。由于该系统采用的是由中央处理装置推荐路径的方式，因此未来有可能发展成能够综合考虑交通流全体的路径导航。另外凭借该系统，同时提供由（财）日本道路交通信息中心收集到的首都圈的道路交通信息。

3.2.8 辅助公共车辆优先通行

通过确保公共汽车专用路及优先信号控制等措施，构建出了以确保汽车等公共车辆的准时运行为目的的系统，这也是一种广义上的行驶辅助系统。在札幌市内，如图3-17所示，利用信标的双向通信，通过数据将公共汽车与交通管制系统相结合，规划出了一系列覆盖范围广的现场试验，包括信号优先控制、公共汽车运行管理及向客户提供给交通信息，未来将会延伸到有限车辆的自动驾驶当中。

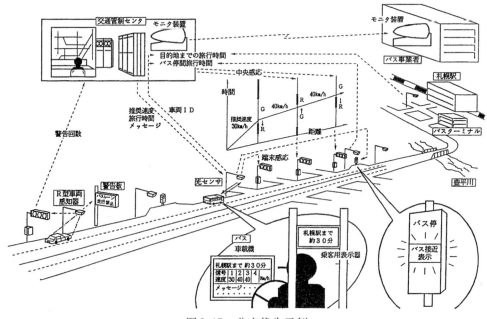

图3-17 公交优先示例

3.2.9 综合管理技术的研究开发

交通管理技术是车辆驾驶中不可或缺的一环，目前正处于研究开发的鼎盛时期，具有一部分技术特色的系统经过现场试验后，正逐步向实际应用迈进，但无论是哪种方式，都需要建立起具体车辆与基础设施之间的双向数据传输。

【田中好已】

参考文献

1) 社团法人交通工学研究会：交通信号の手引，平成6年7月，p.97
2) 日本交通管理技术协会：信号機なんでも読本，p.44
3) 大阪府警：交通管制システム
4) 大阪府警察交通管制課：複数路線の旅行時間提供
5) 関 文英，田中良平：複数路線の旅行時間提供による分散効果，ITS-WC第2回発表論文（1995）
6) 警察時報，平成7年9月号，第50巻，p.31-38，警察時報社

3.3 新交通系统及与其他交通系统的协调发展

3.3.1 新交通系统的回顾

位于东京JR山手线的新大久保车展于1914年11月11日开始启用。时隔约80年后的今天，依然对新大久保车站心存不和谐之感。可以说这是硬要与附近的大久保车展区分开来的苦肉计，时至今日依然保留着有些简单的命名（顺便说明大久保车展的启用时间是1895年）。新交通系统也是如此，只是背景稍稍有些复杂。

新交通系统突然名声大噪是在20世纪60年代末期。对于日趋严重的交通事故、大气污染、道路混杂等情况，人们渴望找到像救世主一样能够终止邪恶的方法。而且这种超越梦想般的交通手段，得益于在阿波罗计划中取得成功的系统工程，最先命名为新交通系统。这种命名方式并不是说此前已经存在交通系统，也不是为了区别具体的"新交通系统"。可以说这是概念层面的愿望，也是命名上的突破。

无论如何，为了满足人们热切的期盼，汽车工业协会在1970年大阪世博会上展出了计算机控制的交通游戏，在1971年的第18届汽车展上，对发展型具体运输模型进行了公开试验。而且《汽车技术》杂志1972年11月刊的主要内容就是新交通系统，机械学会杂志也在同年5月出版了城市交通问题的小专辑。在美国，SAE大会设置了特别部门，在杜勒斯国际机场毗连的土地举办了大规模的 Transpo 72 等活动，由此，"新交通"成为世界潮流。

经过在世界各地所开展的一系列大规模研究，"新交通"发展成了如今的样子，其中下列两本著作是其代表性的成果，影响深远。

首先是布坎南报告。1963年公开发行的 Traffic in Towns 中提到，"因汽车骤增及其广泛普及所引起的问题，恐怕是现在社会所面临的问题中最难解决的问题之一"，并在书中整理出了解决措施的原则。

另一本则是1968年出版的 Tomorrow′Transportation，相对于以城市规划论为轴心，将重点放在现状分析和原则列举至上的总论式的书籍，该书更侧重于提出方案解决具体问题。

该报告书是由美国城市住宅省与17家研究机构签约，历时18个月，根据大量的研究结果总结而成。该结论至今仍具有参考意义，不愧是采用了系统工程的研究手法。

换句话说，在分析了利用计划均等、服务质量、土地有效利用等八项城市交通问题后，提出了双管齐下的系统解决对策：①改善现有城市交通系统，②开发面向未来的创新系统。

3.3.2 改进已有交通系统

a. 提高已有交通方式的便利性

铁路及公交等现有交通方式能够实现大量运输，从运送量来看具有较大优势，但是从自由性或连续性等适应使用者需求的观点出发，

又逊色于汽车。因此就需要努力改善或部分改良运营方法，让其更接近汽车的方便性。

（i）减少或消除换乘（提高 door to door 性）

原本出发地和目的地就因出行人员的不同而不同，但是铁路或公交的运营线路却是固定的。使用者要在路线与路线的交点换乘，因此会对使用者造成时间和行动上的负担，降低效率。通过减少从出发地到目的地的换乘，能够提高方便性。

长途高速客运利用高速公路，运营直通客车通往多个目的地。该系统只要在交通需求可达到数十人左右的车辆定员，就可以运营。虽然同一线路的运营频率不多，但自从启用以来，迅速得到普及。

铁路路线的相互延伸，可以在运营主体不同的郊区路线和市中心路线之间运行直通列车，无需换乘即可进入市中心地区（图3-18）。为了实现相互延伸的路线，不仅需要解决收取费用、配备运营车辆等问题，在多个运营主体间谋求协调，有时还可能根据不同情况需要新建衔接线路。

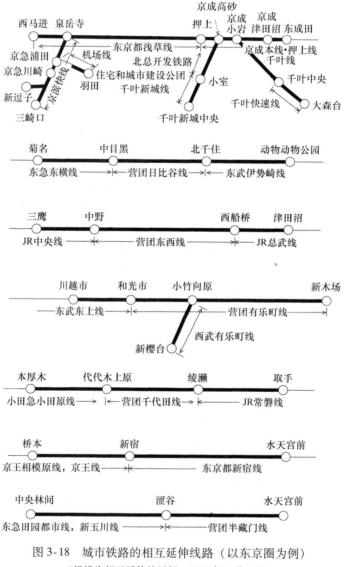

图 3-18　城市铁路的相互延伸线路（以东京圈为例）
（粗线为相互延伸的区间，1994 年 8 月 1 日）

超越现有路线直通运行不受传统运行路线约束,可以直接跨越站台,一直延伸到其他路线。诸如到机场的衔接、滑雪或观光的列车等都是延长运行的。

（ii）消除使用时间制约　人们的交通需求可能会发生在任何时间。仅靠运营铁路,无法满足人们深夜出行的交通需求,因此需要能够解决在最后一班电车开走以后所出现的出行要求的代替交通工具。

深夜急行巴士就是在最后一班电车以后仍在大城市的市中心和郊区主要铁路站运行的交通工具。深夜巴士的运营时间在普通巴士以后,主要作为一种特殊的运营体系行走在郊区铁路站和周边住宅区等地点之间,为人们提供始于郊区车站的终端交通。

（iii）根据使用者需求提供服务和信息

为应对出行者的多样化需求,而提供各式各样的服务。例如可专为女性旅客设置深夜高速客车中的女性专用车、卧铺特快女士列车,或为团体旅客设定新干线私享车厢等。还可在早晚交通高峰时段推出坐席定员制列车。

信息提供能够帮助旅客提前获悉是否需要换乘或所需时间等信息,能够缓解旅客的精神压力,为旅客提供多一份放心。

在铁路运输领域,出现了越来越多的列车,可以利用车内灯箱显示板显示出下一站到站的车站名称、换乘路线以及距离主要车站的行驶时间等信息。在站台中也会通过灯箱显示板或临时路线运行板表示即将到站电车的到站时间、方向,以及急行或各站停车列车混行时的停车站点等信息。

在公交领域,特别是新城市公交系统,正在逐步引进公交定位系统。在公交站的临时显示板上,会按照各条路线表示出距离公交车到站的时间以及到达主要停车车站所需的时间（图3-19）。

b. 公共交通工具与汽车的融合

从公共交通工具旅客运输量大、准时准

图3-19　公交定位系统（横滨市 BOIS 举例）
资料来源：横滨市交通局

点及私家车交通更具体的优点考虑,有望实现二者的有机结合。当出发地和目的地周边的交通需求比较具体时利用汽车,而当干线等交通需求比较集中时就采用铁路或公交等能够大量运输的方式。

（i）Park&ride（换车上下班）,kiss&ride（开车接送亲人上下班）　在城市的周边,开车从家里来到就近的铁路车站,然后再利用铁路交通前往交通网完善的市中心。

park&ride 是指自己开车到车站,然后将车停在车站周围的停车场,再乘坐电车前往目的地,而 kiss&ride 是指开车接送他人到车站,再换乘电车前往目的地的系统。完善车站周围的停车场,保证送往车辆有足够空间上下车,连同公交和出租车的换乘场所等一体化完善车站周围的设施非常重要。

（ii）Car train（可托运汽车的火车）,Ferry（可托运汽车的渡轮）　遇到出远门或需要渡海等难以使用汽车的情况时,能够连人带车一起运输的列车和渡轮将发挥巨大作用。

Car train 能够用同一辆列车运输客车和汽车,日本目前正在使用（固定季节启用）的有东京至九州、东京至北海道的列车

（图3-20）。

图 3-20 Car train

Ferry 可分为短途渡轮和长途渡轮，以渡海为主要目的的短途渡轮较多，长途渡轮也不少。长途渡轮具有解放驾驶劳动力等诸多好处。

（iii）打包化　是指一起预约长途出行和目的地周边租赁汽车的软件系统。例如 Jet Drive 或 Rail Rent Car，能够在购买飞机票或火车票时，预约目的地周边汽车租赁。

c. 引进情况

（i）神户的 Park&ride　神户市在郊区开发住宅区时，为了将前往市中心的汽车交通控制在最小范围，实施了 Park&ride（图3-21）。

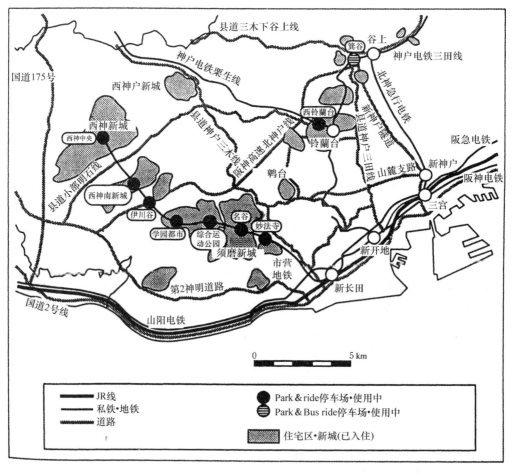

图 3-21　神户市 Park&ride 停车场位置图[5]

包括箕谷在内，在地铁沿线共设置了九处停车场供 Park&ride 车辆使用（表3-10）。在名谷、学园都市、西神中央各站，为了有效利用平日富余的停车场，还一直利用着商场的停车场。

表 3-10 神户市 Park&ride 停车场的设置情况

	开始启用	附近车站（公交站）	容纳车辆	使用时间	内部平日定期使用（Park&ride）
箕谷	昭和 51 年 6 月 1 日	神户电铁箕谷站（箕谷公交站）	380 辆	6：00～23：00	
名谷	昭和 52 年 3 月 13 日	市营地铁名谷站	2000 辆	6：00～24：00	550 辆
西铃兰台	昭和 55 年 5 月 1 日	神户电铁西铃兰台站	52 辆	7：00～22：00	
妙法寺	昭和 57 年 7 月 10 日	市营地铁妙法寺站	340 辆	5：00～24：00	200 辆
综合运动公园	昭和 60 年 7 月 20 日	市营地铁综合运动公园站	约 500 辆	24 小时	50 辆
学园城市	昭和 61 年 3 月 28 日	市营地铁学园城市站	600 辆	6：00～24：00	410 辆
伊川谷	平成元年 12 月 1 日	市营地铁伊川谷站	238 辆	6：00～0：30	190 辆
西神中央	平成元年 11 月 24 日	市营地铁西神中央站	2500 辆	6：00～0：30	1000 辆
	平成 2 年 9 月 17 日		555 辆	6：00～0：30	150 辆
西神南新城站	平成 5 年春	市营地铁西神南新城站	800 辆		

注：1. 容纳车辆出了包含 Park&ride，还包括一般使用。
   2. 资料：神户市。

（ii）Blue–zone 计划（德国） 德国慕尼黑市中心的"Blue–zone"的存在意义在于不断保障城市内的流动性，构筑符合环境需要的城市交通。

主要的措施包括限制汽车进入 Blue–zone（市中心 5.3km²），换乘位于 Blue–Link（环道）附近前往市区的公交，设置供开车换乘公交所用的自动地下停车场，让市内公交在高峰期每隔 5min 发车，扩大绿化带面积及人行道等（图 3-22）。

3.3.3 新交通系统的开发

a. 城市交通方式的适用范围

着眼城市交通体系，仍存在仅靠现有交通方式无法提供充分交通服务的领域。这样的领域就迫切需要新交通系统。

由图 3-23 可知，城市中的交通方式运输特点能够以移动距离和使用者密度为轴表示出来。在现有的交通方式中，责任关系表示，汽车适用于使用者密度较低的领域，公共汽车适用于中等程度的使用者密度领域，铁路、地铁使用者密度较高，但移动距离也相对较长。

可是我们也同样发现了现有交通方式不尽如人意的地方，如区域 A 属于近距离移动且使用者密度高，区域 B 虽无铁路建设需要但靠公共汽车又无法解决需求，区域 C 的使用者密度不足还导致了固定的公共交通服务困难等。而新交通系统正是能为这些区域提供交通的方式，如为区域 A 提供移动人行道等连续运输系统，为区域 B 提供包括单轨铁路在内的中型轨道系统，为区域 C 提供可根据客户要求到指定地点接送乘客的公共汽车（demand bus）等无轨交通。

b. 新交通系统的种类与特点

自 20 世纪 70 年代起，开发出了多种类型的新交通系统，根据移动工具、道路、动

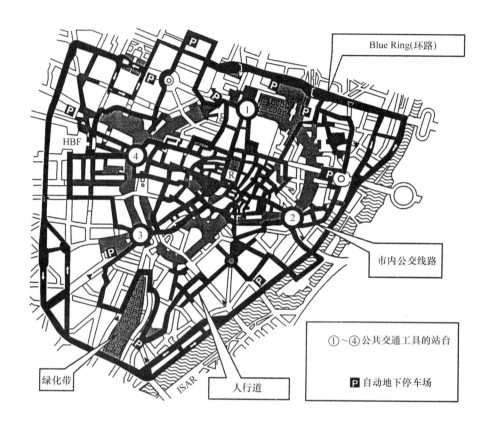

图 3-22 慕尼黑市 Blue – zone 计划

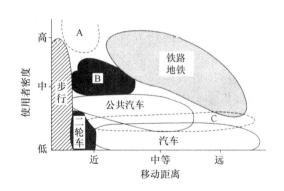

图 3-23 城市交通方式的适用范围[7]

力源、管理方式等主要构成要素特点,可细分成若干类(图 3-24)。本节将基于运输技术审议会报告(1971 年)中的分类进行整理,并介绍具有代表性的系统特点(表 3-11)。

(i)连续运输系统 通常指不会因上下车而停止运行、适合短距离移动并要大量运输的系统。可分为提速的移动人行道或带舱的传送带两类。移动速度提速后约为 20km/h,虽然不是很快,但是因为不用等待且衔接性好,因此如果能够用在城市中心或交通工具站点等方向性明确的人流较多的场所,一定能发挥巨大作用。

提到移动人行道的类型,虽然在上下时的速度与传统移动人行道相同,都较慢,但是也开已发出了全新的系统,如在加减速的地方利用踏板的横向滑移能够高速移动的系统及更加丰富、更具娱乐性的螺旋式手扶梯(图 3-25)等。

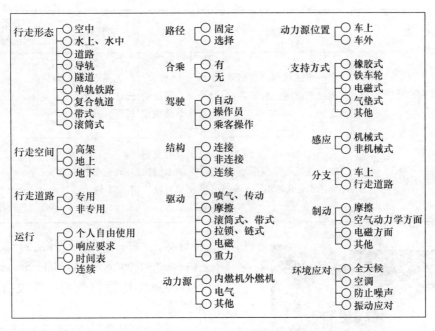

图 3-24　新交通系统的分类

表 3-11　新交通系统的特点

系统分类		系统概念	适用领域	系统特点	开发系统的实际应用路线（举例）
连续运输系统	移动人行道	移动人行道或提速后的移动人行道系统	一部分交通密度较高、需要大量在 1km 前后的短距离范围内移动的运输（5000～40000 人）	连续运输、无需等待，短距离下考虑到衔接时间是最快的	加速式移动人行道 螺旋式手扶梯
	厢式	车厢在皮带运输机上行走或抓住绳索行驶的系统			缆车（日本） 索道（日本） SK 系统（法国）
轨道运输系统	个人轨道运输系统	供 2～6 人乘坐的个人车辆在网状的专用轨道上自动行驶的系统	在市中心等交通密度较高的场所，相对可覆盖更广的区域	按需运行、具有轨道出租车的感觉	CVS（日本）自动出租车（德国）
	中型轨道运输系统　GRT	小型公共汽车的拼乘车辆在具有多条路线的专用轨道上自动行驶的系统	介于 PRT 和 SLT 之间的领域		Airtrans（达拉斯沃斯堡机场）（美国）摩根敦 PRT（美国）
	中型轨道运输系统　SLT	中型公共汽车型的车辆根据列车组成在单一路线专用轨道上自动行驶的系统	介于客运和铁路运输之间大约 5000～20000 人/h 的运输量，可覆盖 5～20km 的移动距离	按时间表运行，为列车形式，与铁路相通，但是建设费和运营费更低	神户港岛线 大阪南港港区线 横滨金泽滨海线
	城市单轨铁路	横跨或悬垂行驶在位于高架上的桁架式轨道上的系统			东京单轨铁路羽田线 千叶城市单轨铁路

（续）

系统分类		系统概念	适用领域	系统特点	开发系统的实际应用路线（举例）
无轨道运输系统	应呼公共汽车系统	在一定区域内，根据乘客的需求而运行的公共汽车系统	虽然交通密度达到一定程度，但是设置传统的公共汽车路线很困难的区域	无需在基础设施上花费大量投资	
	城市车系统	用计算机管理多个小型车辆用于公共使用的系统	市中心等交通密度较高的地区，可覆盖相对较广的范围	通过公用有效利用车辆	

图 3-25　螺旋式手扶梯

在舱室类型方面，开发出了上下时低速和移动时高速的带舱的带式输送机及横滨博览会使用的抓绳索行走的 SK 系统。

（ii）轨道运输系统　指沿轨道行驶的所有车辆系统。最初这些系统都是希望以计算机操作实现自动行驶，因此如果按照 AGT（Automated Guideway Transit）的概念进行分类，包括个人轨道系统 PRT、中型轨道系统 GRT 及 SLT（Shuttle - Loop Transit）。

个人轨道系统是指在交通需求较大的市区，通过计算机控制小型车辆在已形成网络的轨道上行驶的系统，也称作轨道出租车。

在日本，（财）机械振兴协会开发出了 CVS（Computer controlled Vehicle System），主要供冲绳海洋博物馆使用，并没有正式普及推广。

中型轨道系统的运输能力约 5000 ~ 20000 人/h 左右，处于客运和铁路运输之间，能够覆盖 5 ~ 20km 的中长距离。通过车辆轻量化或轨道结构简化等举措，建设费可以控制在低于铁路和地铁的范围，因此有望成为地方核心城市或大城市近郊等地区的公共运输方式。

系统形态相似的城市单轨铁路具备介于铁路和客运之间的运输能力，也属于中型轨道运输系统之一。

（iii）无轨道运输系统　指利用传统汽车，通过改进运行方式及控制等软件，力求提高运输效率和服务的系统。

诸如可根据客户要求到指定地点接送乘客的公共汽车（demand bus）或电话预约公共汽车服务（dial - a - ride），能够为使用者密度较低的区域提供公共交通服务。在日本，正在经营的有大阪府能势町的指定接送地点公共汽车和鬼怒川温泉的电话预约公共汽车等。

另外还有"城市汽车"系统。该系统是为了适应诸如市中心商业交通等的大面积交通，利用计算机进行车辆管理，共同利用多个小型汽车已提高车辆使用密度的系统。

（iv）复式交通系统 指在普通公路上具备汽车本身功能，在专用轨道上可作为自动行驶等轨道系统运行的、基于车辆构建成的复合两用系统。干线部分的短程运输可利用专用轨道迅速展开，周边部分的支线运输可利用普通公路展开，无需换乘的连贯运输还能充分确保 door to door 的特性。

日本拥有由建设省土木研究所开发的、可在专用轨道上自动行驶的电驱动复式交通系统。而且还开发出了在现有公共汽车中增加简单的导轮，自动在专用轨道上行驶并具备复式交通功能的向导公共汽车。

c. 日本国内的新交通系统实例

（i）轨道运输系统

（1）日本的引进情况：在日本，许多交通系统都已经引进并进入实际应用阶段（表3-12，表3-13）。其中从单纯的路线形状及列车组成的运行方式来看，多为中型轨道短程运输（SLT）系统。

表 3-12 日本引进示例

城市单轨铁路，新交通系统

事业体名称・路线名称	启用时间
东京单轨铁路羽田线	1964.9
湘南单轨铁路・江之岛线	1970.3
神户新交通・兵库人工岛线	1981.2
大阪市・南港港区线	1981.3
山万・尤加利丘线	1982.11
琦玉新城市交通・伊奈线	1983.12
北九州高铁・小仓线	1985.1
千叶城市单轨2号线	1988.3
横滨新城市交通・金泽滨海线	1989.7
神户新交通・六甲海岛线	1990.2
大阪高铁・大阪城市单轨线	1990.6
桃花台新交通・桃花台线	1991.3
千叶城市单轨2号线（延伸线）	1991.6
东京单轨铁路羽田线（延伸线）	1993.9
广岛高速交通・Astram Line	1994.8
大阪高铁・大阪城市单轨线（延伸线）	1994.8
东京临海新交通・临海线	1995.11
大阪高铁・大阪城市单轨线（延伸线）	1997.8
大阪港口运输系统・南港・港区联络线	1997.12
多摩城市单轨铁路・多摩南北线	（1998.4）
东京单轨铁路羽田线（延伸线）	（1999.4）
千叶城市单轨铁路1号线	（1999年度）
名古屋导向巴士・志段味线	（1999年度）

表 3-13 主要交通系统概要

神户新交通（株）
兵库人工岛线（兵库县）
区间：三宫～中公园（9站）
里程：6.4km
所需时间：18min
1981年2月5日启用

大阪市
南港港区线（大阪府）
区间：中头～住之江公园（8站）
里程：6.6km
所需时间：14min 30s
1981年3月16日启用

琦玉新城市交通（株）
伊奈线（琦玉县）
区间：大公～内宿（13站）
里程：12.7km
所需时间：25min
1983年12月22日启用

（续）

侧方导向内轨道式新交通系统，无人驾驶 保有量：72 辆 1 组：6 辆 运送客流量：53833 人/日（1993 年度） 建设费用：437 亿日元（68 亿日元/km） 事业体实施部分 211 亿日元 公共事业体等 226 亿日元	侧方导向内轨道式新交通系统，单人·无人驾驶 保有量：72 辆 1 组：4 辆 运送客流量：58186 人/日（1993 年度） 建设费用：420 亿日元（61 亿日元/km） 事业体实施部分 231 亿日元 公共事业体等 189 亿日元	侧方导向内轨道式新交通系统，单人驾驶 保有量：54 辆 1 组：6 辆 运送客流量：32519 人/日（1993 年度） 建设费用：304 亿日元（24 亿日元/km） 事业体实施部分 276 亿日元 公共事业体等 304 亿日元（译者注：可能笔误加起来不得总数）
神横滨城市交通（株） 金泽滨海线（神奈川县） 区间：新杉田~金泽八景（14 站） 里程：10.6km 所需时间：25min 25s 暂定 1989 年 7 月 5 日启用 	神户新交通（株） 六甲海岛线（兵库县） 区间：住吉~Marine Park（6 站） 里程：4.5km 所需时间：10min 1990 年 2 月 21 日启用 	桃花台新交通（株） 桃花台线（爱知县） 区间：三宫~中公园（9 站） 里程：7.4km 所需时间：14min 55s·15min 05s 1991 年 3 月 25 日启用 
侧方导向内轨道式新交通系统，无人驾驶 保有量：85 辆 1 组：5 辆 运送客流量：52410 人/日（1993 年度） 建设费用：604 亿日元（57 亿日元/km） 事业体实施部分 281 亿日元 公共事业体等 323 亿日元	侧方导向内轨道式新交通系统，无人驾驶 保有量：40 辆 1 组：4 辆 运送客流量：27149 人/日（1993 年度） 建设费用：388 亿日元（86 亿日元/km） 事业体实施部分 166 亿日元 公共事业体等 222 亿日元	中央导向内轨道式新交通系统，单人驾驶 保有量：20 辆 1 组：4 辆 运送客流量：4081 人/日（1993 年度） 建设费用：311 亿日元（40 亿日元/km） 事业体实施部分 155 亿日元 公共事业体等 156 亿日元

建设成本较低，只要有交通需求就能够盈利，因此已经作为大城市新开发区域与现有铁路车站相连或地方核心城市轨道系统交通方式的一环而引进（图 3-26）。

（2）硬件方面的特点：日本引进的新交通系统车辆主要是中型公共汽车，车长 8m 左右，重量 11t 左右，与普通的铁路交通相比，长度在其一半以下，重量约为 1/3。

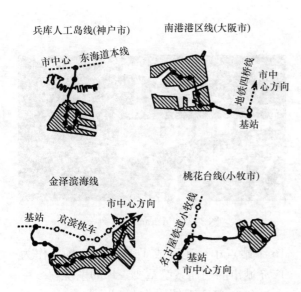

图 3-26 路线形态及城市开发形态

这样才能够充分发挥新交通系统车辆的特点，例如通过减小轨道或车站等结构硬件，降低轨道建设费用，实现较小曲线半径下的行驶，增加轨道建设在狭小空间下的自由度等。

导向方式可以按大类分成侧面导向和中央导向。虽然有一部分系统采用中央导向的方式，但是由于能够平整轨道行驶路面，将行驶道路当做应急道路使用以及简化分歧结构等理由，日本多采用侧面导向作为标准的导向方式。

分支方式可以分成地上分支和车上分支。根据日本的系统，列车组成类型的路线更单纯，分支也少，因此地上选择方式（水平移动的导向板方式）成为了标准方式（图 3-27）。但是当多辆车以较短的车头间隔行驶在复杂的网状路线上时，车上选择分支方式更适合。

Astram Line（示例）：广岛 Astram Line 于 1994 年 9 月开始启用，属于中型轨道交通运输系统。该路线途经广岛市中心和广岛西部丘陵地区，长度 18.4km（其中，市中心部分有 1.9km 位于地下），平均车站间隔 920m，拥有 21 个车站，6 节 1 列的列车由单人驾驶进行短途运输服务（图 3-28）。从市中心开始（本通—大町），遇到交通高峰期时每隔 3min 发车，日间每隔 10min 发车。路线所需时间为 37min，平均速度约为 30km/h（表 3-14）。

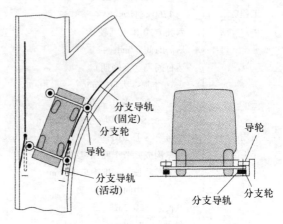

图 3-27 侧方导向方式的分支结构

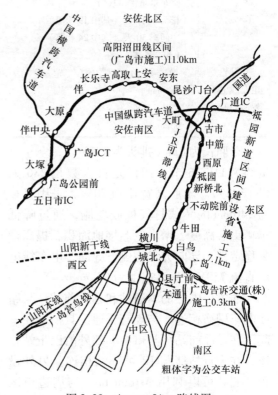

图 3-28 Astram Line 路线图

表 3-14 Astram Line 概要

区间	始 广岛市中区纸屋町二丁目 终 广岛市安佐南区沼田町大冢
运营里程	18.4km
车站数量	21 站（平均车站间隔距离 920m）
结构形式	复线：城市部分为地下式 　　　郊外　高架式
工程费用	约 1760 亿日元
运营计划	驾驶方式　单人驾驶 所需时间 37min 运行间隔（高峰期） 　本通～大町 3min 　大町～长乐寺 6min 　长乐寺～广域公园前 12min
启用时间	1994 年 8 月 20 日
车辆结构	列车构成 6 节车厢固定结构 单节车厢长　排头车 8.15m 　　　　　　中间车 8m 总长　50.7m 车宽　2.38m 车高　3.29m 空车重量 约 11t/节
车辆定员	排头车 43 人（其中 19 坐席） 中间车 50 人（其中 24 坐席） 1 组 286 人
行驶轮 电车线电压 最高驾驶速度	橡胶轮胎（芯式打气轮胎）直径 940mm 直流 750V 60km/h

图 3-29　Astram Line 列车

16 个站点中，还形成了兼具停车场、作为广岛城市圈交通系统重要一环的系统。

（ii）复合系统（向导巴士）　从中型轨道交通运输系统来看，必须要有超过 5000 人/h 以上的需求时才能够收支划算，但是线路公交的运输极限通常被认为是 3000 人/h。能够填补公交与中型轨道交通运输系统运输需求之间落差的系统就是向导巴士。

向导巴士既可以在普通公路上行驶，也能够在轨道上行驶，换句话说，这是一种具备复合工况功能的系统。它既拥有线路公交的廉价和便利，同时也具备轨道系统的准时和迅速。

从车辆来看，只要在现有的公交车辆上安装简易的机械式导向装置，无需方向盘操作就可以在专用的道路上行驶。向导凭借侧方导向的方式，导向轮机械地与前轮相连，因此能够适用于普通公路。导轨的间隔为 2900（或 2500）mm，也能够应用到中型轨道交通运输系统当中。

向导巴士首次在 1989 年的亚洲太平洋博览会上运营（图 3-30），现在已经引进到名古屋市作为城市公共交通而不断发展。

【得田与和·谷口证明】

车厢长为 8m（排头为 8.15m），空车重量约为 11t，6 节 1 组的定员人数是 286 人（图 3-29）。轮胎高宽比为 70%，采用直径为 940mm 的芯式打气橡胶轮胎，通过降低车辆重心高度、增大轮胎接地面积，提高行驶稳定性。导向方式为侧方导向，电车线电压直流 750V，最高速度为 60km/h。

通过市中心的本通站和县厅前站，与路面电车网络相连，与现有交通工具衔接在一起，在县厅前站可与市中心郊外的巴士站相连，在大町站能与 JR 可部站相连。另外设置了三处可以利用 Astram Line 与周边市区相通的接驳巴士站点，分别是中筋、大町和上安，在不动院前站～广域公园站郊外的

第3章 道路、停车、新交通系统及与其他交通方式的协调

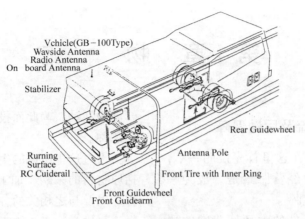

图 3-30 轨道车辆

参 考 文 献

1) 日産自動車（株）交通研究所：自動車交通1991，日産自動車（株）交通研究所（1991）
2) 運輸省鉄道局：数字でみる鉄道'94，運輸経済研究センター，p.36-41（1994）
3) 日産自動車（株）交通研究所：自動車交通1992，日産自動車（株）交通研究所（1992）
4) 日産自動車（株）交通研究所：自動車交通1993，日産自動車（株）交通研究所（1993）
5) 建設省都市局都市交通調査室：都市交通問題の処方箋，大成出版社（1995）
6) 日産自動車（株）交通研究所：自動車交通1994-5，日産自動車（株）交通研究所（1995）
7) 建設省都市局都市交通調査室：よくわかる都市の交通，ぎょうせい（1988）
8) 欧米の新交通システム，NISSAN INFORMATION，日産自動車（株）広報部（1972）
9) 国鉄新交通システム研究グループ：新交通システム，日本鉄道施設協会（1975）
10) 井口雅一ほか：新交通システム，朝倉書店（1985）
11) 石井一郎：新交通システム，鹿島出版会（1975）
12) 松倉欣孝ほか：スパイラルエスカレータ，日本機械学会誌，Vol.89, No.808, p.255-261（1986）
13) 斉藤 亨：新交通システムをつくる，筑摩書房（1994）
14) 竹内直文：新交通システム等の今後の展開，道路，600号（1991年2月号），p.28-31（1991）
15) 神崎絃朗：道路交通と最近のハードウェア3．新交通システム，交通工学，Vol.27, No.5, p.41-52（1992）
16) 門田博知：開通迫る新交通システム「アストラムライン」，土木学会誌，Vol.79, No.9, p.2-5（1994）
17) （パンフレット）アストラムライン，広島高速交通（株）（1995）
18) 神崎絃朗：ガイドウェイバス，土木技術，Vol.42, No.12, p.60-67（1987）
19) 福本陽三：アジア太平洋博覧会ガイドウェイバス，R-D神戸製鋼技報，Vol.40, No.2, p.35-40（1990）

第4章 物　流

4.1 从运输到物流及后勤保障

虽然略显唐突，在这里首先说明一下，笔者所在公司的企业经营愿景是"成为一流的物流系统工程企业"。

现在汽车产业所处的大环境非常的严峻，而笔者所在的企业以物流为主业，也身处在这一非常时期。

诚如所知，物流一词来源于法语的 logistique 一词，和人类有史以来的战争紧密相连。最早是指搬运和调度兵力、装备、物资及供给，这历来是交战双方决定胜负的关键因素之一。往前可以追溯到拿破仑统治欧洲时期，物流一词当时是指拿破仑军队中的一种官职，其职责是为部队的衣、食、住等做先行安排，为军队用语。

现在物流的战略意义越来越受到人们的重视。身处成长、停滞、迷茫动荡的世界经济大环境中，物流的根基在不断的成长进化。例如，东南亚这一典型的地域经济圈，对其发展起到支撑辅助作用的就是物流这一行业，从企业层面来看，物流已经超越了生产技术领域，成为了各个产业的领跑者。

物流被人们看成是有生命的，也会不断成长、变化，也会经历其困难期。

本节将针对物流的"环境变化"进行解说。具体来说，以最近的"全球化"大趋势为着眼点，解读日本流通结构体系的变化。

4.1.1　物流的环境变化

所谓的物流顾名思义即指的是"物品流动"，一般对物流的定义是生产到消费之间物资（商品）的物理性流动，是为此而开展的活动，为此而投入的社会资本等体制的总称。

不过这里所说的生产，严格来说应该包括原材料的采购、加工（制造）、销售的过程，以及与之相关的各种物流活动，如采购物流、生产物流、销售物流（图 4-1）。

一般情况下物流分为运输、保管、包装、装卸、信息五种功能（参照图 4-1）。从生产到消费的经济活动过程中，商品从生产者到消费者的物流性移动形成了物流。也可以解释为运输是经济活动的基础。

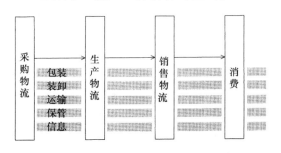

图 4-1　物流的过程与功能

物流曾经被定义为"为实现商品流通而包含在生产及销售中的附属性活动"。在生产、销售等各个环节其管理方式及特点也各不相同。

随着社会和经济的快速成长，商品进入了量产及量贩的时代，货物流通量迅猛增加（图 4-2），随之而来的商品流通成本也越来越高，人们开始关注并研究起物流。以往很多的经济活动并没有形成统一的物流概念，产生了很多数量及费用方面的问题。20世纪五六十年代，大宗商品需要快速地进行处理，对物流的效率要求越来越高。

1973 年石油危机爆发后，日本经济发生了本质性的变化。通货膨胀严重，国际贸

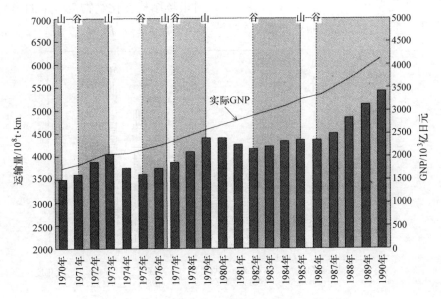

图4-2　日本国内货物运输量与实际GNP的变迁
灰线部分为经济回暖局面，其中峰谷数据来自《经济回暖日（经济企划厅）》

易失衡，社会环境及自然环境被严重破坏，而这些问题在当时大力发展经济的政策下被完全忽视了。

石油危机使得全球经济停滞，物流业也受到很大影响，对物流的需求发生了巨大变化。经济不景气导致消费市场低迷，销售竞争激烈。市场消费由原来的生产者主导向消费者主导转变。在此大环境下，诞生了企业经营即销售市场对物流的需求，可以说对物流的重视就是从当时艰苦的时代开始的。

那之后，到了20世纪80年代后期，经济开始复苏，内需扩大，物流业务也持续增长，同时消费者的需求也呈现多样化趋势，商品朝着多品种少量化发展，在这种情况下，对物流业务要求高效率的同时，对物流提出了高频率少量配送等市场需求的新要求。

但是这种过剩的物流服务又引发了物流成本上升、劳动力不足等重大的社会性问题。

随着日本经济的发展变迁，物流对于经济活动的意义也在发生大的变化。

近年来，随着日本国内产业状况的激变，迫切要求对现存的物流结构进行大的改革。

日元升值加速制造业海外市场的生产比例（图4-3），增加了进口的比例（图4-4），日本国内市场大部分企业都面临着与低价进口商品的价格战。

另一方面，从全球角度来看，日本的物价相对较高，由于国外市场的不断开放以及国内外的价格差，使得日本市场已有的价格理念开始瓦解。由于价格及与收益直接挂钩的成本结构在早期的生产阶段已经压缩到了极限，因此降成本只能从流通环节着手考虑。

在这种混乱的环境下，日本国内的物流形态也发生了戏剧性的变化。特别需要注意的就是以大型超市为代表的零售业的兴起和其形态的多样化发展。这些零售商们采取低价格战略，并针对消费者需求提供相应的服务，以此主导着日本国内流通业，并在该领域不断扩大规模。

日本经济产业迫切需要改革，而物流又

会发生怎样的变化呢？

在4.1.2一节中，将从运输业着眼，针对市场结构变化给物流带来的影响及今后的发展方向进行分析。

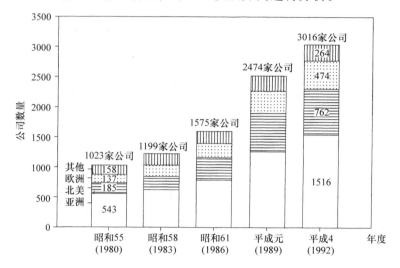

图4-3 日本制造业进出口情况（运输省，运输白皮书，1994年版，大藏省印刷局，p.61）
根据通商产业省《日本企业海外事业活动》完成

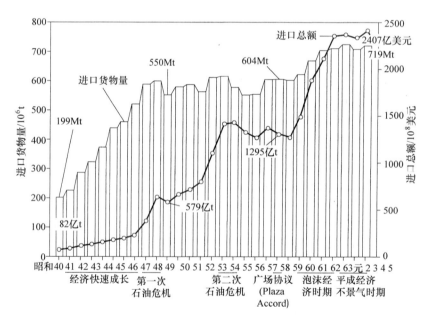

图4-4 进口货物量及进口总额变迁
根据日本关税协会《外国贸易概况》完成

4.1.2 市场的全球化对应

随着各企业将生产业务向海外扩展，日本进口量骤增，传统的"原材料进口→国内生产"这一常识性结构已经不复存在。另外在日元升值的背景下，国外市场要求开放日本市场的呼声越来越强烈，其中最明显的就是农副水产品的进口量飞跃式增长。

海外采购量越来越大，品种和数量都呈现上升趋势。

以食品原料为例，国外的鱼类、食用肉类、蔬菜类大部分都是冷冻食品，而最近以生鲜的形式进口的比例骤增（图 4-5，图 4-6）。

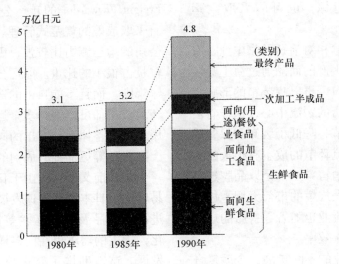

图 4-5 不同类别、用途的食品进口总额变化

资料：农林水产省根据总务厅等 10 家省厅的《产业相关表》计算

1. 柱状图上的数值为食品原料进口总额。
2. 精谷物（精米、精面等）及牲畜类（各种肉类）、冰鲜鱼贝类不在加工食品行列，归类为生鲜食品。
3. 海外的饮食费用支出不在食品原料进口总额范围内。

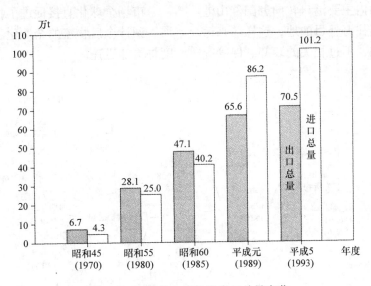

图 4-6 国际航空货物进出口总量变化

最近我们去超市购物时，经常会看到低价的进口水果蔬菜等。以往日本消费者对标有墨西哥制造及中国制造的产品往往敬而远之，随着进口量的增加和品质的不断提高，进口食品已经渗透到了日本民众的生活中，现在反而是日本本国制造的产品要用很大的字体标注。

运输方式方面，航空运输比例越来越

大（图4-7）。由于生鲜果蔬类附加价值相对较低，空运比例较低，如果货物量巨大，为确保规模指标，也可能采取空运方式。

另外在产品运输相对活跃的家电业，有的厂家将海外当地生产的商品通过海上集装箱运到日本国内港口，再以集装箱的形式直接转送到大型零售店的物流中心，这样省去了中间的装卸等环节，降低了装卸和保管成本，对降低整个物流环节的成本有很大的贡献。以往家电业的销售渠道都是以品牌连锁店为中心，近年来大规模的市郊大型零售店规模越来越大。物流业也随着零售店的规模化而在不断提高物流效率。

随着国际物流业的不断扩展，今后复合一站式运输形式将越来越受欢迎，对海陆空一体式流通、物流系统的需求也将越来越大。目前复合一站式运输的主要手段——集装箱运输的比例在逐年上升（图4-8）。很多大型物流企业已经开始扩展海外事业，中心港口由日本国内主要港口转向韩国釜山港等地，并直接运往海外目的地，这样一来运输成本有所增加，不过相关的装卸、保管等成本大幅度下降，整体成本有所下降。

将目光投向海外会发现，欧洲被称为Freight Forwarder的转运公司在物流方面一直采取成熟的规范式管理。而日本由于船运公司的承运能力比较强，因此转运公司的运输量占很小的比重。船运公司有着自己的运输规则，而且不能自由的选择运输路线，而转运公司却可以选择多个运输途径，能够为用户节约整体运费支出的同时，还能够提供上门服务等更加细心周到的服务。

诚如前文所述，由于日元升值和对外贸易摩擦，日本企业快速发展海外市场，针对进出口产品及部件运输等国际物流的多样化，货主的需求也在向多样化和精细化趋势发展。这也助推了转运公司海外业务的发展。由于海外业务网络的完善以及及时获取真实可靠的有价值信息，使得转运公司能够提供内地运输、货物转存等更加细化的服务。预计今后转运公司的一站式运输业务比例仍将呈增加趋势（图4-9）。

市场全球化直接促进了物流全球化的发展。预计今后物流的全球化、高效化发展速度将更加迅速。

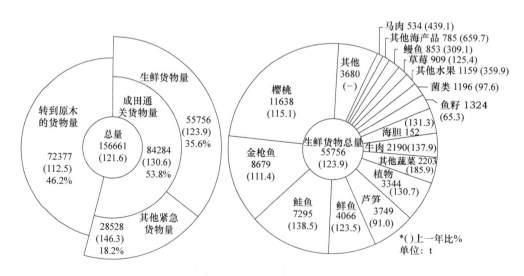

图4-7 IACT不同进口货物处理表（IACT：国际空港上屋股份公司）

4.1.3 日本国内物流结构变革对应

产品进口规模在持续扩大，日本国内大规模生产以附加价值较低的产业为主，生产出来就能卖掉的时代一去不复返了。生产过剩会导致物资堆积，而能够提供满足消费者多样化需求的商品是企业存亡的关键。前文已经说过，企业无法期待在生产阶段压缩成本，而在流通环节则存在着很大的商机。

目前在经济领域及流通领域"价格崩盘""流通改革"等新词不断涌现，传统的物流架构开始动摇。

而零售商们则是这场变革的主角。以大型超市为代表的零售商们演绎着惨烈的价格竞争和差别化竞争。

价格竞争环境下零售商们的基本战略如下。

- 增加低价格商品类别。
- 与厂家联合开发并销售公司自主品牌（private brand）。
- 与海外零售商合作扩大进口。
- 改革含物流、商务在内的流通系统。

流通改革从批发商涉足的多领域的商业传统（图4-10）开始兴起，最早行动的是大型折扣店（Discount Store，DS）。这种价格战逐步波及大型量贩店、普通零售店等零售商领域。

低价格策略进一步催生了更加激烈的价格竞争。从现在零售业市场比较活跃的自有品牌（PB）商品可以看出竞争的浪潮已经波及了零售业的开发阶段，而零售商们也纷纷开始转向如何掌握商品流通领域的主动权。

PB商品的种类小到个人护理用品、食品及饮料，大到家电产品等范围非常广泛。热衷于开发PB商品的大型零售商其PB商品能占到所有商品的10%左右（图4-11）。

PB市场的扩大一方面促使面向全球市场销售的NB（National Brand）商品价格一

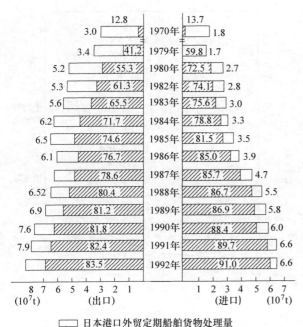

图4-8 集装箱化的变化

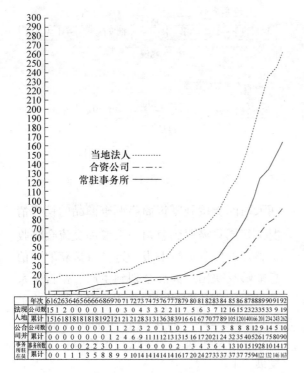

图4-9 日本转运公司海外进出情况年代变化
成立时间不明的公司都归列为1992年。

降再降,另一方面也使得生产厂家不得不压缩成本。这就提高了零售商的支配地位。相对的,由于生产厂家失去了价格控制力,传统的利害关系发了逆转。

低价格化的趋势中,物流、商务等流通结构不断发生着变化。在批发业被逐步淘汰、生产厂家价格支配力不断下降的进程中,零售商从生产到销售的贯穿整个流通领域的行为越来越活跃。某连锁便利店构建了自己的联合配送系统,生产厂家在配送货物时也要采用该连锁店的系统,可以看见零售商已经开始在物流阶段掌握了主动权(图4-12)。预计商品的开发、供货、运输、销售整个环节的优化速度将会进一步提高。

零售商在流通领域的主导地位不断显现,也使得生产厂家们产生了危机感。制造业的相关企业也在各自领域内采取了各种改善物流的对策,在食品及个人护理用品等销售竞争激烈的领域,这种竞争趋势越发明显。如何能够销售更多的商品提高销售额是各公司的目标所在,而实现这一目标必须要掌握消费者的信息。

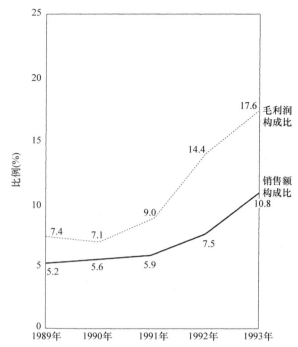

图 4-11 某大型超市 PB 销售及构成比例变化
源自矢野经济研究所内刊《连锁店 PB 斩落及未来展望》

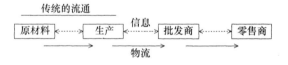

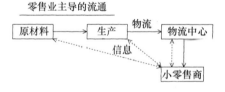

图 4-12 零售业主导的流通形态

四天时间直接到零售商店调查商品的销售情况,每周只需要到公司一天参加交流会将收集整理的信息进行上报。这种直接获取的信息能够反映出从商品企划到生产、销售一系列环节的业务情况。企业不仅仅从物流着手进行成本控制,而是从公司的整体战略出发,朝着对生产、销售进行整体整合的方向发展。

流通领域的变革与物流的改革密不可分。物流的意识应该从距离消费者最近的下游一直渗透到中游甚至上游。商品是从上游

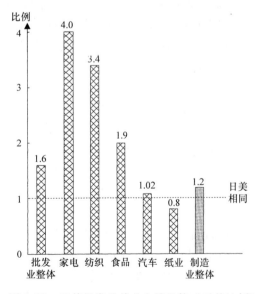

图 4-10 日美批发业从业人员比较(对美比例)

某个人护理用品厂家的调查员每周要有

向下游流动，而物流的信息员及市场的中心是消费者。

运输产业是以消费者需求的多样化为依托的特殊化产业。以载货汽车配送服务为例，即使在经济不景气的当下，该领域市场依然持续增长（图4-13），并且从消费者信息搜集到产品加工的整个链条产业，物流越来越呈现出强势的服务意识。而在新的运输商品的开发、稳定成长的同时，多家不同的公司也在逐步加入到该行业的竞争中，随着网络的发展以及资金链方面的优胜劣汰，目前处于几家大型企业独占市场的相对稳定时期。

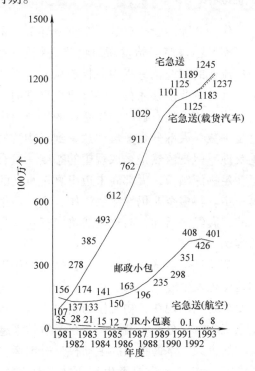

图4-13 宅急送货物数量等的变化

1. 邮政小包数据来自《邮政统计年报》，JR小包裹数据来自《铁路统计年报》（JR小包裹服务于1986年停止）。
2. 宅急送（航空）服务于1991年开始。

在流通领域变革的进程中，对物流需求多样化、高度化的同时，为了实现低价格化，要对物流成本进一步压缩，因此运输业所面临的环境越来越紧迫。由于运输量一直无法提升，保证装载率则成了运输业者的第一目标，也由此导致运输价格一路走低。但是如果一直甘于成为用户削减成本的对象，那么运输业务将无法走出惨淡的境遇。

在流通领域变革的大环境下，零售商正在着手构建产品开发、生产、配送、销售整个环节的一体化系统。针对零售商业务的不断扩展，生产厂商们也在努力搭建自己的系统。

如上所述，在货主主导的流通形态中，货主包揽了包括运输在内的物流系统，运输业者如果仅仅为其提供廉价的运输服务，则很难保证运输业者的未来。

在物流体系中，运输起到连接生产和销售的桥梁作用，要想提供最佳的运输系统，要对整体的物流功能进行充分地考虑，这一理念需要在运输业者间慢慢地渗透。

现今的产业种类复杂化及融合化的发展过程中，物流需要在各个阶段不断的跨越各种鸿沟及束缚，形成强大的物流体系，这样才能搭建起更加完善的物流体系，为未来的发展铺平道路。

4.1.4 从运输到物流及后勤保障

此前的章节已经介绍过有关物流需求的变迁过程，本节针对运输的变化进行介绍。

以往，运输从属于经济、产业的变化发展，仅仅为需求者提供送达服务这一最低要求。也就是说只要满足用户移动距离、一定量的货物要求即可。当时的运输模式以铁路、海运为主。现在载货汽车凭借其方便性和自由性的卖点，已经取代了铁路及海运成为了主流的运输方式，目前载货汽车的运输总量已经占到了90%以上（图4-14）。从门到门（DOOR TO DOOR）的运输方便性来看，说载货汽车运输支撑了日本经济的高度增长一点也不为过。

支撑日本经济增长的载货汽车运输具有很多的优点，同时也衍生了各种各样的问题。供给不足的时代已经结束，消费者对于

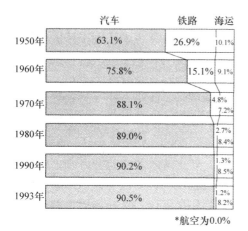
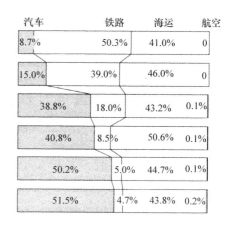

图4-14 不同运输方式的运输比例

时间和品质的要求越来越高,载货汽车运输也开始关注这一新兴需求。随着消费者需求的多样化,运输种类也越来越多,高频率少量的运输需求越来越多,导致运输次数增加,尾气排放加速了地球变暖,城市公害及交通拥堵等环境问题也越来越严重。

为了解决载货汽车运输所带来的各种各样的问题,日本运输省开始提出并推进运输形态转换(modal shift),即转变运输模式之意。也就是运输手段尝试从载货汽车向铁路运输及海运转换(图4-15)。基于劳动力、路况混杂、环境、能源等诸多问题的考虑,铁路运输及海运与载货汽车运输比较,虽然效率非常高,但是进行实际操作时却存在很多阻碍。虽然人们的环保意识已经很高,但是在市场经济环境中,若抛却载货汽车运输的方便性,则已经无法维持现在的社会生活。

现在日本经济产业发展止步不前,市场逐步实现全球化,消费无法持续增长,日本国内运输量的减少已经是不可避免的事实。运输业在量上的增长已经没有更好的办法,因此面临着多种问题的载货汽车运输业者只能在能够带来其他附加价值的新事业领域进行摸索。

作为企业经营战略的一个重要环节,生产厂家及零售商开始重新对物流进行定位,在物流业的职业化进程中,物流从业者必须走到其他企业前端才行。能够建立自己的先进物流系统、拥有自己物流企业的生产商毕竟是少数,大部分企业虽然意识到了物流的重要性,但是依然是采取观望的态度,虽有意涉足物流领域,大都尚未迈出真正意义的第一步。很多企业仍然将物流作为生产和销售的附属经济活动,与企业战略实行一体化的实例少之又少。

随着社会经济的不断变化,物流的作用和地位也发生着巨大的变化。处于市场结构大变革时期的现在,物流作为企业战略一体化系统的一部分在不断发展。在竞争越来越激烈的今天,掌握物流的主动权是决定运输业者能否作为物流业者生存下去的关键所在。作为运输行业的"专家",运输业者应及早考虑物流职业化的需求,针对尚未踏入物流领域的生产企业,在为其提供更加合适、细致的运输服务的同时,构建以运输为核心的物流系统是今后运输业者的重要业务目标。

以上对运输业者所处的环境变化及其未来方向进行了介绍,这对于我们载货汽车生产厂家来说也至关重要，为向顾客提供更好的服务，车辆生产厂提供的车辆与物流改善方案也是密不可分的。

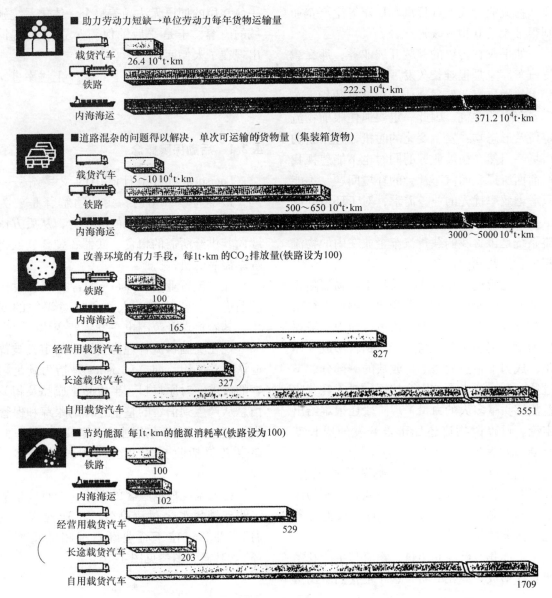

图 4-15 运输模式转换的好处

本数据表根据运输省运输政策局复合货物流通科：模式转换的好处、如何推进模式转换，p.4，1993 年 3 月数据制作而成

在物流定位的不断变化中，拘泥于传统的行业体制中，物流环节必然成为顾客眼中理所当然的压缩成本的对象。因此不能单纯的满足顾客显性需求，还要挖掘顾客的隐性需求，与顾客及时进行沟通，提出有效的改善方案，第一时间掌握顾客对于物流的需求信息。

作为企业经营战略，物流的战略一体化在不断向前推进，而这一过程中起主导作用的是之前所提到的零售商。物流作为企业战略的一环,其重要性已经越来越明显,如果零售商在企业内部搭建起完善的物流系统,那么物流业者或者载货汽车厂家等生产企业则很难参与其物流改善。

如果仅在传统的领域开展业务,那么载货汽车厂家是很难长久发展下去的。可以说货主的物流事业发展到什么程度是载货汽车厂家存亡的关键。因此一定要抓住眼前物流定位及形态均在发生变化的时机,开拓新的市场。当然在拓展业务的同时也不能忽视我们前面所提到的汽车社会的环境问题,不能只考虑效率优先的业务需求,对于环境问题也不能忽视,构建对社会有贡献的环保型物流系统是包含我们载货汽车企业在内的物流相关者们共同的使命。

如上所述,在时代的长河中,物流随着经济的变革而不断发生着变化。物流以往仅扮演支撑经济发展的辅助角色,而现在被评价为第三利润来源,与生产、销售形成一体化,成为了企业战略不可或缺的一部分。不过这一利润源尚未被完全挖掘,对于经营收益能够贡献多大的力量,现阶段还很难给出定论。可以说物流还处于未开发的成长变化期。

当然这一变化中的"生物"为谁所用、如何获取收益尚处于一个混沌状态。而物流的生与死似乎对其"主人"的未来也有着至关重要的作用。

上面我们已经介绍过,物流与生产及销售正在形成一体化战略,这才是我们所期待的物流的准确定位,而朝着这一目标一步一个脚印地向前走一定能够到达对岸。物流这一最常用的词语无法涵盖整个一体化系统领域的内容,于是"后勤保障"这一关键词出现在了人们面前。

<上村幸惠>

4.2 后勤保障

4.2.1 后勤保障概念

Logistics 相当于日语中的"兵站"一词,最早为军事用语。兵站的解释是"为维持、增强作战各部队的战斗力,从后方持续向其供给所需的粮食、武器、弹药、衣物等军需品的机构"。

在物流行业,Logistics 的含义随着时代的前进,经营环境及人类危机意识等的变化,其着重点及范围也在发生着变化。

现在美国物流管理协会给出的定义被普遍认可并采用,即"Logistics 是指为满足顾客的需求,对原材料、半成品、成品及相关信息从产生到消费的整个过程的跟踪和保管进行直接或间接的规划、实施及统一处理。该定义包括收交货及公司内外的转移过程"。

也就是说根据顾客的要求,"使货物从采购到销售整个过程高效、迅速地实现流通",并"定位于企业经营战略的重要一环"。其概念图参见图 4-16。

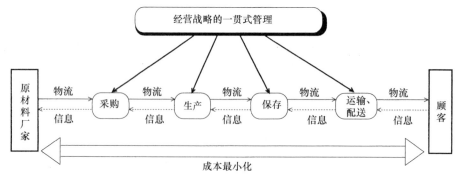

图 4-16 后勤保障的概念图

4.2.2 后勤保障的步骤

以往，载货汽车运输者或者存储仓库等只是向物流公司支付物流费用。但是由于物流费需要计算在制造成本及销售成本中，且占比不可忽视，产品及原材料等的保存、配送等产生的人工费用、土地建筑物折旧补偿费用、修缮费用等与物流相关的费用需要核算，进而要对物流成本进行重新计算。为了应对运输费用的高涨及消费者需求的个性化、多样化，很多企业开始关注物流成本，研究库存及配送情况，考虑物流的信息化等，积极地采取各种有效方法对物流进行改进。以JIT（Just In Time）为代表的物流服务品质提升要求为例，维持原有服务水平的同时，做到控制物流成本提高效率。

近年来消费者需求更加的多样化、个性化，为此对物流的要求也转向了多频度、少量配送的服务要求。但是物流在提升效率方面行动缓慢，运输从业人员及物流费用居高不下，再加上大中城市存在交通拥堵、停车困难等诸多问题。在这种大环境下，很多企业感觉到降低物流部门内部的物流成本有一定的难度。

为了解决这些问题，部分企业正在尝试从公司内部进行流通中心的整合和一体化、经营同行业及不同行业的联合配送中心、联合运输等不同的物流方式。这可以说是物流从传统企业物流部门高效化的立足点向采购、生产、物流、销售一条龙式业务的转型。

以下内容对日本物流到后勤保障的变迁进行简要的介绍。日本及美国的后勤保障化的变迁概要如图4-17所示。日本企业的物流活动及理念明显比美国的影响更深远一些。

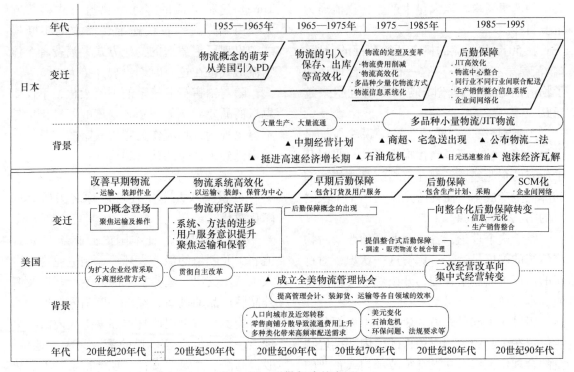

图4-17　后勤保障的变迁

a．物流概念的萌芽

20世纪50年代，日本企业主要精力放在确保必需的运输能力方面。而且物流仅仅是运输、配送、保存这种简单的业务内容。

50年代后期开始，日本社会进入了大量生产、大量消费的高度成长期，供给追不上需求的发展，当时的社会基本上属于只要生产出来就能够卖得掉的时代。为实现大批量的运输，要求物流行业在传统的单一运输、配送、保存的业务模式上有所突破。

当时美国相关的研究及系统的引进活动非常活跃，其PD（Physical Distribution）概念很快进入日本市场。从此物流不仅仅是进行包装、保存、运输、装卸货等各过程的管理，而是将这些相连的业务统一考虑。最初PD被翻译为"物品流通"，后来形成了"物流"这一用法。

b. 物流的导入

进入20世纪60年代，作为日本国家经济计划的一环，以高效地运输大宗商品为目的的物流现代化被提上日程。该时期正好处于经济高速成长期，生产行业为满足消费者大量的消费需求，以大量生产、大量流通为主要目标。

在50年代物流的概念开始萌芽的阶段，"物流是第三利润源"这一标语性台词证明了物流的崛起，物流降成本活动也越来越活跃。

"物流是第三利润源"这一说法最早是由早稻田大学的西泽教授提出来的。当时几乎所有的企业经营者都在努力提高销售利润和降低生产成本。而物流是继这两个手段之后的第三个利润源。

基于这个理论，各个企业开始改变对物流传统的仅仅是运输、保管这一认识，对物流的认识更加趋于合理，开始着手真正的物流成本管理。

不过除了部分先进企业以外，大部分企业仅仅在企业的生产或销售部门内部推进物流的合理化工作，并没有突破部门或企业的壁垒。1973年石油危机爆发后，才对物流的定位有了历史性的改观。

c. 物流的定义和变革

1975年左右日本经济结束了高速增长，进入了低速增长时期。以扩大生产和销售为基础的削减制造成本效果越来越微弱，物流的作用则逐渐凸现出来。另外随着多次石油危机的冲击，石油产品价格高涨导致运输费用不断攀升，而消费者的需求越来越多样化、个性化，催生了新的物流体系和运输方式。

如上所述，以往企业仅在内部推行物流合理化，物流成本不但没有降下来，反而呈增加趋势。为此很多的企业开始优先考虑物流的合理化，正确把握物流成本，重新审视库存、运输、配送系统等，并开始思考解决办法。很多先进企业开始强化物流的信息化，同时通过设立物流子公司来大幅削减物流成本。

另外大型超市的出现使得JIT（Just In Time）这种灵活的零库存物流方式盛行起来。由于降成本及快速配送需求的不断增加，出现了宅急送的物流方式，消费者个体物流形式也在这一时期出现并扩大。

随着销售行业竞争的不断激化，不仅要思考商品差异化的问题，物流的差异化也是不容忽视的，物流作为销售战略的重要一环逐步得到了社会的认可和重视。

d. 后勤保障化

20世纪八九十年代可以称之为后勤保障化时代。

在这一时期，日本国内面临着日元升值、美元贬值的经济大环境，制造业为减少人工费用支出，逐步扩大海外生产基地及海外品牌产品的进口，经济一度陷入低迷。不过对美贸易摩擦促使日本加紧扩大内需，呈现出一派经济高速增长的繁荣景象。地价、股价高涨、建筑业盛行、现金富余、人们热衷金钱游戏、并购海外企业等，这也就是后来我们所说的泡沫经济时期。

在这种经济状况下，消费者需求高端化的

同时，更加强调个性化和多样化，物流业为了应对消费者多品种少量运输的需求开始扩大高频次少量配送服务的业务范围。但是经济回暖伴随着日本国内生产人手不足，运输从业人员严重不足，人工费用不断上涨，导致物流成本居高不下。而且运输的高频次也进一步激化了大都市的交通堵塞和环境破坏等问题。

企业方面为了应对上述问题，对运输及配送系统进行了改善，以强化物流的信息化为首，对本公司物流中心进行整合，开始着手联合同行业或不同行业运营联合配送中心。而且对物流的定位进行了更长远的考虑，物流不仅仅是满足生产及销售的需求，需要与采购、生产、销售等联合考虑，应作为企业经营战略的重要一环进行统筹把握。这也就催生了后勤保障的诞生。

另外准确把握销售信息，流通、生产、采购环节执行统一的信息流，每一环节均与物流紧密结合，实现最小量库存、最高效率的供给，在适当的时间提供适当的商品。这样企业才能够实现更好地为顾客服务并提高服务质量，实现与竞争企业的差异化。

4.2.3 后勤保障的课题

日本在经历泡沫经济后，经济长期处于低迷状态，虽然有一定的恢复，但是又经历了阪神大地震和日元突然走高美元贬值等一系列负面影响。经济情况仍然不容乐观。很多企业为了尽早摆脱泡沫经济的阴影，开始强化组织机构的效率，为了企业能够生存发展，纷纷开始进行改组或重建。而供需不平衡使得企业间竞争越来越激烈，销售额大大下降，同时物流成本上升也成了经营上的最大问题，当务之急是如何实践后勤保障。这里对实践后勤保障所面临的问题进行阐述。

a. 部门内部成本控制的界限

以往的物流部门在进行降成本时，主要在包装、保管等节点节省人工及采取自动化作业、改进运输配送方式、重新配置物流配送仓库并提高配送效率等。也就是在物流部门正常的业务范围内进行改进。

但是物流部门的活动常常受到生产部门及销售部门等的影响，物流成本也因此受到很大的影响。为此降低物流成本的关键是与生产部门及销售部门联手采取有效措施。

b. 与其他部门合作的劣势

在以往对物流部门的认识中，一般物流都被认为是利润源的底层，也就是说继销售部门及生产部门之后，才是物流部门。为此大部分情况下都是生产及销售优先，它们很少有与其他部门联手作战解决问题的想法。

c. 整体意识的欠缺

总体来说，如果发生货物的积存和过大库存很少有人会认为这是物流部门的责任。究其原因，人们都认为物流主要是有效地使物品流动起来，而责任主要在于生产过剩或者销售做得不好，物流总是处于一个"被害者"的地位。但是实际上物流部门对于货物积存和库存过大是负有很大责任的。为什么这么说呢，至少负责保管的部门要及时地将详细库存情况通告给生产及销售部门，寻求解决库存积压的对策。

各部门都是以自己部门的任务使命为优先考虑，太注重和强调本部门的立场，而忽视了整体团结合作的意识。

d. 与需求对应的意识不足

根据市场的实际需求，提供少量多种类的商品是每个商家的愿望。而实际上现在市场上很多商家并没有真正去了解市场的实际情况，而是按照事先的销售目标确定库存情况，这是造成产品滞留和过剩库存或库存不足的直接原因。为回避此弊端，商家应考虑如何根据实际需求在适当的时间提供所需的产品。但是目前的状态是，生产商只考虑如何低成本生产，物流只考虑让物品正常流动，而销售的目光也都放在如何销售商品上。也就是说传统的行业概念根深蒂固，各部门或各领域与实际需求对应的意识很淡漠。

4.2.4 后勤保障系统

后勤保障的目标是以市场的销售动态为导向进行生产、流通，排除企业生产活动中不需要的物流环节。

后勤保障的特征如下：

① 顾客需求高度化。

② 根据实际需求供应产品。

③ 贯穿于整个采购、生产、物流、销售的大环节。

④ 从部门优先向整体最佳过渡。

⑤ 重视销售额及扩大利润。

⑥ 以信息为主线进行动态的一元化管理。

这里对后勤保障系统的基本概念、管理理念及其管理方法等进行说明。

a. 系统的基本概念

后勤保障系统的基本概念如图4-18所示。后勤保障系统以信息为主轴，由原材料和产品跟踪、保管构成。也就是说利用后勤保障信息系统，以销售端的客户订货信息为首，对原材料的采购及保管、生产、产品保管、配送等各环节的信息进行综合性管理控制。这也是该系统最大的特征。

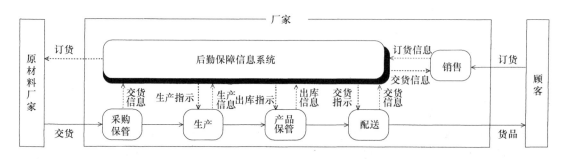

图4-18 后勤保障系统基本概念

该概念图并没有展示出为实现更加合理的需求对应，如何把握顾客的需求以及预测方法。不过该信息系统自身具有经营战略上不可或缺的市场调查系统的功能。

b. 管理的职责

后勤保障的目的是去除企业活动物流环节中繁冗多余之处。真正科学的后勤保障应该实现零库存，根据顾客的需求实时确保JIT生产方式，构建并经营最佳的JIT物流体制。但是要实现这样的体制是非常困难的，因此现实生活中一般情况下库存都是多于用户及企业的需求。

对于实际的后勤保障管理来说，如何优化整个公司的库存是其主要功能和目标。换言之，后勤保障通过整个公司的库存管理，实现从出货到抵达用户手里的过程中提供高效率的产品供应管理。

进行库存管理时，要基于目前的库存量把握市场的销售情况及预期，进一步以目前的库存量为基础切实把握产量及交货量。如果不了解市场的销售情况及预期，那么很有可能由于缺货无法满足顾客的需求而错失商机。反之，如果产量高于实际的销售量，那么会造成过多的库存，最终导致成本的上升。

另外如何实现库存与顾客的需求对等，也是非常重要的课题之一。为此需要将配送点作为物流系统化的核心，实现库存合理有效的配置。

后勤保障管理中，通过整合订货、生产、销售的库存管理、订货及生产计划、最佳配送点配置等，实现有效的库存配置管理。

c. 后勤保障化的步骤

后勤保障的变迁如上所述，物流是由高效合理化系统向后勤保障的方向发展。已经引入了后勤保障系统并进行运营的企业也越来越多。不过很多企业仍然没有从传统的观念及管理、运营方式中解脱出来。

下面对综合了企业的运行能力、实力的后勤保障化进行简单的说明。

首先从评价本企业运行能力及实力开始。例如：

① 信息系统现状如何。

② 采购部门、生产部门、销售部门、物流部门的信息是否各自为政。

③ 采购、生产、销售是否过于看轻物流。

④ 在企业的战略中，对物流的定位如何。

其次，发展要符合本企业的运行能力、实力。也就是说，要朝着现有能力的上一级努力发展，不要好高骛远。作为企业战略，要向信息的系统化、物流的系统化以及后勤保障化迈进。

从采购到交货的整个过程中要实时的把握库存情况，将相关信息与各部门共享，通过部门间的协作协调以及顾客的需求，尽最大努力压缩库存量，实现库存的最合理化。在此之中，构建高效的信息系统是非常重要的。图 4-19 为后勤保障系统的基本形态及其构建的步骤。

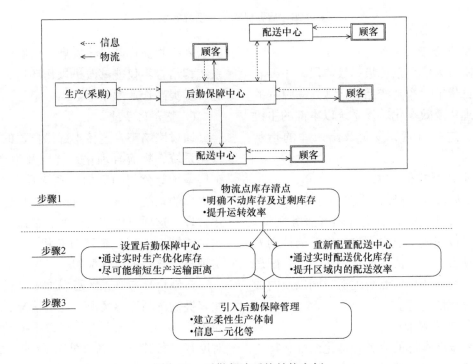

图 4-19 后勤保障系统结构实例

4.2.5 后勤保障信息系统

以实现后勤保障信息一元化的信息系统为基础，从该信息系统角度对后勤保障化发展进行了总结，其发展如图 4-20 所示。该图将系统的发展大致分为四个阶段。

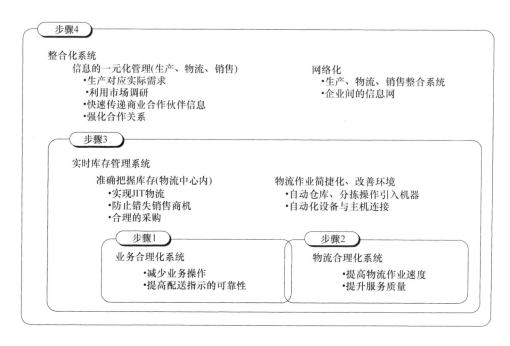

图 4-20 后勤保障信息系统的发展

a. 业务合理化系统

该阶段为信息系统最初级阶段,主要着眼于从订货单发布到产品的运送这一过程的业务合理化及效率化。该系统以本部的主机为核心,进行订货、发货及出入库的指示操作。

b. 物流合理化系统

第二阶段主要是解决初级阶段遗留的物流作业的合理化问题及提升顾客服务质量。该系统可以完成企业内部物流作业的计划方案、实现操作的简洁快速化、应对紧急配送业务等。另外还可以缩短配送时间以及向顾客提供库存情况等。

c. 实时库存管理系统

该系统将本部的业务合理化系统和物流合理化系统实时连接,通过业务合理化系统可以实时把握物流合理化系统中的库存情况,并依此合理地安排生产等活动。另外,销售时可以根据顾客的需求迅速而准确地提供库存情况、商品运输情况等信息。

随着仓库及分拣操作的自动化、机械化的引入,物流逐渐进步发展,与物流合理化系统相结合不仅能够改进操作环境,还能进一步提高作业效率等。

d. 整合化系统

通过网络整合连接本部已搭建的业务合理化系统、物流合理化系统以及生产系统、销售系统等公司内部信息系统及合作企业,以本部的系统为核心,对所有信息进行一元化管理。这样可以实现生产、物流、销售的一站式管理,将各个环节有机地结合起来,实现整个链条的最佳配置。

在销售环节该系统可以准确、迅速地向顾客提供产品库存情况、运输情况、交货时间等信息。在物流环节,可以根据销售情况对库存进行优化、确立实施最佳的配送方案以及缩短交货时间等。另外在生产环节,通过准确把握库存情况及销售信息实现需求与库存的合理化。

也就是说从原材料采购到商品出库的整个环节中,消除过剩库存及不动库存,控制库存在最小化状态下高效率流通。在恰当的时间应顾客的需求提供最低价格的服务。

如上所述，随着信息化的不断进步，企业内部信息网络化会逐渐向合作企业以及顾客间信息网络化发展。这种利用计算机网络交换企业合作伙伴间物流信息数据的行为就是我们所说的电子数据交换（Electronic Data Interchange，EDI）。EDI以形成与同行业其他公司的差别化为目的，防止同行业其他公司的竞争，加强合作伙伴关系，是战略性信息系统化的关键所在。

企业间进行信息交换时大部分是使用本公司独特的格式和代码。而像物流业者这种与多个企业存在合作关系，要想实现EDI就必须在已经构建好的系统基础上共享各自的数据格式和代码，就必然会造成重复投资和效率低下。为解决类似问题，需要实施EDI的所有企业达成一致意见形成标准化格式。

为了实现汽车行业的零部件通用化以及跨企业OEM供给，日本汽车工业协会计划制定了EDI的行业标准。另外2008年成立了CALS（Continuous Acquisition & Life-cycle Support）实用化研究组织，对生产到售后维修的所有信息进行电子化，并实现在线交换，降低沟通成本。

4.2.6 后勤保障及成本

企业经营的主要目的是创造利润，必须对收益率进行研究。因此要首先明确无利润或利润过低的商品及用户群，并采取相应的对策。另外企业的效率化、合理化活动是企业生存发展不可或缺的行为，而成本是重中之重。在计算生产成本时必然不能忽视物流和销售环节。

也就是说，对于以整体优化生产、物流、销售等企业活动为目标的后勤保障来说，如何把握整体的成本是非常重要的。为此，要了解和掌握各个阶段的不同产品及不同用户群的成本。特别是在应对JIT物流时，为了最大限度的实现多频率少量配送，服务提供方要充分了解接受服务的用户的最真实、准确的评价。也就是说根据不同的服务来核算成本。

目前对于制造业者来说，基本上都能够比较详细地核算生产过程中的制造成本。但是很少有针对采购、配送、销售环节的不同产品进行成本核算。即使有，也一般是按照包装、运输、保管、流通加工等功能进行分类。

现在ABC（Activity-Based Costing）作为反映价格差别的方法之一备受关注。ABC即作业成本法，是一种以作业为基础，通过对所有作业活动进行动态追踪，根据各项作业费用的消耗情况将成本进行合理分配的一种成本计算方法。比如在物流环节，相关活动有收发货订单处理、入库、保管、检查、打包、装卸等。图4-21为打包活动的实例。同样的一个商品，有的顾客希望用瓦楞纸箱打包，有的则希望用折叠收纳箱包装，不同的打包方式其成本差异也显而易见。另外还要对活动的总量有所把握，按照人工费、场地费、设备机械费用等进行成本费用平摊，然后按照不同顾客进行成本核算。

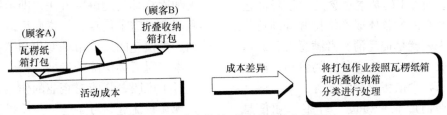

图4-21 成本核算时活动的最小单位

这样就可以计算出需求不同的顾客其服务成本的差异,并可以对物流服务的合理性进行验证。同时也能够对传统的成本计算方法进行优化,这种按照不同产品、不同用户群进行成本计算的方法可以说是物流合理化的一大进步。

4.2.7 后勤保障的新领域

最近在美国,SCM(Supply Chain Management)、ECR(Efficient Consumer Response)、QR(Quick Response)、ER(Efficient Replenishment)、CRP(Continuous Replenishment Program)等非常盛行。这些都是基于如何适时、高效率地为消费者提供产品或服务的。下面以金鑫国际为例简单介绍。

a. SCM

此前已经介绍过后勤保障经过阶段性的飞跃发展,范围越来越广泛,且效率也越来越高。通过提高企业内部的效率降低成本已经走到了顶峰,而流通整合系统化是降成本向新的方向发展和挑战的目标。其中心概念就是SCM管理方法。

SCM如图4-22所示,一个企业的物流与信息不仅仅停留于直接合作企业,而是经直接合作企业再进一步向它的下一级合作企业扩展。

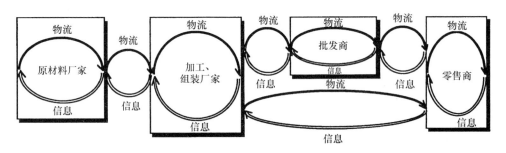

图4-22 SCM概念图

也就是说包括采购、生产、保管、配送等一系列从原材料采购到消费者购买的整个环节的活动不仅仅停留在自己公司内部,而是与处于前一工序及后一工序的企业合作,以实现降低整体流通成本的目标。

这也可以说是物流管理概念的诞生,即从公司内部的库存控制向流通过程中整体库存管理转变。

b. QR

美元走高使得美国进口时装商品成本竞争力下降,而QR的基本理念是通过降低包括流通环节在内的整体成本维持并提高竞争力。总体来说就是提高消费者满意度,通过削减流通成本确立具有竞争力的价格,满足消费者需求减少销售机会流失等。

日本通商产业省通过"纤维产业信息化项目"开始构建QR引入机制,前景非常值得期待。

c. ECR

ECR可以说是食品和日用百货版的QR,即通过大型超市形成低成本商品供给系统,其目的与QR相同。

d. VMI

VMI(Vendor Management Inventory)即供应商管理库存。相对于按照传统用户发出订单进行补货的传统做法。VMI是以实际或预测的消费需求和库存量,作为市场需求预测和库存补货的解决方法,即由销售资料得到消费者需求信息,供货商可以更有效的计划、更快速的反应市场变化和消费需求。

本节对后勤保障的发展、概念、系统化等进行了说明,物流对企业的作用是非常大的,现在物流这一分工已经与质量管理、法律法务等的地位不相上下。而且不具备物流实例的企业明显的其对市场需求的应变能力以及成本竞争力方面都将处于劣势,甚至会被激烈竞争的市场所淘汰。

4.3 自动化的现实和展望

4.3.1 后勤保障和自动化

上一节已经进行说明,后勤保障是要在采购、生产、保管、运输、配送、销售等企业活动中,以最小限度的库存在最佳的时间满足消费者的需求。而且要想实现后勤保障,关键是以信息系统为基础实现信息的一元化。该系统在一元化信息的基础上进行方案决策,然后由操作者及设备实施决策内容。换言之,方案决策所需要的信息如果在传递和输入的过程中有误、实施过程中的操作不正确或者不及时都无法发挥系统的作用。因此在进行包装、保管、装卸货、配送、流通加工等物流操作以及相关信息输入或传递时,要力争其准确性及时效性。

支撑后勤保障的物流业界总的说来具有很强烈的劳动密集型产业色彩,很久以前就被称为3K(日语中危险、艰苦、脏的首字母均为K)职业,特别是占据日本国内物流大半壁江山的公路载货汽车运输,驾驶人平均年工作时间长达2628h,而年收入仅有483万日元,处于所有产业最低水平(1992年实际数据)。因此虽然在经济低迷时期一时未被关注,但是已经显露了劳动力不足及老龄化问题。另外企业后勤保障化加速了多频率小额配送及JIT配送的发展,而顾客需求及紧急对应服务等的多样化也要求进一步提升服务质量。这也是运输成本增加的原因之一。

针对上述要求及问题,解决办法之一就是实现自动化。物流这种劳动密集型产业如何实现省力化、机械化及自动化,需要在如何解决雇佣人员及老龄化方面下功夫。同时要切实降低运输成本、提升信息输入及传递的准确性、及时性。

本节将以载货汽车运输为中心对后勤保障活动自动化的现实及未来展望进行阐述。

4.3.2 自动化的现实

现在物流即后勤保障的自动化现状如何呢。这里我们将从后勤保障活动的运输、保管、装卸货以及信息系统等方面对自动化及机械化进行介绍。

a. 运输

众所周知,一般的运输途径有铁路、汽车、船舶及航空。其中汽车即载货汽车运输,日本国内的运输吨数占整体的9成左右(表4-1),运输吨千米数约占5成,是运输的核心。也就是说载货汽车运输是经济活动中不可或缺的一部分,在国民生活中起着至关重要的作用。

但是如上所述,载货汽车运输业界存在劳动力不足、老龄化、收入偏低等问题,当务之急是如何解决上述问题。为此各界已经开展了一系列的活动,在传统的劳动密集型物流产业中引入省力化、自动化机器,以实现高效率产出。

表4-1 载货汽车的日本国内货物运输量

年度	运输吨数/10⁶t			运输量/(t·km)		
项目	1991年	1992年	1993年	1991年	1992年	1993年
日本国内货物总运输量	6919.3	6725.4	6430.5	5599.5	5570.7	5356.6
载货汽车运输量	6260.9	6101.7	5821.5	2837.8	2816.0	2758.8
载货汽车运输比例	90.5%	90.7%	90.5%	50.7%	50.5%	51.5%

(i) 运输装卸 运输装卸是指在仓库及货站、后勤保障中心、配送中心等配备装卸

人员及设备的地方，以及其他场所进行的货物装卸活动。载货汽车运输最大的特征是门到门服务，而在无法配备人员及设备不齐全的非特定场合则需要实现装卸的自动化和机械化。相关的车身装置有以下种类。

① 自动式运输链。
② 车载起重机。
③ 尾部举升机。
④ 车身。
- 翼式车身。
- 自装卸车身。
- 半自动车身。
- 平衡车身。
- 电动自卸车身。
- 旋转式传送车身。
- 双层车。
- 绞盘车。
- 自卸车。
- 带自动排放装置粉粒体运输车。
- 车身可拆卸车。
- 集装箱运输车。

（ii）运输辅助、自动化　载货汽车运输时，为了减轻驾驶人的负担、确保安全等，一般会配备如下驾驶辅助、自动化设备等。

（1）定速巡航装置：在高速公路等可以保持一定车速行驶的条件下，通过驾驶人的操作使车辆保持一定车速自动行驶。该装置通过电子控制装置替代驾驶人进行加速踏板操作，不需要变速器进行换档工作。而自动巡航是在此基础上增加车间距传感器和制动执行器等装置，在自动与前车保持一定距离的同时进行行驶控制（跟随行驶）。目前该装置已经在乘用车上商品化。今后该装置将进一步应用在商用车上。

（2）自动变速器：载货汽车的自动变速器有液力变矩器形式的和机械式电子控制方式的等。液力变矩器方式目前已经在大部分的乘用车上应用，不过由于传递效率及装置的成本较高等原因，日本国内的载货汽车尚未满足实际应用的条件。机械式电子控制方式在传递效率方面有很大的优势，但是成本及性能方面仍然不满足广泛普及的条件，另外现在的市场上部分产品采用了半自动式变速器。

（3）障碍物警报装置：基于激光雷达的前方障碍物报警装置已经上市销售，主要是用于防止瞌睡驾驶、疲劳驾驶等导致的追尾事故，因此主要应用在载货汽车上。雨雪及雾天会对激光的精度产生影响，目前欧美及日本正在加快推进毫米波的应用研究。

近距离障碍物警报装置中，利用超声波检测倒车时与后方墙壁距离的倒车声呐已经实现商品化。

另外，现在正在推进后/侧方障碍物警报装置的开发，该装置在车辆的左右两侧安装障碍物传感器，以防止与后方及侧面车辆发生碰撞。

（4）瞌睡驾驶警报装置：根据驾驶人眼睛的开合状态、驾驶人操作转向盘的状态以及车辆的举动等信息检测驾驶人是否处于瞌睡疲劳状态，通过警报等唤醒驾驶人。大约在10年前，通过转向盘转角变化判断驾驶人瞌睡状态的乘用车用警报装置已经实现商品化，但是尚未得到普及。

（5）后方监视器：由于车辆外部改装等原因，容易导致车辆在倒车时后方视野受到影响，此时可以在车辆后方安装监控器，将车外景象反映在车内显示器上。厢式货车安装该装备的较多。

（6）自重计：汽车、特别是载货汽车的行驶控制离不开重量这一参数。载货汽车的自重计一般采用感载器、应变仪、弹簧位移计等。它们大多存在成本、维修、安装、精度等各种各样的问题。目前为解决上述问题的传感器技术的研究正在如火如荼的进行。

（7）导航系统：驾驶人驾驶汽车驶向

第4章 物　　流

目的地时，需要对行驶路线进行选择。导航系统是基于数字地图显示车辆的当前位置及其周边的地图，提供能够到达目的地的路线等。该系统主要应用在乘用车上，载货汽车上应用极少。这是因为载货汽车的驾驶人大都熟悉路线且经验丰富。当然针对新手驾驶人进行培训等特定情况下也有装载导航系统的。

日本道路交通信息（VICS）中心于1996年春季开始率先向日本大型城市提供VICS服务，并将具有显示交通堵塞、事故、工程、限行、停车场等信息功能的系统商品化。这对今后在载货汽车上普及导航系统无疑起到了推动的作用。

（8）其他：为减轻载货汽车驾驶人的驾驶负担，其他相关的结构及装备也在实车上广泛应用。如：
- 电动助力转向。
- 电动车窗。
- 电动后视镜。
- 电动收纳式后视镜。

另一方面，为了实现未来汽车的高度智能化，进一步提升车辆的安全性及操作便利性，在日本运输省所推进的先进安全汽车（ASV）计划中，如下系统正在着手实用化。
- 车辆危险状态监控系统。
- 警告灯自动亮灯系统。
- 偏离车道警报系统。
- 自动回避事故系统。
- 发生事故时自动操作系统。
- 行车记录仪等驾驶操作。

目前日本政府及企事业单位联合，对上述相关的研究开发与新一代道路交通系统（ARTS）、先进道路交通系统（SSVS）、新交通管理系统（UTMS）等计划同时进行推进。

最终理想的运输形式是实现自动驾驶，在专用道路上实现载货汽车无人驾驶，既节省人力物力，又能确保安全和运输效率。

（iii）自动化业务处理　运输相关的业务处理大致可以分为运输计划（配车）和运输业绩。

（1）运输计划：对于运输来说，要想根据本公司条件、客户条件、运行条件、环境条件等高效率地运送物资，制订合理的计划是关键。运输计划系统可以利用计算机对上述条件进行处理，制订运输计划。另外，后续的基于AVM系统对车辆运行状态进行把握，提升装载率及顾客服务质量，确保合理配车及回程装载率的系统也已经出现在市场上。不过此类系统需要有高处理能力的计算机及通信媒体、通信设备等，投资较大。因此仅仅一部分大型厂家及大型运输业者采用了该系统，而更多的运输业者依然依赖传统的人工及设备进行作业。

（2）运输业绩：驾驶人的业务处理项目包括收货、交货票据的处理及完成并提交运输业绩报告。

票据处理时经常利用OCR（Optical Character Reader）进行数据读取，出差等情况下一般用便携式扫描仪进行扫描读取。

运输业绩报告以往都是驾驶人依照法规强制安装的行车记录仪和指定的记录专用纸进行记录。随着物流效率化及后勤保障化的发展，对计算机处理的需求越来越强烈，相关的报告也逐渐向电子化发展。而且车载设备不仅能够记录车辆的行驶状态，驾驶人还可以直接手动输入。运行管理系统就是利用电子化数据制作报告的系统之一。

目前的运行车载管理系统与法规强制安装的记录仪（模拟信号）如果都安装的话，对使用者来说就造成了重复投资。如果能够在现有记录仪速度、距离、时间三要素的基础上，增加制动次数、发动机转速、GPS定位等功能，整合成为数字式记录仪，那么就可以避免重复投资，通过计算机进行数据处理改进车辆运行状态。

b. 保管

实际的后勤保障中，实时对应还是有一定难度的，物资从生产到消费，要经过一定的时间，也就是说保管（库存）是必经的一个环节。

仓库、后勤保障中心、配送中心、载货汽车货站主要功能是保管。追求的是入库保存、运输配送等的省时省力、高效率化。

下面对仓库内用于物资保管的主要设备——货架进行介绍。

（i）电动流动式货架　利用移动式输送机移动托盘上堆积的物资等。

（ii）移动式货架　依靠电力可在地面轨道上移动的货架。

（iii）旋转式货架　通过货架的旋转移动使货物以最近的距离自动旋转至存取货拣货点。如图 4-23 所示，旋转式货架分为水平式和垂直式。该货架在存取货时不需要操作人员及装卸货机器在货架之间移动，既节省了人力又节约了空间。

（iv）自动货架仓库　也称作立体式自动仓库，是指在高层货架间以托盘为单位进行物资的存取。主要是通过塔式起重机进行操作，利用计算机远程控制装置自动进行存取货作业。其特点是借用建筑物的支撑柱作为货架结构的一部分，节约了建造费用，而且提高了单位面积的保管效率，具有便于库存管理和节省人力物力的优点。

c. 装卸

目前装卸货物主要还是依靠人工来完成，基于节省人力物力及效率化的观点来看，是最需要进行机械化、自动化的。

在上述运输、保管部分已经介绍了与装卸货相关的项目，这里仅仅对未涉及的内容进行一些补充说明。

（i）叉车　叉车能够完成取货、搬运、卸货、装货等多种作业，是最典型的装卸货机器。其种类也多种多样，是实现托盘化运输不可获取的，目前应用较为广泛。

（ii）起重机　起重机有天井起重机、夹钳起重机和桥式起重机等。主要用于装卸外形尺寸及重量均较大的货物。

（iii）输送机　它是单个或少量连续搬运大批量货物时使用的机器，优点是往复运行搬运货物省时省力。根据使用目的不同其种类也各式各样。表 4-2 为输送机的种类及用途概要。另外垂直输送机如图 4-24 所示。

表 4-2

输送机种类	用途
转鼓式输送机 轮式输送机	依靠重力或人力搬运较轻的货物等
带式输送机	搬运谷物、水泥等颗粒状物体及大块物体，搬运托盘货物、集装箱等成组货物等
链式输送机	搬运谷物、水泥等颗粒状物体及大块物体，搬运托盘货物、集装箱等成组货物等
挂吊式链输送机	向生产工厂组装生产线搬运零部件及半成品等
气动输送机	搬运谷物、水泥等颗粒状物体及大块物体
电动转鼓式输送机 板式输送机	搬运托盘货物、集装箱等成组货物等
牵引输送机	非动力式运输车自动运行等
垂直输送机 电梯	垂直搬运托盘货物、集装箱等成组货物等

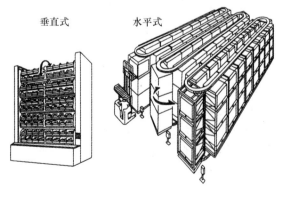

图 4-23　旋转式货架

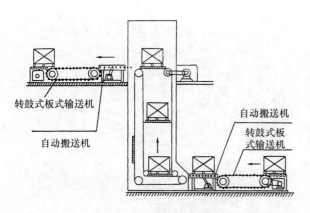

图 4-24　成组货物用垂直输送机

（iv）码垛机　这是向托盘装载货物用机器，有机械式码垛机和机器人码垛机等。图 4-25 所示的机器人码垛机采用了工业用机器人，可以自动装载不同种类的货物。

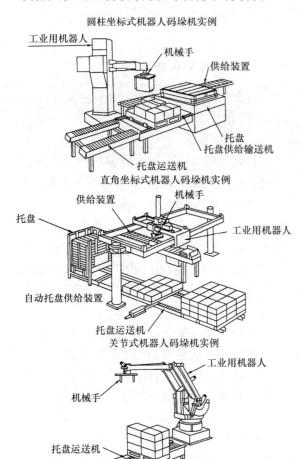

图 4-25　机器人码垛机

（v）自动搬运机　该搬运机器最近普及速度非常快，随着自动化和智能化的不断发展，逐渐由感应式向独立式发展。

（vi）自动分拣装置　应多种类小量配送及 JIT 配送等的要求，很多后勤保障中心开始引进高性能自动分拣装置。运输行业为了满足大宗客户的需求，开始普及高速分拣系统。而且为了处理不同种类的货物，还开发并引入了不同功能及形式的装置。

（vii）自动拣配　自动仓库及旋转货架与计算机等自动控制系统相匹配就形成了自动拣配。另外也有利用机器人进行成组货物或单品拣配以及与输送机联动的拣配系统。

这些自动化装置与读码器、扫码机、标签打印机等与计算机相结合，应用在实际作业中的各个环节。

d. 信息系统

支撑后勤保障活动根基的是信息系统。信息系统对社会变化、需求变化以及企业战略层面的重大决定等都有着举足轻重的作用。在社会变化日新月异的今天，信息系统的作用显得尤为重要。

（i）POS（Point Of Sale）　POS 系统于 1965 年上市，最早主要目的是作为记录仪使用，减轻零售商店收银员劳动强度及防止工作失误。现在除了这一基本功能以外，通过与终端计算机连接，能够快速准确地把握何种商品在什么时候销售多少等信息，在超级市场、便利店等广为利用。

（ii）条码　条码主要用于 POS 系统及商品识别，使用的较普遍的是 JIN 码，最近物流条码（ITF 码）也开始逐渐普及。这样既可以防止物流错误、简化商品检查作业，还能够提高配送效率。另外从发货人到收货人的整个过程都可以通过货物追踪系统对货物进行实时管理。

（iii）电子标签　电子标签装在车辆上，通过读取车辆信息及装卸货信息进行各种管理。如车辆运行管理及货物进出库管理系统、集装箱追踪系统、航空货物搭载管理系统、高速公路自动收费系统等。

（iv）AVM 系统 利用 MCA 无线、卫星通信等，在车辆与运输公司的运行管理中心之间进行数据交换等，可以对车辆位置进行确认、与车辆进行各种运行指示及报告的信息交换，提高运行效率。

（v）揽货、配送系统 利用 MCA 无线、卫星通信及网络等，完成各种收发货相关业务。如基础运输信息系统、返程配货调配系统、揽货配货自动调配系统等。

（vi）VAN（Value Added Network） VAN 是指合作方之间进行的基于企业间网络的数据交换，该网络服务附加了群发通信、通信速度转换、媒体转换、策略转换、格式转换等服务。

（vii）ISDN（Integrated Service Digital Network） 由于集声音、图像、数据于一体的 ISDN 的普及，单一 VAN 为主流的企业间网络逐渐向关联企业综合 VAN 发展。随着地区及行业的网络化不断发展，EDI（Electronic Data Interchange）系统出现在人们视野当中。另外利用相关信息进行产品利润核算的 DPP（Direct Product Profit）、进行产品费用核算的 DPC（Direct Product Cost）、在线订货 EOS（Electronic Ordering System）以及自动仓库、自动分拣、自动拣配控制等系统也越来越普及。

图 4-26 所示为此前介绍后勤保障中心引入的高效率自动机器及信息系统的示意图。

以上对后勤保障活动中省时省力、高效率的机械化及自动化的现状进行了介绍。而占主流的载货汽车运输业中，企业规模仍然以中小型企业为主。因此没有实力进行大规模设备投资，相应的上述自动化的引入也更迟缓一些。

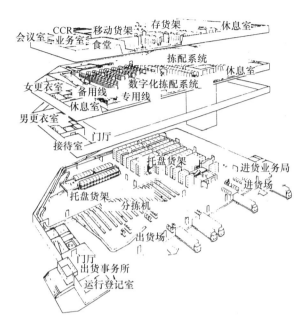

图 4-26 近现代后勤保障中心

4.3.3 自动化的课题

后勤保障自动化的发展过程中存在的课题如下。

a. 标准化

在装卸货效率方面，能够利用叉车、起重机、自动仓库、自动分拣装置等的成组货物的效果是非常明显的。标准化是实现多式联运和联合运输不可或缺的。虽然目前业界已经采用了 JIS 标准，但是所有的运输业者能够同时利用且使用方便的标准尚未形成。托盘货架、集装箱、收纳箱等的标准化亟待出现。

另外，上一节介绍的近现代后勤保障中心的实现和发展也寄希望于计算机自动机器控制，这也是建立在数据交换的基础上。因此策略及格式的标准化也是非常重要的。

b. 传感、控制技术

信息输入、物资及车辆的识别、驾驶及操作等一般均通过人的操作来完成。因此劳动力的负担非常大。对于已经进入老龄化社

第4章 物 流

会的日本来说是一个非常严峻的问题。

为此如何以较低成本提升以激光雷达为首的雷达性能、实现低成本图像处理技术的应用，开发新的障碍物传感器、重量传感器、电子条码等传感器技术并将其商品化是非常重要的。另外为了减轻人的负担，进一步减少运行及操作过程中人的参与度，也应该加紧相关的机械及电子控制技术法研究和开发工作。

c. 企业投资

对于自动化来说，如何将原来以人操作为主的装卸货作业向自动化作业转变是非常重要的课题。对于后勤保障中心及配送中心来说，引入自动货架、拣配装置及分拣装置，以及购进节省人力物力的自动化设备，能够提高作业效率、降低成本的同时，也需要企业投入很大的资金。为了节约资金投入，各个企业也在探索诸如通用化等改进措施。

d. 社会责任

企业引进省力化、自动化设备需要更多的资金投入。但是从事载货汽车运输的又大多是中小型企业，能够轻松进行自动化设备投资的也是少之又少。因此需要在相应的税制、资金制度，甚至包括企业间通用化、系统化等方面从社会的角度进行推进。

另外针对交通拥堵及环境破坏等问题也在持续的推进道路休整、行驶限制、尾气排放限值等法规政策，但是效果并不是十分显著。要想解决上述问题，当务之急是制订有效的社会性措施，彻底的进行社会系统的变革。

4.3.4 今后的展望

下面对今后的自动化展望进行说明。

a. 自动化、机械化

• 保管、装卸货自动化。随着后勤保障中心、配送中心内的自动化的不断发展，相关的机械及电子技术与信息系统的结合也越来越紧密，越来越智能化。

• 运输装卸货自动化。在原有的省力化机器及车辆的基础上，进一步开发更高效率的机器及设备。

• 驾驶辅助、自动化。车辆的驾驶方面，自动跟随行驶装置及自动驾驶装置在不远的将来一定会实现。特别是载货汽车运输大多是长距离夜间行驶，驾驶人的负担是非常大的，因此急需在载货汽车上应用先进的传感器技术、通信技术、控制技术等高度的机械及电子技术。

• 基础设施。车辆有的时候在行驶及工作时需要依靠道路一侧的设备。因此需要推进先进的道路设备、通信基础设施的完善，进一步提高车辆智能化及交通流控制水平。

如果不注重车辆与基础设施的协调，而仅仅单方面的关注某一系统，那么最终就会导致成本上升。因此最终开发出的系统需要对车及基础设施进行综合考虑，协调开发。

为此 ASV、ARTS、SSVS、UTMS 等的研究开发也备受关注，同时如何推进包含完善基础设施在内的全社会性政策以及政府、非政府组织及大专院校的合作也在金锣密鼓的进行。如日本运输生提出了"物流网络城市构想""人造卫星式物流配货点构想"；建设省正在研讨"后勤保障、交换构想"（图 4-27）等。

b. 信息系统

人们越来越意识到后勤保障信息系统的重要性。

• 网络化。公司内部各个操作点之间、各个合作商之间以及关联企业等的网络化在不断发展。今后随着通信基础设施及信息通信技术的发展，实现企业内部、企业之间的网络化及其再构建、并进一步形成地区乃至全国的网络化指日可待（图 4-28）。

• 通信媒体。MCA 无线、车载电话、卫星通信等移动通信层出不穷，服务质量和

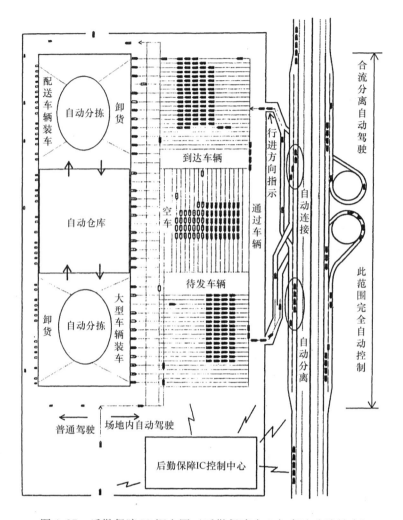

图 4-27 后勤保障 IC 概念图（后勤保障中心与高速公路结合）

传输效率也越来越高。不过这些通信媒体也存在很多问题，比如通信费用偏高、数据传输速度过慢、服务区域受限等。PHS（Personal Handy-phone System）、FPLMTS（Future Public Land Mobile Telephone System）、IRIDIUM 构想的开发及商用化，以及光伏高速通信网络等的迅速发展有望解决上述问题。

如果上述系统及功能得以实现，那么载货汽车运输业者将在现有媒体的基础上，进一步提升运输的效率、减轻驾驶人的驾驶负担、确保驾驶安全等。

本小节针对后勤保障自动化的现状及未来发展进行了阐述。

国民生活及经济活动中，后勤保障的作用越来越大，影响也越来越深远。而且后勤保障活动自动化所具有的意义也越来越重大。特别是对于流通业、运输业来说，摆脱 3K 现状是当务之急，而运输、保管、装卸货等劳动密集型作业的机械化、自动化是解决问题的关键所在。

后勤保障意义重大，已经超越了一个企业的经营战略层面，成为了影响社会整体战略决策的重要因素，更将成为被全世界关注的焦点。

<佐藤 司>

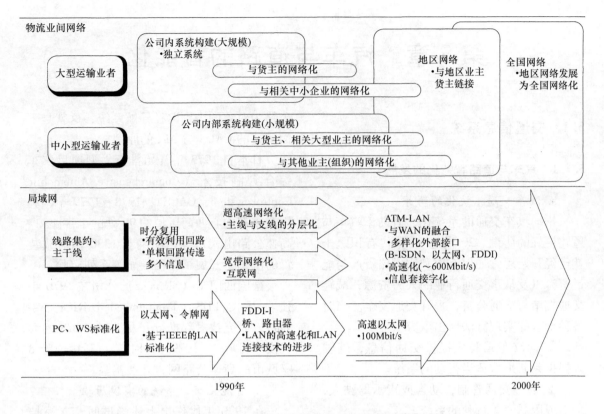

图 4-28 物流行业网火花与 LAN 的动向

参 考 文 献

1) 梶田ひかる：定義にみるビジネスロジスティクス，輸送展望，No. 225, p. 108-115 (1993)
2) 阿保栄治：ロジスティックス・システム，税務経理協会 (1992)
3) 阿保栄治：ロジスティクス，中央経済社 (1992)
4) 佐藤修司：生販統合化へのロジスティクス戦略，輸送展望，No. 227, p. 96-103 (1993)
5) 加藤光一：物流業界における情報化の現状と課題，輸送展望，No. 226, p. 80-89 (1993)
6) 湯浅和夫：ABC（活動基準原価計算）による物流管理の新展開，輸送展望，No. 230, p. 12-18 (1994)
7) 梶田ひかる：ロジスティクスの新しい分野，輸送展望，No. 231, p. 28-34 (1994)
8) トラック輸送産業の現状と課題（平成 6 年版），全日本トラック協会 (1994)
9) 梁瀬 仁：荷役合理化のキーワード，ファラオ企画 (1992)
10) 熊谷信昭：自動車用ナビゲーションシステムの現状と将来展望，技術図書出版 (1991)
11) 流通研究社：トラック運送に見るソフト開発とシステム化の実態，無人化技術，Vol. 29, No. 8 (1988)
12) 佐藤 司ほか：電子手帳を用いた運行管理システム，自動車技術，Vol. 46, No. 8, p. 25-30 (1992)
13) 阿保栄治：新版物流の基礎，税務経理協会 (1990)
14) 運輸省貨物流通局：新時代の物流戦略，ぎょうせい (1991)
15) 中田信哉：多頻度小口物流，中央経済社 (1992)
16) 佐藤 司：トラック輸送の情報システム展望，自動車技術，Vol. 48, No. 8, p. 53-58 (1994)
17) 自動車走行技術協会：スーパースマートビークル（SSVS）の開発と関連技術に関する調査研究報告書，機械システム振興協会 (1993)

第 5 章　汽车与道路的智能化

5.1　交通信息系统

5.1.1　汽车与道路智能化的发展

a. 汽车交通系统化的萌芽

推动汽车交通的系统化，有助于汽车与道路更好的协调。20 世纪 60 年代有识之士就已经开始思索如何有效利用道路资产与能量资源以及从事交通行业的人力资源，减轻交通拥堵与交通公害，提升交通安全。当时各种形态的实现方法层出不穷。

① 向汽车驾驶人提供交通信息，驾驶人根据判断采取适当行动的系统。

② 通过交通管制，劝告或指示驾驶人，指引或限制汽车行驶的系统。

③ 道路与汽车一体化，最终实现汽车自动行驶的系统。

为此美国等很早就已着手尝试开发全新的汽车交通信息、通信系统。

1966 年通用汽车公司（GM）开发系统 DAIR（Drivers Aid, Information and Routing）：

① 紧急救援时，驾驶人与服务中心之间借助声音或是符号进行双向通信。

② 根据交通情况、前方道路异常等声音提供信息。

③ 车载显示装置上显示道路标识。

④ 预设路径导航。

此系统与现正处于开发的各种系统在功能上基本没有差异。

1970 年美国运输省（Dept. of Transportation）发表 ERGS（Experimental 或是 Electronic Route Guidance System），其主要内容是通过各个双向的 SPOT 通信，构想以全美公路为对象的个别路径导航系统，这就是下面阐述的 CACS 与 ALI 的原型。

日本自 1973 年开始推行大型项目汽车综合管制技术（Comprehensive Automobile Control System, CACS），1978~1979 年，利用东京都中心西南区域约 90 处的十字路口、高速公路出入口等道路网与 1330 辆搭载装置的汽车，开展了路径导航等系列实验。

德国西门子（Siemens）公司在 1970 年独自开发 PDS（Programmed Driving System），研究技术部推行开发类似 CACS 的大规模项目 ALI。1979~1981 年，利用连接 8 座城市的高速公路网，开展实验。

b. 智能化交通系统的实现历程

在 1970 年代作出上述尝试时，支撑技术与社会基础尚不充分，并未立即过渡到实际应用。之后在日美欧各地域，智能化交通系统（Intelligent Transport Systems, ITS）曾历经多种探索。

（i）日本汽车信息通信系统　日本 20 世纪 60~70 年代，汽车迅速普及曾引发诸多问题，为此通过制定实施交通安全设施完善事业五年计划等，持续配置与完善全国性的交通管制中心，扩充收集、提供街道与城市内、城市间高速公路交通信息的机器，设置更多交通管制与信息化有关的设施。为跟踪 CACS 的开发成果，切实开发车路及车间通信、旅行时间测量等技术。另外汽车电子与控制技术在公害与安全对策中应运而生，80 年代车载 AV 机器随之进步，并开发出汽车导航装置。基于这些成果，日本在 80 年代已经开发众多的汽车信息通信系统。其中由建设省与警察厅分别主导的路车间信息系统 RACS（1984~1989 年）与新汽车交通通信系统 AMTICS（1987～1988 年），均吸引民营企业投入数十亿日元的资金，享誉国内外。

（ⅱ）欧洲高效安全交通（PROMETHEUS）计划与欧洲车辆安全道路结构（DRIVE）计划　欧洲从 20 世纪 60 年代开始研讨交通信号控制与交通信息提供、路径引导、道路收费制度（road pricing）等技术，然而实用化进展缓慢，电子与控制技术也并未积极引入到汽车上。为改善此类问题，PROMETHEUS 与 DRIVE 这两项计划应运而生，欧洲各国政府机关、大学、企业协作共同研究，以提高世界尖端技术的竞争力。PROMETHEUS 计划通过倡导汽车产业化，以汽车的信息化、高科技化为目标，1986～1994 年推进了 AI、微电子技术、车路通信、车间通信等七个子项目，尝试发展成为在整个欧洲共同论证。DRIVE 计划由欧洲联合 EU 主导，主要研究开发如何完善交通基础设施，第 1 期（1989～1991 年）主推研究与技术开发，第 2 期（1992～1994 年）同时并行多达 12 项试验计划等，紧接着推行第 3 期（1995～1997 年）计划。

（ⅲ）美国 ITS（IVHS）计划　在美国，道路交通的智能化萌芽于 20 世纪 60 年代，然而 70 年代至 80 年代前期，它被掩盖在宇宙技术发展等之中而未能进一步发展壮大，有关设施的完善也一再推迟。针对此情况，受 80 年代日本活动与欧洲计划的刺激，1987 年有识之士在名为 MOBILITY2000 活动中集结研讨后，提出 IVHS（Intelligent Vehicle - Highway Systems）计划，1990 年成立了致力于推动此项计划的组织 IVHS AMERICA。1994 年因所涵盖的领域扩展，IVHS 更名为 ITS（Intelligent Transportation Systems）。

此计划由美国运输省主导，以全美州际公路整备计划为契机，1991 年 ISTEA 法通过，联邦每年投入 2 亿美元预算，基于联邦政府与地方自治团体、产官学之间的协同合作，整合支撑美国社会的道路交通基础，通过转换军需产业的尖端技术与标准化活动，强化国际影响力。

ITS 计划以改善与加强道路交通的安全性、提升生产性、改善交通流、净化空气为目标，倡导以下七大系统：
① ATMS（先进交通管理系统）；
② ATIS（先进旅行信息系统）；
③ AVCS（先进车辆控制系统）；
④ CVO（商业用车辆运营管理系统）；
⑤ APTS（先进公共运输系统）；
⑥ ARTS（先进地区交通系统）；
⑦ AVSS（先进车辆安全系统）。

目前业已完成数十个项目与学术领域运用试验并进行解析与评价。当初保守预计 1995 年时会取得与日本的 RACS 与 AMTICS 对等的效果，今后能否取得更多引人注目的成果也值得关注。

（ⅳ）形成全球性 ITS 社会　美国 ITS（当初是 IVHS）AMERICA 始于 1990 年，欧洲各国政府机构与民间团体的联合组织 ERTICO 成立于 1991 年，为了推进实际应用，在分析战略与制订计划方案、评价与统一研究开发成果、进行标准化活动等一系列行动之后，第一届 ITS 世界会议于 1994 年 12 月在巴黎召开。日本为应对这些举措，于 1994 年 1 月成立 VERTIS（道路·交通·车辆智能化推进协会）。第 2 届 ITS 世界会议于 1995 年 11 月在横滨召开。ITS AMERICA 接连于 1996 年 10 月在奥兰多，1997 年 10 月在柏林召开全球性会议，围绕道路交通信息化、智能化活动的国际性 ITS 社会就此形成。

5.1.2　交通信息系统概要

a. 交通信息的目的

当旅行者驾驶汽车时，帮助驾驶与旅行的信息至关重要。道路标识与指示板、地图等作为传统手段广泛使用,有时会中途落脚或是在路上问路以获取必要的信息。暂且不论信息的时效性与数量、适应性等,随着信息化社会的发展,汽车信息处于欠缺状态得到广泛共识,对于交通信息的需求日渐增强。

对于驾驶人、旅行者而言,驾驶人通过眼睛与耳朵仅能获得局域交通信息,以采取更加适合的驾驶行动,提高驾驶的安全性与舒适性;而通过获得广域的交通信息,制定更具效果的旅行计划,则能够提升旅行的顺利程度与效率。

对于道路与交通的管理者而言,也是通过提供交通信息,实现交通的顺畅与减轻事故,提供更佳的服务来完成使命。并且提供交通信息首先需要收集信息,收集、处理、掌握信息也能够为管理者本身提供涉及计划建设、维护保养、运营管理等的全面有用的信息。

b. 信息的内容

除了常规的交通信息之外,还有众多关联信息,最近利用全新的信息提供手段以提供具备多样附加价值信息备受瞩目。

交通信息包括:

拥堵、事故与施工等。

发生地点或是区间、发生时间与预想持续时间。

时间、拥堵长度、延迟时间、闭塞行车道数量等程度、最佳路线与路线旅行时间。

关联信息包括:

风向、风速、降雨、降雪、雾、积雪、路面结冰等气象信息。

停车场的位置与空闲堵塞等信息,停车空间引导信息。

机场、港口、铁路车站等关联交通设施与渡口、公园与游乐设施等换乘有关的信息。

加油、餐饮、住宿等关联设施的利用指引信息。

各种活动有关信息。

c. 信息提供时间、地点与方法

交通信息提供时间、地点多样,具体如下:

① 旅行出发前(计划旅行时、临出发前):家、办公室等。

② 旅行中(行驶中、停车休息时):道路上、服务区等。

在旅行出发前,可以利用地图与新闻、收音机、电话、FAX等常规传媒手段(信息媒体)以及电脑的终端等。在出发后停车休息时也可以用这些方法获取信息。还可以利用服务区设置的公告板、信息终端等信息提供设施。

在车辆行驶过程中,需要交通信息系统特有的信息提供手段。原则上是从车外或是在车内,利用诉诸视觉或是听觉的组合,有四种手段:

① 车外 - 视觉。使用来自道路设施的色灯、记号、文字、图形等提供信息。文字与图形可变信息标志广为应用。

② 车外 - 听觉。使用道路扩音广播装置。

③ 车内 - 视觉。最近,显示(车载显示)装置因导航系统而广为应用。通过与地面通信,传递与表达交通信息。而为减少驾驶时的视线移动,还研究开发有表示前方画像的平视显示器(HUD)装置。

④ 车内 - 听觉。利用声音提供信息因给驾驶人带来的负担小而独具优势,汽车收音机播放、交通信息专用的道路通信等日渐普及。在利用车载电话时,需要设法保证连接、信息选择等操作对驾驶不造成干扰。

d. 交通信息系统的功能

交通信息系统是由实现收集、处理、提供信息功能的子系统构成。

交通信息收集系统的主要功能是利用车辆探测器、气象传感器等机器自动收集信息,管制员使用电视摄影机监视,与警车的无线通信、驾驶人通报等，同时附加来自其他机关的联络与信息传递功能。

交通信息处理系统自车辆探测器以100ms左右的间隔获取原始数据，对数据进行平均化与纠错等一次数据处理，算出1~5min间隔的交通量、交通密度、速度等各项交通量值的二次数据处理，求出拥堵长度、区间旅行时间等状况判定等处理。管理者对于情况判定的更改、建议与指示等与此重叠。

按照每位使用者的要求进行高度的信息服务时，会经由信息提供商之手，对这些信息进一步加工或是附加全新信息。

交通信息提供系统则是将收集与处理后的信息提供给上文曾提及的各种信息媒介与可变信息标志、车载收音机、车载显示装置等，或是以数据形式提供给其他进行这些服务的企业。

综上所述，汽车通信系统在交通信息收集与处理方面与其他系统存在诸多共同点。针对这些共同点，推进汽车通信系统与其他系统之间的共享或是多个系统的集成是很必要的。

5.1.3 交通信息系统案例

下面将着重阐述日本目前为止已经或即将实际应用的交通信息（提供）系统。日本在1970年前后经过不懈努力，无论是从技术上还是普及程度上，在世界上都处于领先的位置。

a. 基于可变信息标志的信息提供系统

可变信息标志（variable message sign）是指路上的道路标志（引导板）可变，传递每一特定时间段或是动态变化的信息。采取转动式、字幕式、磁铁式等限定单词与图案倒换的简单形式，基于发光单元排列，文字、图形或是光点图形的组合，显示出多样的信息。

(i) 文字信息标志 1970年前后，洛杉矶的圣塔莫妮卡高速公路上设置了16字2段英文的电光式可变信息标志的信息提供系统，该系统采用手动操作。同期，日本的首都高速公路与阪神高速公路上也设置了类似系统（图5-1）。1973年在东京高速公路上，率先施行了全程自动化的信息收集、处理、提供系统。该系统是可显示10个汉字（4个单词）信息，显示内容如下：

图5-1 文字信息标志（首都高速道路）

① 事件发生地点："银座"等。
② 事件原因："事故""施工"。
③ 事件种类："拥堵"等。
④ 事件程度："3km"（拥堵长度）等。

表示拥堵程度的量有拥堵长度、旅行时间（或是延迟时间）当前值或是预测值，最终使用的是拥堵长度的当前值。

信息收集、处理、提供的有关算法如下：

（1）每隔500m设置超声波车辆探测器，收集交通量、交通密度等数据，由此判断每个区间的拥堵情况（车速20km/h以内），算出每个事件的拥堵长度。针对事故、施工等事件的原因，应该核实并提取出管制人员的介入情况。

（2）信息标志所显示的事件分别用事件的重要度、事件发生地点与信息提供地点的关联度等指标表示，其乘积作为优先度，用于评定与选择优先次序。

最初，系统存在车辆探测器设置间隔大、区间长度精度粗糙、通信线路低速且容量小致使信息传递延迟大、拥堵判定简单导致显示的拥堵长度与使用者所期待的拥堵程度不一致等问题。受机器限制，仅能显示出优先级最高的事件，有时使用者受表象蒙蔽，会出现实际情况与预想不符的情况。基于此，为明确硬件与软件上的缺陷并且解决这些问题，采取了一系列改良措施，诸如车辆探测器的标准设置间隔为300m、处理时间的单位为1min、标志分两方面、显示拥堵的排头与末尾、修改拥堵长度以及优先度计算方法等之后，系统得以有效发展。

（ii）图形信息标志　图形信息标志是指用线图表示道路网络的主要部分，用颜色与长度表示拥堵等事件。在东京高速公路上，1980年前后，干线上自设置当初要求就较高，却在大小与成本方面存在问题。通过采用半导体发光单元与研讨使用者的视认性、理解难易性等，干线上或是行车道近旁使用的小型标志等的开发与普及得到发展（图5-2）。

图5-2　图形信息标志（东京高速道路）

（iii）旅行时间显示标志　相比拥堵长度，旅行时间信息属于客观并且精准的信息，当初也是备受期待，信息收集技术与仿真等预测技术的进步使得一切变为现实，基于1986～1990年所开展的研究开发成果，由文字与图形组成的旅行时间标志相继出现在街道、阪神高速公路、京都高速公路等之上。

b. 公路通信系统

公路通信系统（high advisory radio）是在公路上设置相对有限的通信区域，通过车用收音机的声音传递该地域特有的交通信息，也被称作是交通信息广播、公路路况广播等。同可变信息标志相比，具有驾驶人负担小、可传达大量信息的优势；同普通的收音机广播相比，具有仅在必需地点，高实时性传达必需信息的特质。

该系统借着1940年纽约世博会，设置在连接纽约与新泽西州之间的乔治·华盛顿大桥上，进行过公开展示等，历史悠久。1971年美国联邦公路管理局（FHWA）开始研究调查，1972年在洛杉矶机场设置实验管理局，进行周边公路、停车场、航班运行等情况导引。日本于1980年在国道17号线三国岭附近进行实验，日本道路公团1980～1982年进行研究调查后，经过试验运用，自1983年开始启用1620Hz的系统。现在全国街道、普通公路、城市间以及城市内的高速公路已经广泛应用。

图5-3所示为公路通信系统的构成。中心系统会基于从交通信息收集系统获取的交通信息、气象信息、其他等，选择所提供的信息与设定信息提供地点。然后在信息内容基础上，利用定型的文本式样与插入单词的程序库来自动编辑文本，应用声音数据文件来合成声音信号。数字或是模拟的声音信号被传送到设置在信息提供地点上的终端装置上，通过天线，以电波形式送至车用收音机。天线与普通的中波标准广播不同，主要采用效率不高的垂直偶极子天线、沿公路设置的平行双线或是泄漏同轴电缆。播送电力约为10W，播送范围约为天线近旁100m左右，受沿路限制，在不同地点使用同一频率能够传达不同信息。播送文本长度约为220字40s。在2km区间以时速60km/h行驶时，

自始至终能够重复收听两次。

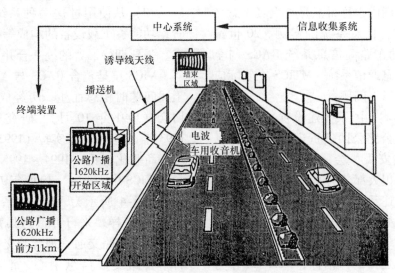

图 5-3　公路通信系统构成

日本导入类似美国的 HAR 系统与欧洲的 ARI 系统（利用 FM 广播，附带自动选择接收交通信息的控制功能的系统）相比滞后约 10 年。然后在沿着公路网有组织的配置大量信息提供区间的同时，实现包括文本编辑与声音合成在内的信息提供自动化，并且重视各区间的信息提供内容的整合性，不仅方便使用者，也取得了交通管理上的效果，构建出领先其他国家的系统。

c. 基于 ATIS 的交通信息服务

日本各都道府县的交通管制中心与高速公路的交通管制系统、与此连接的进行全国性交通信息服务的日本公路交通信息中心等，以往的服务形式都是使用者通过电话与 FAX 取得交通信息。近来，导入自动应答系统之后，如何提升服务与扩大使用范围亟待钻研。ATIS（Advanced Traffic Information Service）作为向东京道路使用者提供信息服务的一环，吸引了除东京都以外的众多商业出资，逐渐步入商业化，随着首都警察厅斥资 200 亿日元打造的全新交通管制中心投入运营，1995 年开始正式提供服务。东京警察厅交通管制中心与东京高速公路交通管制系统等负责收集信息，再经由日本公路交通信息中心传送至 ATIS 中心，数据在被处理、加工之后，通过电话线路传达、提供给设置在办公室与公共设施处的计算机终端。此外，也可以通过车载电话与手机为导航系统输入数据。

服务提供的信息包括普通道路拥堵信息、首都高速公路拥堵信息、路线耗时信息、事故信息、工程信息、禁止通行信息、匝道关闭信息、停车场车位信息、铁路信息、航空信息、活动信息、气象信息等。使用者身为 ATIS 的会员，需要准备终端设备并交纳入会费以及每月会费，享受有关服务。使用者如果觉得这一系统服务偏贵，则可以考虑英国的 Traffic Master 这一交通系统。不过 ATIS 具备有效利用公共交通信息收集系统的基础设施，能够发展成为适用范围广且大规模的系统的特征。

d. 道路交通信息通信系统

道路交通信息通信系统（Vehicle Information&Communication System，VICS）是日本历经 20 年对于汽车信息通信系统研究开发的收获之一,从 1996 年开始投入使用。在世界范围内也称得上是首次真正意义上实现先进旅行信息系统的案例。20 世纪 80 年代开发的车路间信息系统 RACS 与全新汽车交通信息通信系统 AMTICS 在实际应用之初,存在以下问题:

(1)在日本,国家(建设省)、地方自治体或是高速公路公团负责道路维护管理,各都道府县治安委员会(警察)负责交通管理,公团承担大部分高速公路管制的实际业务。目前上述系统对于具体道路与管理机关,尚未考虑如何现状进行整合。

(2)媒介(通信媒介)方面,RACS 属于进行局部通信的微信标;AMTICS 作为移动数据通信的形态之一,构思利用规划的远程终端。前者具有高性能,但是在早期实现上存在行政上的问题;后者难以尽早普及,实现困难。

(3)从使用过这两种系统的使用者来看,功能、车载设备的构成等存在较多共同点,强烈期待二者的统一合并。

VICS 正是整合 RACS 与 AMTICS 以解决上述问题时构思而生,历经成立 VICS 推进协会(1991 年 10 月)、研究开发(1991～1993 年)、公开论证实验(1993 年 11 月)实施、商业化讨论(1994～1995 年)的过程,最终 VICS 中心设立(1995 年 7 月)。

图 5-4 所示为 VICS 的系统构成概念。与 ATIS 一样,来自都道府县警察、高速公路公司等道路交通管理者的交通信息,经由日本公路交通信息中心,汇集至 VICS 中心,附加并加工其他的信息。再进一步通过各类通信媒介(媒介),传送至行驶中的汽车,通过车载装置传达给使用者。

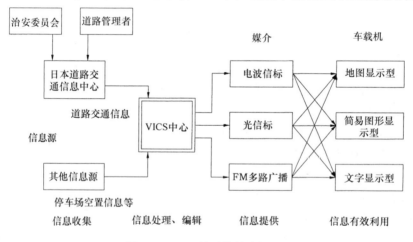

图 5-4 VICS 的系统构成概念

上述问题点的解决遵循以下原则:
① 获取自多个信息源的信息实现一元化。
② 利用多种媒介。

收集与传达信息时,充分利用包括公共机构在内的其他组织,根据社会性的或是使用者的方便性负担费用。所使用的媒介主要有微波与红外线信标以及基于 FM 多路数据广播。协调各媒介的构筑主体即公共机关所负责的对象道路范围与源自使用者立场的各媒介服务范围是今后有待解决的问题。期待在系统展开过程中不断探究,实现系统的长足发展。

5.1.4 交通信息系统展望

在致力于道路交通的信息化、智能化的过程中,交通信息系统从很早就得到关注,而日本更是从实际应用与研究开发这两方面出发，做着积极的努力。在美国的 ITS（IVHS）计划之中，先进旅行信息系统（ATIS）有加利福尼亚的 PATHFINDER 系统、佛罗里达的 TravTek 系统等，均已经完成实验并取得成果。进行这些实验时，特别是在 TravTek 系统上，并未拘泥于单纯提供交通信息，而是致力于综合性的旅行信息服务，诸如在陌生地域为旅行者引路与紧急支援、提供各种服务等，全力开拓运用高尖端技术的全新业务。

另外交通管理方面也并未拘泥于信息提供，而是通过动态路径诱导与信号控制的组合，提升交通处理能力，进而高效应对突发事态等，其今后的发展也让人倍感期待。

作为交通信息系统的实用化、高度化的实现过程，首先是要确立基础的交通信息收集功能，其次是基于系统的高功能化为使用者创造附加价值，导出使用者的费用负担与借助车载设备的系统支持，提升安心与安全及生产性等，实现 ITS 的目标。

〔高羽桢雄〕

参 考 文 献

1) 高羽禎雄：自動車の情報伝達と収集のシステム，自動車エレクトロニクス講習会，(社)自動車技術会 (1973. 7)
2) 高羽禎雄：自動車の情報化とその将来像，自動車技術会シンポジウム '90-No. 11, (社)自動車技術会 (1991. 2)

5.2 交通管理

5.2.1 道路交通空间的完善与运用

a. 道路的功能分级

道路网担负着形成居住、文化和教育、福利、就业、商业、工业、娱乐等各种社会活动与都市活动框架的作用。因此，应该根据城市构成构想道路网，然而现有的道路网与急剧发展的汽车社会之间存在较大的差距。为打造安全、顺畅的交通，首先应基于下述各道路的功能分级，从整个地域出发，明确道路使用方法所应具备的基本框架。

主要干线道路：全天以处理过境交通为主。

干线道路：高峰时主要处理过境交通，除此外服务出入临近地区的商业运输。

准干线道路：不问时间段，主要服务出入该地区的商业运输。

区划道路：主要用于临近地区居民的出入。

b. 地域环境完善

目前日本已经步入汽车社会，优质交通环境的首要条件是人车分离。以一个地区与地域为单位实现此原则是重要的基础。它是城市构造原本应有的样貌。纽约市的郊外住宅城市雷德朋打造的"雷德朋方式"是最早呈现出的理想状态。汽车围绕着住宅区仅能从引自集散公路的独头巷道（死胡同）进出。日本的一些新兴城市也采用了这种想法。

在现有市区内构造基础上，上述应用很难实现。可采取有机组合单向行车、禁止通行、右转车让行等各种交通规则，改良道路以及完善各种交通安全设施，令车辆难以在限定地区通过，排除车辆对于行人威胁的策略。此时的交通规则也被称为"TU 规定"。地区内的交叉口实际上呈 T 形路口，安全性高，此外驶入的过境交通流受 U 字形路径限制，唯有选择返回原来的主要干线（图 5-5）。该策略称为"区域规则"。除住宅区外，还适用于都市商圈等。

以上内容属于实现人车空间分离的战略性策略，其实在现实生活中，汽车不可避免地会在居住区出现，我们需要接受人车共存的事实，积极贯彻行人优先的战术性策略。

荷兰代夫特市 1972 年开始的"温奈尔弗"（Woonerf，意为居住庭院）最先实现了这种设想。行人可自由地使用全部道路

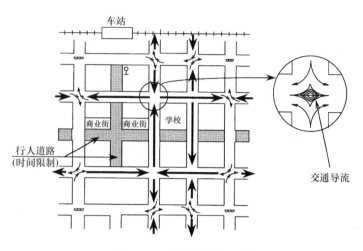

图 5-5 TU 限制的模型图

空间，当汽车路遇游戏的儿童会避让等待。为迫使车辆减速，采用如大的转弯、局部缩小路宽、减速带、陡坡以及街道铺装等设计方法。日本也沿用相同思路，不断完善交通安全设施等，推行名为"社区道路"的理念。但是在法律上社区道路的车行道并不是与人的共存空间。

c. 道路网的利用形态

欲实现上述策略，让汽车有效利用道路空间，道路网应做到合理利用，有效规划。具体做法是规范交通流，如单向通行、中央隔离线、限制右转（日本为左行）等。

（i）单向通行 单向通行拥有减轻交叉口的错综路况，消除对向复杂的交通流、减少横过马路的复杂性、有效利用行车道宽度、提升信号的系统效果等优势。不可避免也存在幅宽较宽道路上左转与右转的交织现象、路径迂回（特别是专线车）不利、或是高速公路出入口与站前终点站设施的改造等问题。随着条件改变，容易引发更多问题。单向通行的效果在城市内干线上尤为明显，但是也伴随着其他负面作用。另外在难以禁止停车与需要人车分离的地方，单向通行能够有效利用道路宽度，颇具效果，应用广泛。这也是增加变形交叉口容量的有效方法。有时还会对同一条道路实施上午与下午反向单向通行。

（ii）改变移动中央隔离线 一天当中特定时间段内，不同方向的交通需要呈现出显著不均衡（一般是2:1）的状态时，可凭借车道宽度的利用效率对应此问题，具体方法是改变移动中央隔离线。通常是以行车道为单位移动中央隔离线，此行车道的利用方向可逆，为此称作是可逆行车道。在上下4车道的行车道上，也有中央隔离线变移量不足1车道宽度的情况。

（iii）限制右转 在双向通行道路上，事故构成率中与右转车有关的事故占比较高。不仅仅是受对向行驶车辆影响等待右转而造成行车延误，经常还会受到同向直行车前进的妨碍。对此可通过右转专用车道与右转专用信号灯来处理，然而这些处理方法均会有损交叉口的交通处理能力。此时实行禁止右转，使右转车辆转向其他的路线，对整体而言行之有效。同时需要充分论证改变路线的右转车辆集中到交叉口、闯入小胡同、绕行距离增加等适得其反的效果。

d. 排除局部问题

基于上述运行策略，完善道路空间利用的战略性基础，进一步提升局部空间利用、车辆行驶容易度以及交通流的秩序性，为最大限度发挥交通处理能力而进行细节性的处理。

举例来讲，完善诸如禁止停车、停车带、车道构成、公共汽车优先与专用车道、右转与左转专用车道等车行道的横越路构成相关项目，完善诸如人行道、停车线、交叉口内导流路以及交叉口指示标志等平面交叉的空间相关项目等。

要求掌握如步行者、汽车、大型车等交通主体类别构成、沿路条件以及速度等交通流与环境条件的宏观状况同时，仔细斟酌如车道宽度相差 25cm 时无法忽视的将会造成的影响等。

5.2.2　限速法规

限制车速是确保交通的安全性与保护居住环境的需要。为此应向驾驶人指明适宜的车速目标。安全性旨在遏制事故发生、减轻事故发生时的伤害、消除对步行者等交通弱者的威胁。恰当合理的限制车速能够保证车辆之间速度的统一性，抑制事故发生。车速分布相对正态分布的背离程度可揭示出车速与事故发生率的关系。因此车速限制的合理性至关重要，不适当的车速限制将造成速度差异性大，成为诱发事故的主要原因。

通常依照法定车速与指定车速这两种方法来制定限速法规。法定车速是指按照法律规定，对不同类型车辆分别规定最高车速、最低车速。指定车速是指治安委员会与警察署长等根据道路标志与道路标识，指定最高车速、最低车速。

车速限制是基于在无信号与公共汽车站等影响的地方，在一定时间段（除雨天外）的速度（瞬间车速）分布的 85% 的数值，考虑道路、交通以及沿途环境等各项条件而决定的。

5.2.3　交通信号控制

a. 交叉连接位置的交通控制

针对同一空间内错综复杂的交通情况，可采取两种形式应对。其一是基于赋予某个对象优先权，以非优先方不妨碍优先方为条件，保证车辆行驶过交叉路口的规则运行。其二是利用交通信号，基于时间间隔明示通行权。前者属于"优先级类型"（priority type），通常会将宽广的道路或是交通量多的道路视为主要道路赋予优先权，其余道路视为次要道路。在有信号灯的交叉路口，为确保相对左转与右转车辆保持步行者优先与对向直行车辆优先，局部也会设置优先级类型的控制。不同于汽车专用道路与高速公路入口匝道或是干线之间的汇合处等，难以预测的普通道路交叉路口上的优先型控制，对于非优先方会实行临时停止控制。

在这种情况下，从次要道路进入的最大交通量即交通容量取决于主要道路的交通量，一旦交通需求超越该交通量，就会发生交通拥堵。次要道路的交通容量要远远高出实行临时停止控制时的情况。鉴于此，交叉路口的交通需求是否超越临时停止控制的交通容量是决定是否进行信号控制的基准之一。不过信号控制会带来等待时间（延误），也并非始终都是最佳方式。在交通需求低于临时停止控制处理能力的大部分范围内，临时停止控制的延误都小于信号控制，其效果显而易见。

当某处所发生的交通事故多具有通过信号控制能够排除的特性时，则非常有必要设置信号灯防止事故。

b. 信号控制方法

（i）信号控制参数　同时被赋予通行权的交通流集合以及与此相对的信号显示集合叫做"信号指示"。例如，如果在十字交叉路口，首先赋予南北方向涌入的交通以通行权则为第 1 信号指示；其次用专用绿色箭头表示右转交通则为第 2 信号指示；最后赋予东西方向通行权为第 3 信号指示等。

这些信号指示循环一周的时间称作是"周期时长"。在周期时长中，占据各信号指示的绿灯时长或是其比率称作是"绿信比"。

在一条线路上，让毗连的一连串信号机的信号指示同步工作，尽量让交通流避免红灯停止等待而是全程通过，在一定的适当的时机下保持协作的控制称作是"系统控制"。并且在这时，各交叉路口绿灯显示时机的相互偏差称为"相位差"。

(ii) 信号控制方式的分类　控制可采取多种方式。大致分为地点控制与系统控制。系统控制如上所述，相对于此，当与毗邻信号机距离较远，系统无法取得预期效果时（一般在 800m 以上），以及重视独立控制该交叉路口的周期时长与绿信比的效果时，在该交叉路口单独进行的控制称为地点控制。

这些都可划分为固定周期控制与交通感应控制。前者是指变动模式依据交通需求的日期与时间定型时，相应根据日期与时间选择所设定控制参数的方式。后者是指难以预测需要变动的时间或是对微妙的变动进行更为精细的控制时的方式。交通感应控制还可划分为微观感应控制与宏观感应控制。微观感应控制是通过检出各车辆或是步行者的到达情况来控制信号显示的方式。当以车辆为对象时也称为 VA（Vehicle Actuation）。宏观感应控制是指根据交通量与拥堵长度等交通状态量，对控制参数进行最佳的控制，可分为针对交通状态量、预先程序化、控制参数随时可选的程序化选择方式，与持续计算最佳控制参数值的程序形成方式。

(iii) 固定周期控制　固定周期控制的控制参数设定逻辑还包括经典逻辑的部分，可视为思考信号控制策略时的基础。形成等待队伍的车辆在绿灯放行时，交叉路口停车线的流率称为"饱和流率"。与此相对的到达交通量的比例意味着在处理其需要的基础上，分配最小限度的必要通行权，此时时间的比率。在同一信号表示上，针对按被赋予通行权的流入方向的交通流，上述比例的最大值叫做该信号的表示"必要信号表示率"或是"信号表示饱和度"。此信号表示饱和度的整个信号表示的和意味着最小限度必要时间的比例，这称为交叉路口的饱和率。

周期时长：信号一个周期的时间是由如操纵车辆使用的绿灯时间与绿灯亮起起动时与部分黄灯以及全部红灯时间等车辆处理上的不可用时间（损失时间）构成，最小限度的周期时长是损失时间/（1 - 交叉路的饱和度）。然而到达交通量每个周期并不固定，在某种程度上具有随机性，15min 或是 1h 的间隔屡次发生高于其平均需要的到达交通量。为此，上面提到的最小周期时长并不充分，容易发生过大的延误，倘若周期时长过长，应有的红灯时间也会变长，延误也会变大。因此存在一个延误最小的最佳周期时长。常用最基本的韦伯斯特（Webster）配时法求解，所得数值大概是最小周期时长的 2 倍左右。

以上是地点控制时的基本理论，在系统控制时是通过系统化的信号机群，将到达车流车群化，能够远远短于上述的周期时长才是最佳的。

绿信比：从前文记述的必要信号指示率的含义可知，各信号指示的绿灯时间是依据各信号指示的必要信号指示率，对从周期时长中减去损失时间后剩余的时间，按比例分配后所得的时间。因此整个交叉路上的每台车辆的延误都为最小。

相位差：在单向通行道路与双向道路上，优先对待单向时，下流侧的绿灯相对上流侧的绿灯仅延迟毗邻信号灯间的行驶所需的时间即相位差。在双向道路上，平等对待两个方向时，常采用毗邻信号的绿灯同时亮起的同步式相位差，或是一方显示绿灯，另一方显示红灯的交互式相位差。归纳来讲就是平等相位差。这种情况下，以周期时长与两信号间往返旅行时间为媒介来决定延误，基于此特性,决定是采用同步式或是交互式。以相位差为基础,考虑从交叉路上涌入该路线上的交通对于系统效果的影响等事宜,作出调整。

(ⅳ)微观感应控制

右转感应控制:是指在右转专用车道上运用右转专用信号指示。由于右转车的到达有着极强的随机性,在绿色箭头时间不足时,等待右转的车队会从其车道上涌出,妨碍直行车辆,反之绿色箭头时间过剩时,会损失整个交叉路口的时间。因此要根据每个周期的右转需求,控制右转绿色箭头时间。

参照图5-6,如果在右转专用车道上的车辆探测器位置上存在车辆,那么探测脉冲会上升。自其开始消灭起计时,在预设好的时间内,下一个脉冲上升,则进一步从该时点持续施加单位延长绿灯时间的处理;脉冲未上升,则到此停止绿色箭头,并且设有绿色箭头的最小时间与最大延长限度。

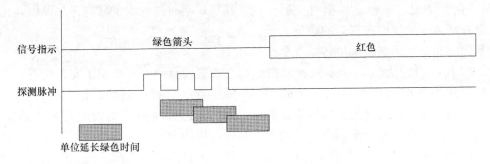

图5-6 右转感应控制的原理

简易半感应控制:通常是赋予主要道路通行权,当探测到次要道路的车辆或是步行者时,切换通行权。这时次要道路的绿灯时间固定在某一特定值上。

与右转感应控制相同的,根据次要道路的车辆探测脉冲,延长单位,称作半感应控制。主要道路采取同样处理时称作是全感应控制,不过很少使用。

步行者感应控制:次要道路上为探测到步行者时,缩短该步行者绿灯时间,减少主要道路交通的延误。

交通弱者感应控制:设置供视觉障碍者、身体障碍者、高龄者使用的按钮,当按下按钮时或是接收到来自交通弱者携带信号器发出的微弱电波时,以健全正常者的约1.5倍为目标,延长步行者绿灯时间。

公共汽车感应控制:探测到公共汽车时,延长(约10s)当前的绿灯时间以避免红灯亮起,或是在已经处于红灯等待状态时,缩短(约10s)红灯时间。

高速感应控制:当检测到不合理的高速车辆时,缩短下流信号机的绿灯时间或是延长红灯时间以迫使其在红灯时停车。

操作率最大化感应控制:相同绿灯时间之间,在等待车队放行时的流率上也存在偏差。以秒为单位,在停车线的上流计量通过台数,同时预测自此时点到数秒钟后的停车线上的汽车操纵率,求出汽车操纵率最大的时间点,终止绿灯,将通行权切换至等待下一信号表示的车辆方,实现拥堵时处理效率的最大化。

困境感应控制:根据面临黄灯时的车辆位置与速度,有时会处于无法安全停车也无法通过的困境,这个范围称作是困境区域。在上流定点测量车速,同时选择黄灯开始时点以避免车辆陷入困境区域,驾驶者决策容易且一致,防止车辆追尾或是异常接近。

列车感应控制:通过交通信号控制道

口，为防止车辆临到道口前一旦停止而导致交通容量下降，在道口近旁的信号交叉路口处，当列车驶近时，移至非横越道口方向上，防止处理效率下降。

（v）宏观感应控制 宏观感应控制是指在控制功能的性质上交通管制中心以路线或是控制面为对象，统一运用众多信号机进行控制。

交通状态量基于交通量和占有率（车道上一个地点被车辆占有的净时间的比例），分为两种情况，一种是根据对交通量与占有率分别加权的线性和得到的数值，另一种是利用饱和交通状态的数值将二者分别标准化，取其中的较大值。在非饱和状态下，交通量能够更准确地表示出需求的程度，如果达到饱和，那么交通量的数值就会达到顶点。另外占有率在近饱和以上的状态下，应根据等待的车队，充分增加感应度。此状态量很好地利用了这些特性。

另一个状态量是用饱和流率除以交通量与等待车辆数的和所得出的负荷率。还能够表现出非饱和信号指示的饱和度概念以及过饱和状态的程度。

绿信比的控制：重要交叉路口的绿信比控制通常采取下述三种方法。方法一是基于交通量与占有率，决定与状态量的主要道路与次要道路的比率6成分别对应的绿信比的模式，并从中进行选择。方法二是使绿灯时间与各信号表示的负荷率成比例，并非模式选择而是连续计算绿信比。方法三是过饱和交通的控制策略之一，控制每个周期的绿信比以实现主次道路的旅行时间之比为政策性规定的数值，故主要是基于等待车辆数与饱和流率，计算实际时间。

周期时长的控制：在街道网的统一周期时长上，以能够运用的最佳信号机群作为一个系统控制群，称作子区域。交叉路口群以共同的周期时长控制，会随着交通情况发生改变，故子区域也是动态变化的。最佳的周期时长是以始终共同的交叉路口群作为构成子区域的单位区域，根据这些周期时长是否大致相同（10s以内的差异），随时对毗连的单位区域进行离散或是聚合，随意形成子区域。单位区域的周期时长取决于其核心的重要交叉口。

相位差的控制：根据各方向的交通状态量的比，基于模式选择方式决定平等相位差、上行优先相位差、下行优先相位差的方式。此时相位差值与周期时长有关，应保证其与周期时长的水平联动，加以模式化。

5.2.4 交通管制系统

交通管制中心规定了完善交通安全设施等设备的紧急措施法，根据共同法实施细则，交通管制中心的设施意在"收集与分析及传达主要道路交通有关信息，操作信号机、道路标志及道路标识，以及对于警察与交通巡视员施行一体化有机的交通指令"。总而言之，交通管制系统具有三项有机功能，一是在上节曾记述的交通法规下，能够随时适应交通状态，动态运用其状态并且控制交通信号，二是对所需要的信息进行收集、分析，三是提供信息以辅助道路使用者的自律行为，创造最佳的交通状况。其基本功能如下：

收集交通信息：信息来源除道路网上设置的车辆探测器等交通计量系统之外，还有重要地点设置的电视摄影机、巡逻车、警察署与派出所、直升机。最近全部采用车辆探测器计量交通流，仍属于点计量范畴。随着横跨较长路线区间的旅行时间信息需求日渐增强，开发了从车辆探测器的输出信息推测交通流的平均旅行时间的算法，以及汽车牌照自动读取装置，导入可直接计量每辆车旅行时间的系统（AVI）。

集中控制交通信号机：以全面联合道路网信号机的系统控制为核心，实行包括各种微观反应在内的控制。

集中控制可变标志：操作设置在重要地点的集中控制式可变标志，以应对交通故障等，随时变更交通限制内容。

提供交通信息：整理管制中心收集的信息，以收音机广播、电话、公路通信（频率1620kHz）系统、可变信息标志（文字与图案表示交通状况、限制标志等图案表示）等为媒介提供所收集的信息。

分析与积累信息：分析与积累信息，有效用作交通年预测、灾害时的交通对策、评价与研讨交通运用等的参考资料。

图5-7表示的是交通管制系统的标准化软件构成。

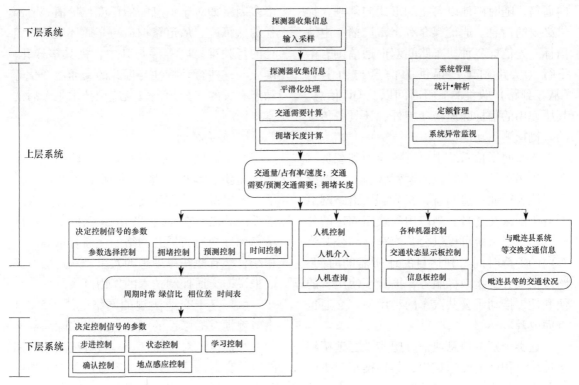

图5-7　交通管制软件构成

5.2.5　交通管理智能化展望

综上所述，交通管理实施形态可归纳成为交通法规、交通信号控制、交通信息提供三大支柱。交通法规是形成交通场景的基础，是构成交通空间资源得以高度利用的基础。信号控制无非就是时间资源的高度利用。交通信息的作用是支持使用者有效选择道路空间，辅助制定出发时间等出行时间计划，有助于空间资源与时间资源双方的高度利用。电子、信息处理、通信技术等发展推动着交通管理技术高度智能化，或将为目前的道路交通的概念带来一大改变。我们正在为交通管理智能化这一梦想的实现而不懈努力，课题本身尚处于摸索阶段。具体如下：

a. 基于信息提供的交通引导

为驾驶人提供道路网的复杂状况，防止交通需求的不适当集中，作为交通运用的手段之一，占据着重要的位置。对此，首先要确认现在所使用的可变信息标志等的有用性，其缺点是无法单独应对每个出行的OD（起点、终点）。

作为解决对策，事先就已导入了有关系统。针对搭载计算机与导航的车辆，通过电话线路，按照需求，提供到达目的地的最短时间路线与代替路线的旅行时间、施工与事故的信息、停车场空满信息等。1994年2月第三部门启用ATIS服务，该系统的信息是基于当前交通管制系统所收集的信息。1996年春季，道路交通信息通信系统（VICS）服务启用，系统旨在借助车路间双向通信，随时随地以希望的形式向驾驶人提供必要的信息。通信媒介有多重广播、电波信标、光信标三种。车路间双向通信则有由下行（从路到车）提供的信息与由上行（从车到路）收集的旅行时间以及OD信息。其所使用的信标除通信功能外，还具备传统的车辆探测器功能。

该双向通信系统也可有效应用到载货汽车、出租车等运输行业的运营管理上。系统不仅能为行业创造利益，充分利用道路网更助益于削减交通量。当应用到线路固定的公交汽车上，系统可提供公共汽车站与公共汽车内的等待时间与到达目的地所需的时间、路线衔接方案指南等服务，提升了使用者的便利性，推动了公共汽车的利用率，交通也进而改观。

这类个别的信息通信有望实现远远精细于传统且积极的交通疏导，其根据车载机的普及水平分为几个发展阶段。在普及率较低的初期，提供当前交通状况下的旅行时间信息；普及率进一步提高，则会提供极为细致的信息，而且会考虑对提供信息的结果作出计算后，再行提供信息。最终，交通诱导系统的目标是要实现全部用户的优化（对于任意一组OD而言，代替路线的旅行时间都是相同并且最小的）与系统的优化（网络的总旅行时间最小）。

基于OD路径目前状况而提供旅行时间信息的系统，随着普及率的增加，不仅是搭载车载机的车辆，未搭载车辆也将受到恩惠，网络的总旅行时间在减少。仿真结果显示当普及率超过40%，其效果会达到极限或是所需时间减少。

交通管理方面借助双向通信获得的OD信息，随着普及率的增加，其数量与可靠度也攀升。如上所述，伴随着普及率的增加，交通诱导技术智能化所需的环境日趋完善。但是在驾驶人对路径的认识、偏好、选择等一系列的过程之中，除旅行时间以外，还有诸多因素如对于信息的信任度与价值观、路径的熟练度、从道路构造与交通环境判断路径的行驶难易度等参与其中，极其多样化。确立与这些行动特性与据此的交通流变化等动态有关的充分知识以及应用技术是今后的紧要课题。

b. 交通控制

基于提供的信息有效利用道路网时，在网络需要容量的比率即饱和率为1.0条件下，效果最佳，饱和度越是高或是低，效用越低。总之，在交通稠密的道路网上，利用信息诱导交通与提升网络的交通容量等手段相结合，有望获得理想的效果。从这层意义上来说，交通控制技术的作用巨大。

（i）基于交通法规的网络应用 5.2.1小节曾提及战术性的完善空间以排除局部不和，我们应该对按照禁止右转等道路网运用的有关交通法规提升网络容量的可性能加以关注。可通过给出的道路网、OD模式以及驾驶人的路径选择特性求解出答案，但是目前尚未以交通网的容量为评价基准来战略性地确立交通法规制定技术。该技术或将始自线下的制定，但是事故等突发事件检测技术开发的日益发展，或会发展成为与线下联动的线上运用。

（ii）交通信号控制 控制策略方面，驾驶人在选择路径过程中需要路过饱和流率高的交叉路口入口时，那么应侧重基于交通网容量最大化有关概念所提出的控制策略。为实现饱和流率高的入口处的延误小于饱和流率低的入口处的延误，会设定绿信比，因此应该导入交通网最佳化策略，而非目前采用的局部最佳化的策略。绿信比的计算原理是令绿信比与竞争入口处的等待车队长成比例。

以周期控制为目标的实际交通需求的计量、预测问题尚未得到解决。如果能够事先掌握抵达目的地所需时间的变动情况，那么根据 LP 等方法，可以对每个周期的绿信比进行设定，例如使峰值 1h 的延误减小到最小限度。遗憾的是尚且无法捕捉该变动情况，目前可行的方法是以固定周期控制中过去统计的平均需求（以 1h 为基准）、或是交通感应控制中近期的过去数个周期的时间内所计量的需求作为计算对象。无论是哪种方法，所使用的都是过去测量出的交通需求。因此，与当前需求最具关联性的就是空间上存在的车辆数，故应考虑在此基础上开展控制理论。美国在 30 年前已经实验性地揭示出按照此方法或是前述的交通网容量最大化的策略，把等待车队长度作为状态量，每个周期仅为起车操纵车辆分配绿灯时间的控制的优越性。其中的关键问题是正确并且实用的计量等待车队长度与存在车辆数的技术。目前，正在尝试导入图像处理技术。

我们还期待充分使用线上 OD 信息的控制。战术性的交通感应控制中，如前文所述的精度良好的微观交通需求预测是最终的解决手段。对此，OD 信息是战略性的，并且在政策性的介入控制领域，占据着极其重要的位置。例如，德国应用的技术是基于 OD 信息，对系统控制路线网的树形结构进行加权，动态决定系统控制的优先顺序。上文记述的基于交通法规的网络应用也是案例之一。

为排除信号交叉路口的错综问题与确保安全性，也进行了积极的技术开发。在现行的信号控制中，存在与右转车相对的对向直行车、与左右转车相对的横过路步行者优先的规定。而通行权的决定依托于驾驶人的判断。因此，驾驶负担、错综复杂的境况、甚至是事故的潜在性不可避免。并非是对向直行车与横过路步行者越多，错综发生率越高这么简单。实际上存在错综发生率最大的是对向直行流率与横过路步行者流率的领域。因此，一边计量这些流率，一边在危险度高的情况下，不给左右转车辆驾驶人强加判断负担，应用专用信号表示，进行感应控制。

把车路间信号纳入信号控制的实际应用实例有路线固定公共汽车的系统信号控制。具体方法是路线固定的公共汽车基于系统信号，上升至所谓的 GREEN WAY（绿色通道），能够无停歇的通过交叉路口，在向公共汽车指明与此相适应的推荐速度同时，沿着路线，连续的进行延长绿灯、缩短红灯的调整（传统的公共汽车感应控制仅限于单一的交叉路口），目前正在进行实证实验。

c. 复合技术的期待

总而言之，随着交通流的测量技术、道路使用者的交通行动模型，以及交通动态预测技术等交通科学各领域的综合性进步，会为交通管理带来技术革新。例如，利用传统型的车辆探测器输出与旅行时间计量技术的连锁，每 5min 对从现在起出发车辆的旅行时间进行简单的实际时间预测。目前为止交通管理技术突破的最大屏障即推测 OD 交通量矩阵的实际时间，我们无需等待车路间双向通信的普及，根据车辆探测器计量的交通量与 AVI 计量的旅行时间，也可当做是算法。其实际应用亟待确立驾驶者对于路径选择特性的想法。

在管制系统中，缺少应对政策性的需要与突发异常时等自动控制算法中未包含场景的由人来准确干预的功能。当然，应该在不断积累经验与学习的基础上，持续进行系统改善。在各项技术发展的支撑下，该干预技术也有望积极作用并且取得进步。

〔池之上庆一郎〕

参 考 文 献

1) 鈴木敏雄：交通規制対策の考え方と実施例，第 31 回交通工学講習会テキスト，(社)交通工学研究会 (1983)
2) F. V. Webster：Traffic Signal Settings, Road Research Technical Paper, No. 39, London, HMSO (1958)
3) (社)交通工学研究会：交通信号の手引き，交通工学研究会，p.57-82 (1994)
4) (社)交通工学研究会：道路交通の管理と運用，技術書院，p.173 (1987)
5) H. S. Mahmassani et al.：System Performance and User Response under Real-Time Information in A Congested Traffic Corridor, Transportation Research, Vol.25A, No.5, p.293-307 (1991)
6) 小野 学：一般道路網における経路誘導に関する基礎的研究，日本大学学位論文 (1990)
7) M. J. Maher and R. Akcelik：The Re-distributional Effects of An Area Traffic Control Policy, Traffic Engineering & Control, Vol.17, p.383-385 (1975)
8) M. J. Smith：A Local Traffic Control Policy Which Automatically Maximizes The Overall Travel Capacity of An Urban Road Network, Traffic Engineering & Control, Vol.21, p.298-302 (1980)
9) Gerlough and Wagner：Improved Criteria for Traffic Signals at Individual Intersections, National Cooperative Highway Research Program Report 32, TRB (1967)
10) M. Koshi：Transportation and Traffic Theory, New York, Elsevier, p.633-652 (1990)
11) 斎藤 威：信号交差点における交通錯綜とその軽減方策に関する基礎的研究，日本大学学位論文 (1994)

5.3 驾驶辅助系统

为了大幅降低交通事故，从车辆驾驶的各个环节中消除占据多半原因的人为错误非常必要。具体对策有自动驾驶系统，把造成事故的人本身置于驾驶的各个环节之外；另外还研究和开发了驾驶辅助系统，用机器监视人的驾驶从而降低错误发生率。如图 5-8 所示，把驾驶辅助系统分为感知、判断、操作等各阶段，对目前的技术动向与课题进行说明。图 5-9 表示近期的开发实例，即 ASV (Advanced Safety Vehicle) 试验车。

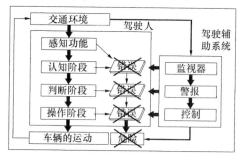

图 5-8 驾驶辅助系统的目的

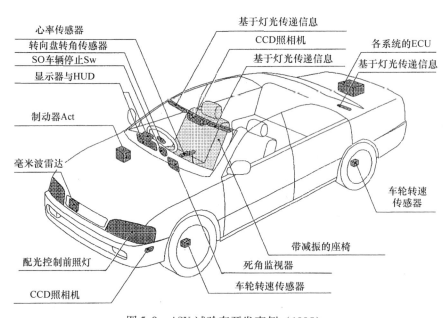

图 5-9 ASV 试验车开发事例（1995）

5.3.1 认知辅助系统

在诱发事故的错误中，最多的是认知阶段的错误。一直以来，确保驾驶的直接视野都是重要的基本技术。随后附加的视觉辅助系统成了确保倒车时后方视野、交叉路口左右视野与夜间周围视野的有效手段。其中确保夜间视野是降低死亡事故的重要措施。最近,夜间事故的死亡人数占到白天的30%以上。据说交通量增加,危险度会增至2倍以上。为此开发了利用红外线摄像头的夜视系统、通过紫外线照射使含有荧光体的行人衣服和道路标志可见的前照灯、配光控制前照灯等,作为应对这种情况的认知辅助系统。图5-10表示的是配光控制前照灯的结构。在此系统中,即使是使用频率最高的短焦灯,在不给前车、对向车带来眩目感觉的范围内,会自动提高光线照射高度,尽可能照射到远方,而且能够根据道路线形,在弯道处,前进方向上会事先配光。其效果是在与对向车错车时,前方视线距离能够延长至以往约2倍。

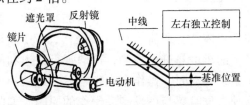

图5-10 前照灯配光控制系统

另外,此认知辅助系统已经实用化的产品有利用超声波的距离感应器、小型摄像头安装在车辆后方的后方监视器。近几年,这类停车时的驾驶辅助装置快速地普及起来。

理由之一是对于驾驶人而言,其辅助效果非常明显,然而使用便利性与成本仍是有待解决的课题。以夜视系统为例,在雾天或是雨天,大家都视野不佳的情况下,只有使用辅助系统的部分车辆会高速行驶,预计这类新的危险正处于增加阶段。因此系统在导入市场时,必须考虑到其对整个交通环境的影响,并非单个技术性课题的影响。

5.3.2 判断辅助系统

判断辅助系统是指从周围的行驶环境信息息,推断出驾驶人处于危险时,通过声音与显示等警报,督促驾驶人正常驾驶操作。在此领域内,开发了应对各类事故形态的警报系统。

在日本,高速公路与普通公路的追尾事故的比例比较大,很早之前为了防止此类事故发生,就已经开发了有关系统。近几年,围绕着长时间行驶频率比较高的货车,开展了追尾警报的实际应用。它所使用的传感器是小型且低成本的激光雷达,开发课题主要是耐天气性的提升与污染对策(表5-1)。另外车用电波雷达也颇具前景,在欧美已经成为开发重心。在日本,发布了使用毫米波的警报系统,邮政省正在主导电波频率分配(60、77GHz波段)的研讨工作。

表5-1 追尾撞警报用激光雷达

		A	B	C	D
激光雷达	外形大小	194mm×87mm×120mm	200mm×75mm×116mm	200mm×52mm×140mm	140mm×70mm×105mm
	激光峰值功率	15W	14W	25W	20W
	距离/精度	99m/±4m	100m/±4m	99m/±2m	80m/±2m
系统	警报距离	乘用车只有"近"		货车、公交车"远""中""近"三个级别	

报警时机引起的误报警、未报警是追尾事故的主要原因,因为可回避危险的极限时机不仅与前车保持相对运动关系,而且每个驾驶人的观点和意识水平也各不相同。仅通过雷达信息进行报警的系统,根据驾驶人反应时间这一前提条件,会出现无需回避的误报警与报警时机延误的未报警等情况。为了提高报警的精确度,驾驶人监视技术不可

或缺。

人们曾多次探讨通过机器监视车辆后方与侧方的死角，对危险的行进路线变更进行报警的系统。图5-11是其中一个事例，此系统通过雷达检测、报警（A）从远方高速接近的车辆（B）近处的车辆（C）死角处的车辆，对于一般的行车安全是有效的。主要课题是要求所使用的传感器具有识别目标车辆与侧方道旁物体的功能，以及考虑情况（A）时前进道路变更的富余度，要求长距离的检测范围。

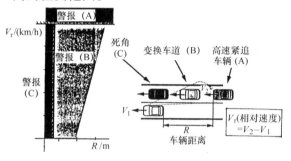

图5-11 变换车道警报系统

在事故形式中，比较常见的还有撞击道旁物体，主要原因是打瞌睡或者操作失误等，因而开发了检测与报警驾驶人无意识脱离路线的系统。此系统最重要的是行车道路识别技术。目前行车道路的定义是由白线包围的部分，围绕着利用画面传感器来识别展开了多项开发，以各种方式研究了识别方法，其中部分已经投入使用，但是在性能上有限定使用范围等限制，许多作为汽车传感器的开发要素得以保留。课题的主要项目是在复杂行驶环境下灵活的识别功能、大规模识别运算的高速化、画面设备的动态范围扩大等。将来基于同基础设施之间相互通信的综合性识别技术会变得重要起来。

5.3.3 操作辅助系统

此领域有辅助驾驶人操作的系统与代替部分操作的系统。在前者中，ABS（Antilock Brake System）与TRC（Traction Control System）比较普及，近期正在开发基于各轮制动控制防止车辆打滑的系统、紧急情况下提高制动压力的系统。另外，后者在各国未来即将开发的交通中居多，ICC（Intelligent Cruise Contrlo）与自动制动就是这类系统，21世纪有望大范围的普及。

ICC在巡航控制上增加了与前车之间距离和相对速度的信息，通过节气门开度与制动控制防止追尾。同警报系统一样，也应用了雷达传感器，控制车辆运动时，障碍物的方向也是重要的信息。因此雷达传感器运用多重波束与扫描波束，并且与检测行车道路的画面传感器组合而成系统也已经投入使用。在ICC的实验结果事例中，以往频繁增减巡航设定车速的操作可以降低到1/10以下。相反，同以往的巡航控制相比，通过制动操作进行控制的中断次数增加。驾驶人要预判整体的交通流进行增减操作，ICC仅是基于前车信息进行控制，遭遇强行并道和前车紧急制动时，操作会产生延迟。这被视为驾驶人危险感与诱发制动操作的原因。如此说来，同可以检测整个交通流的基础设施进行协调控制是十分必要的。

自动制动有望成为有效降低事故的系统。较为理想的是涵盖转向控制的自动碰撞回避系统。目前只有制动控制系统成为实现。表5-2是利用ASV开发的系统的工作实例。

表5-2的系统在进入最终的制动操作之前，通过报警引导驾驶人的回避操作。主要课题是驾驶人操作与车辆控制的干涉问题。例如，在第二次警报阶段，可以通过转向操作来回避。在三次警报阶段，急转向带来的车辆姿势变化会对周围监视传感器的感知性能产生影响。而且路面状态的变化也很大程度地左右着系统性能。从这些方面来看，无法期待自动制动具有完全回避事故的功能。有建议指出以降低事故发生时的伤害程度为目的，考虑可减轻撞击的制动。

表 5-2 自动制动器工作事例

警报	目的	内容
一次	确保安全的驾驶余地	车间时间为 2s 时进行注意警报
二次	示意紧急躲避行动	0.8s 以内,制动器操作警报
三次	最大减速度的制动器操作(自动制动器工作)	0.2s 以内,紧急制动警报

5.3.4 驾驶人监视系统

正在开发的防瞌睡系统是驾驶人监视系统之一。此系统旨在检测驾驶人的意识降低状态并且进行报警与采取各种清醒措施,主要开发项目是意识状态测定与清醒技术。表 5-3 对意识级别的测定方法进行了分类。如果运用生物体信号作为检知信息,那么从其他的间接信息里可以推定正确的意识级别。传感器的可靠性与非接触检知等是实际应用中应该解决的课题。

表 5-3 意识级别推断法

检测技术	检测对象
生物体信号	脑电波,心电,心率,皮肤电势
生物体反应	闭眼周期,头部位移,握力
驾驶操作	加减速操作以及转向模式
车辆状态	车速/加速度/横向位移模式
强制反应	对于周期性信号的反应时间
驾驶状态	驾驶时间,行驶距离,天气

5.3.5 实际应用的课题

此处,阐述一下驾驶辅助系统在实际应用上的课题。很早之前就已经开始研究与开发具有周边监视及驾驶人监视的系统,但是尚未广泛普及,其中存在若干技术上与社会上的课题,主要事项参见表 5-4。

表 5-4 驾驶辅助系统的主要课题

技术性课题	社会性课题
• 识别/判断技术	• 意见一致
• HMI	• PL
• 成本	• 标准化

a. 技术性课题

(i) 识别、判断技术 驾驶辅助系统的性能主要取决于该项技术。迄今为止,作为视觉技术开发了军事用机器与民用机器人。应用到汽车上时有以下课题:

• 多样的探测对象:主要对象有汽车(轻型卡车)、两轮车、步行者,以及路标与道路尽头等。

• 复杂的行车环境:道路有多个行车道,而且有转弯与交叉口,目的地被路旁一些无用物体包围。

• 广泛的使用环境条件:除了降雪和浓雾等的天气变化之外,使用温度和湿度的变化也很大。

针对这些要求,目前主要的周边监视传感器存在的课题可总结为表 5-5。

表 5-5 周边监视传感器的特点与课题

激光雷达
○在大小、成本、法律约束方面有利
●应对恶劣天气和污染的能力弱,使用范围有限制
毫米波雷达
○对于天气适应性好,表面可以加上罩板
●高频电路,波束控制在技术上存在较大难题
画面传感器
○信息量大,不选择检测对象
●发光强度变化弱,需要高度的识别处理

从表 5-5 可知目前并没有满足所有要求的汽车用视觉传感器,而将来用一种传感器使所有条件成立也是非常困难的。今后组合不同种类的多个传感器,弥补相互的缺点的系统开发十分必要。

在判断技术方面,今后的主要课题是回避与驾驶人的危险感不一致的警报、同驾驶人操作相干涉的控制。其原因之一是驾驶人的驾驶状态左右着碰撞的危险性,为了解决此问题,可考虑如下方案:

• 开发正确检出驾驶人溜号与意识级别的有关技术。

● 导入适应紧急情况下个人操作特性的新控制等方法，需要基于驾驶仿真解析人的特性与同实际的事故数据对比。

(ii) HMI（Human Machine Interface） 不同于飞机和火车，汽车驾驶人通常都是普通的驾驶人，在驾驶特性和训练程度方面有着很大的差别。对于如此的驾驶人，为了尽快从预防安全系统中传达正确信息，需要在HMI上作出全新的尝试。

作为信息传递手段，从大的方面分为视觉、听觉、触觉的HMI。为了使这些有效发挥作用，相互协调工作是非常重要的。以导航为例，据说若在显示地图时增加声音引导，驾驶人关注画面的时间和次数可减少30%。图5-12表示的是参考这些的驾驶辅助系统的HMI构成事例。显示系统会在驾驶人最早认出的地点，显示容易识别的符号，同时用语音提示具体的操作。为了引导驾驶人正确操作，同时会实施操作系统的反作用力控制。通过如此协调控制的HMI，对于那些溜号与意识级别下降的驾驶人，也能够诱导其进行回避危险的操作。

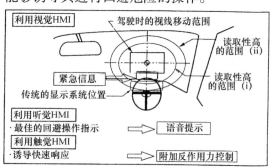

图5-12 冲撞回避系统用HMI

(iii) 成本 推动实用化的因素之一是优势与成本的平衡。驾驶辅助系统目前尚存在一些课题。其一是同ABS、安全气囊一样，展现系统工作优势的机会比较少，初期的某个期间用户需求少，少量生产成本方面不利。从技术上解决此问题的难度很大，可以考虑自初始阶段就导入类似有望提升使用便利性的ICC系统，借助安全装置的保险费用折扣减轻成本负担。

b. 社会性课题

(i) 意见一致 处于开发阶段的全新安全系统导入市场时，基于以同公共性基础设施相互协调为前提的系统与法律法规，导入系统时，要求若干个社会性的意见一致：

● 锁定可有效降低事故的系统及于此相匹配的规格。

● 为了实现上述内容，分担汽车与基础设施的成本。

● 发生事故时，汽车、基础设施的责任分担等。

要想达到这些共识，需要详细解析事故，明确原因，从原因入手证明新导入系统的有效性与合理性。为此，用于事故解析的数据库与实用化系统的效果推测是很重要的。

(ii) PL（Product Liability） 在实际应用驾驶辅助系统时，会出现不同于以往的关于保证可靠性的课题。由于无法确保在所有的范围内的性能，环境识别性能基于环境条件与检知对象会有很大变化。为此可以考虑环境识别传感器系统的的双套系统、系统失败时的安全考虑、事前要告知用户系统的性能极限以防止对系统的过度期待。

(iii) 标准化 系统基本原理及HMI的标准化是防止使用上发生混乱的非常有效的手段。特别是统一各种警报音和开关操作，对防止紧急避让时的误操作意义重大。而且通过雷达传感器与车路间通信的电波规格的标准化，有望抑制相互干涉并能够降低高频设备的成本。

[重松 崇]

参考文献

1) M. Kawai：Collision Avoidance Technology, International Congress on Transportation Electronics, SAE P-283, 94 C 038 (1994)
2) L. Bergkvist, et al.：Safer Nighttime Driving, Volvo Technology

Report (1990)

3) T. Yanagisawa, et al.：Development of a Laser Radar System for Automobiles, SAE Int. Cong. & Expo., 920745 (1992)

4) D. O. Murphy and J. D. Woll：A Review of the VORAD^{TM} Vehicle Detection and Driver Alert System, SAE Paper, No. 922495 (1992)

5) A. Kutami, et al.：Image Processing for Safety Driving System, Mazda Technical Review, No. 10 (1992)

6) U. Palmquist：Intelligent Cruise Control A Key Component Towards Improved Traffic Flow Control, Intelligent Vehicles Symposium, Tokyo (1993. 7)

7) J. Fukuda, et al.：An Estimation of Driver's Drowsiness Level using Interval of Steering Adjustment for Lane Keeping, JASE Convention Proceeding, No. 941, 9432589 (1994)

5.4 地图导航

体验过汽车导航的读者，一定会对这项技术能够辅助人类智力的活动印象深刻。例如第一次去高尔夫球场没遭遇迷路而顺利到达、使用地图显示的岔道避开眼前拥堵地带等。辅助驾驶人驾驶的装置在近年的信息化社会中，被定位成汽车信息处理装置，它能够实时地处理地图等大容量的信息，起到真正支援驾驶人的作用。目前汽车用导航存在以下课题：

① 具备可容纳地图数据等大容量数据的车载媒介，按照驾驶人的要求，高速读取出数据，可转换与提供显示信息等的车载计算机系统。

② 可准确判断驾驶人应该通过的道路、转弯的交叉路口等，确保驾驶的容易性，对全国的道路与配套设施、目的地数据等予以数字化，用作地图的数据库。

③ 高精度检测出本车位置，可实时向驾驶人提供必要的驾驶时机。

④ 具备算出驾驶人到达目的地合理路径的路径探索功能，以及同时使用能够安全且容易引导的语音与显示的语音路径诱导功能。

5.4.1 导航系统的构成

导航系统的主要构成部件具体如下，图5-13表示的是其构成，内容包括：

- 导航计算机；

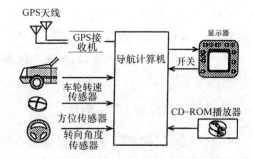

图 5-13 导航系统的结构构成图

- GPS 接收机与天线；
- 显示装置与开关；
- 车轮轮速传感器/方位传感器等车载传感器；
- CD - ROM 播放机。

除 GPS 接收机与车载传感器外，显示装置（与开关）作为人机界面，CD - ROM 是作为外部记忆装置的计算机装置。不过，不同于普通的计算机装置，各部件在车辆上的搭载一定要分散布置。例如，某车辆的构成部件配置如图 5-14 所示。

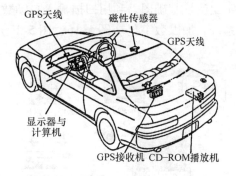

图 5-14 导航系统的构成零件的配置

显示装置与开关通常布置在中央控制台的上部，力图实现驾驶人尽量少的视线移动与全部乘员可见。计算机位于开关背后以保证操作开关时迅速的显示响应。CD - ROM 播放机收纳在行李箱内。计算机与 CD - ROM 播放机之间的高速数据通信是迅速显示出地图的关键。实际上采用的 CD - ROM 通常会应用光纤维。

两个 GPS 天线埋在汽车的前后盖外板

内，不影响车辆外观，同顶盖天线一样能够捕捉卫星。其他的传感器（车轮转速传感器、转向角度传感器、方位传感器）实现与其他控制系统共用。

5.4.2 地图数据库和 CD – ROM

在对车辆通过的道路与配套设施、目的地数据等予以数字化以完善地图数据库，以及将地图数据写入 CD – ROM 时，需要考虑以下内容，设计流程。

① 准备、布置可确保质量的数字化输入原图。

② 管理数字化阶段发生的误差与减少数字化工时。

③ 写入符合导航计算机处理方式的 CD – ROM 的地图数据。

图 5-15 为典型地图 CD – ROM 生成流程。全国范围内收集了众多地图原稿，最终采用了国土地理院 1/2.5 万的地形图 4400 张。该输入原稿应用地图公司的抄写技术，制定出测量基础图，利用扫描输入自动数字化系统，加以数字化（图 5-16，图 5-17）。

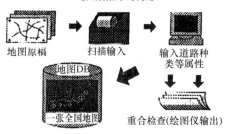

图 5-15

图 5-16

图 5-17

除地图公司培养的制作线图刻木板草稿手艺人的技能以外，全部都是自动化，道路线图、铁路线图、河川与水域线图、行政边界线图、绿地边界线图、用地边界线图的精度是 1/2.5 万地形图 ±0.1mm（可确保全国 ±25m）。

其次需要手动输入车辆导航所需的道路宽度、单向通行与左右转限制等道路属性（图 5-18）。

图 5-18

搜集这些道路属性数据，如果未处理国土地理院在地形图上对于新设开发道路的记载延迟等，就无法将实际的行驶道路数据化。因而提出了顺应实际道路情况的地图数字化系统方案并已投入使用。例如，从航空拍摄直接数字化的地图数字化系统。

利用航空拍摄制作地形图，如果不补正摄像时的机体倾斜与镜头成像差等误差则无法利用。数字化地图数据时，要将道路线图数据投影转换成为最新摄像的航空照片。再以航空照片画像为背景，在计算机画面上追加新设道路与修正道路的形状、输入道路宽度。最后，基于航空照片变形保持不变的数字化补间数据，在地形图的坐标系上，转换为相反的数据。图 5-19 表示的是该图数字化画面事例。

图 5-19

单向通行、左右转限制等道路属性要尊重现实，必须通过实地调查持续收集数据。实地调查是指拍摄各交叉路口的标志照片，然后编辑制订限制数据的输入原稿，成本高，耗时长。因此提出了数字化汽车这一计量装置方案。在搭载地图导航装置的车辆上，设置多台摄影机，一边行驶，一边摄录各进入交叉路口的车道、交叉路口标牌、限制标志、目标陆上标志。同期摄录进入时的时间戳与地图导航画面，行驶后编辑制订各交叉路口的限制数据输入原稿。图 5-20 表示的是具体的数字记录画面事例。

图 5-20

a. CD-ROM 研讨

地图数据库应用于车载，基于每比特的成本最小，容量与可靠性最优的考虑，媒介通常采用 CD-ROM。地图 CD-ROM 设计的必要条件包括：地图沿着目前地点的移动而平滑滚动；驾驶过程中即使扩大缩小地图在短时间内能够识别并且美观；路径计算迅速且能够满足推荐路径，等等。地图数据文件的记录方式极为重要。

下面，讲解一下针对地图 CD-ROM 的研讨。

b. 提升地图显示的视认性

如表 5-6 所示，为确保视认性的提升与高度化的地图显示检索速度，应该控制显示内容与项目，通过人机工程研讨得出道路图的信息量与地图，选定每个地图阶层的显示内容。

表 5-6

	道路						本区域	市区	县境	行政名	陆上标志	其他
	高速	分散高速	收费	国道	县道							
					主要	一般						
全国地图	/	/	/	/	/	/	○	/	/	/	/	
地方地图	/	/	/	/	/	/	○	/	○	/	/	
区域地图	○	/	○	○	/	/	○	○	○	/	/	
基本地图	○	○	○	○	○	/	○	○	○	○	/	IC 标志
详细地图	○	○	○	○	○	○	○	○	○	○	○	陆上标志名称

例如，以表示变形处理程度的辨认性以及描绘的高速性等作为判断基准，调整道路的形状（图 5-21）。变形是指从地图数据库向 CD-ROM 数据转换时，转换为可视认长度的矢量。国道、高速公路、收费公路的颜色区分一般使用接近地图的颜色，地名、国道编号、陆上标志需避免重复显示，应平均显示到整个画面上。

c. 地图绘制的高速化

为尽量减少绘制时间、地图检索时间，

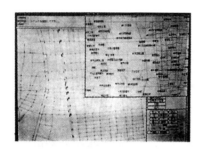

图 5-21

可考虑矢量方式的绘图方式、缩短 CD 访问时间、数据处理方式的高速化等做法。

(i) 基于矢量方式的绘图 地图的绘制形式有光栅方式和矢量方式，见表 5-7。

光栅方式：1 张地图的存储容量 37.5kB 是由画面的 dot 数（320×240dot）、色数（16 色 = 4bit）计算得出，见表 5-7。数据尺寸小、地图绘制高速化的矢量方式属于主流方式。

表 5-7 地图的存储容量

项目	光栅方式	矢量方式
绘制方法		
一张地图的存储容量	37.5kB	8kB（平均 2.4kB）
绘制时间	长	短
CD-ROM 解码器的缓存容量	大	小

(ii) 缩短 CD 访问时间 要想缩短 CD 访问时间进行地图文件编制，建议设法实现将逆向检索（返回层级浅的画面）所需的地图文件重复配置到 CD-ROM 上的方法等。

(iii) 数据处理方式的高速化 要想在画面上高速显示出地图数据，建议提高 CD-ROM 播放机 CPU-VRAM（Video RAM）间的数据传送速度，缓冲多个画面，进行高速的画面切换。

d. CD-ROM 数据的可靠性

在读取 CD-ROM 数据过程中，部分地图数据会因振动而有所欠缺，所以应在逻辑上设法实现当检查读取的数据时发现数据存在错误，能够重新读出数据，画面仅显示正确数据。

如果再次读取的数据仍存在错误，那么使用三重书写的数据内的下一个程序块的程序块地址，再次读取数据，反复读取数据。对于万一 CD-ROM 的表面附有划伤与污垢无法读取数据行之有效。

另外还可以在地图数据中，附加校验码，提升检测能力。

5.4.3 当前位置检测

汽车的位置检测方式中，卫星导航、自主导航、无线导航这三种方式最具代表性。下面将对这些导航法的原理与特征进行介绍。

a. 卫星导航

使用卫星导航（Global Positioning System，GPS）检测当前位置，如图 5-22 所示，测量来自 3 个以上 GPS 卫星的信号传播延迟时间即到卫星的距离，从该距离与卫星的位置，检测出搭载有接收机车辆的位置。目前轨道上有 24 个卫星，能够在全世界 24h 检测位置，精度约在 20~200m，但是存在对隧道等无法接收卫星信号的地方无法探测的缺点。

b. 自主导航

自主导航也被称作推测导航，属于连续计量车辆方位与移动距离并计算出相对位置的导航法，所使用的传感器详见表 5-8。自主导航可不依存于外部设备而检测出位置，但是无法检测出绝对位置。存在传感器误差积累，位置随时间增大的缺点。

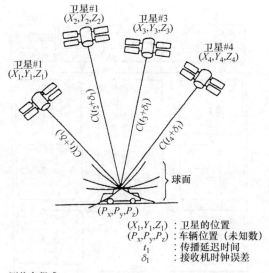

$$\sqrt{(X_1-P_X)^2+(Y_1-P_y)^2+(Z_1-P_z)^2}=C(t_1-\delta_1)$$
$$\sqrt{(X_2-P_X)^2+(Y_2-P_y)^2+(Z_2-P_z)^2}=C(t_2-\delta_1)$$
$$\sqrt{(X_3-P_X)^2+(Y_3-P_y)^2+(Z_3-P_z)^2}=C(t_3-\delta_1)$$
$$\sqrt{(X_4-P_X)^2+(Y_4-P_y)^2+(Z_4-P_z)^2}=C(t_4-\delta_1)$$

计量 $t_1 \sim t_4$，(P_x, P_y, P_z) 以 δ_1 作为未知数，求解方程式

图 5-22 GPS 定位原理

表 5-8 自主导航的传感器检测原理与特征

测定对象	传感器名称	检测原理	特征
方位测定	振动陀螺	根据振动子的振幅变化，检测角速度	廉价，温度变化时的稳定性低
	气体速率传感器	根据传感器内部的气体流动，检测角速度	高精度，价格较高，启动时的稳定性低
	光线陀螺	根据左右转动广的相位差，检测角速度	高精度，价格比较高
	车轮速度差传感器	检测左右轮转速差，根据阿克曼转向原理，计算方位	廉价，容易受到轮胎的滑移等行驶状态的影响
	地磁传感器	检测地磁，测定绝对方位	容易受到车身着磁、跳灭等地磁混乱的影响

（续）

测定对象	传感器名称	检测原理	特征
距离测定	车速传感器	检测车轴的转速	廉价，能够借用搭载在全部车辆上的距离累计用传感器
	车轮速度差传感器	检测车轮的转速	距离分离能高，能够同时进行方位测定和距离测定，但是搭载车型有限

c. 无线导航

无线导航是通过路上设置的电波标志（标杆、电波标信等）下方时，接收来自标志的信号，以数米的精度，检测出绝对位置，目前通过政府与民间推动的"道路交通信息通信系统（VICS）"，正在推进设置。无线导航要求完善地面上的设备，目前只在大城市可用。

以上讲述的位置检测方式均各有利弊，目前的主流方法是组合这些方式，综合性的检测位置，再将检测出的位置与车载的数字地图对照（地图匹配），获取准确位置，下面进行具体说明。

d. 混合式方位处理

图 5-23 表示的是利用借助地磁传感器与转向角度传感器、车轮速度传感器、车速传感器进行相对方位处理后计算出的方位、地图匹配数据以及 GPS 数据等综合得出的方位，然后进行补正的高精度推测导航法。

地磁传感器能够检测出绝对方位，但是容易受到周围的地磁环境的影响，并且当车辆磁化时还需要补正。左右轮的车轮速度传感器是根据车轮的转动输出脉冲。该传感器在检测车辆行驶距离同时，还能够从左右轮的脉冲差检测车辆的相对方位。转向角度传感器用于检测低速时无法获取车轮速度传感器输出时的相对方位。

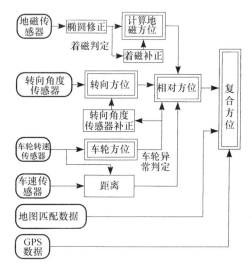

图 5-23 混合运算逻辑

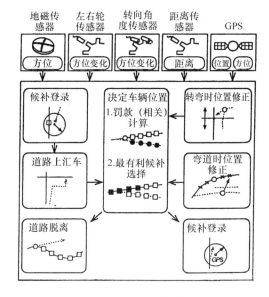

图 5-24 GPS 定位

混合绝对方位与相对方位的方法是指在通常状态下，地磁传感器与相对方位传感器按照一定比例加权输出，逻辑上采取当判断地磁水平异常时切换为只使用相对方位传感器，当车辆侧滑大、ABS（Antilock Brake System）工作时切换为只使用地磁传感器。

e. 当前位置处理

在 CD-ROM 中收录的道路弯曲处以及转弯时，对车辆的所处位置进行位置偏移修正，同时比较过去的轨迹数据与每个道路的形状，计算关联性，基于计算结果，决定地图匹配算法，以此实现高精度化。

应用的逻辑主要有当关联性计算值超过某一定值时，判断车辆将从道路上脱离，以及当基于 GPS 的当前位置数据稳定且此时通过推测导航法求出的推测位置差异极大时，修正为 GPS 定位的当前位置。

上述内容经整理，可表示为图 5-24。

5.4.4 路径引导原理

路径引导是指搜索从当前位置到目的地的推荐路径，按照推荐路径，引导用户到达目的地。搜索推荐路线，需要考虑禁止左右转等问题，在尽量短的运算时间求出实际可以通行且驾驶人认可的路径。

在引导至目的地的途中，使用的引导性指引图和语言内容以及指示的时机至关重要。下面针对推荐路径的计算（路径搜索）、引导至目的地（路径引导）进行说明。

如图 5-25 所示，系统会利用可能引导的全部交叉路口的衔接关系与邻接的交叉路口之间的成本，作为路径搜索的信息。

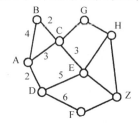

图 5-25 路径引导

以图 5-25 为例，假定出发地为 A 而目的地为 Z，当搜索从 A 到 Z 的路径时，会搜索与 A 邻接的交叉路口 B、C、D，接着针对 B、C、D，搜索邻接的交叉路口，反复这种作业直至摸索到 Z。

依照搜索顺序考虑有两种方法。图 5-26 表示的是方法一，当发现一个邻接的交叉路口时，推迟搜索其余的邻接交叉路口，针对这个发现的交叉路口，探索与其邻接的交叉路口。此法属于深度优先的搜索，为纵向搜索。由于纵向搜索是深入一个方向的搜索，若目的地在此方向上则可快速求出路径，若不在则需要反复搜索，计算时间的偏差较大，而且无法保证最初求出的路径就是推荐路径。但是纵向搜索也具有计算中途应记忆内容少的优点。

图 5-27 表示的是方法二，属于搜索各阶层全部交叉路口的方法，为横向搜索。横向搜索的计算时间偏差小，搜索的交叉路口数量却远要多于纵向搜索，搜索途中应记忆内容多，系统需要充分的存储。

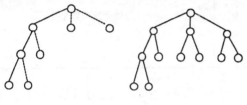

图 5-26　方法一　　图 5-27　方法二

a. 迪克斯特拉算法

迪克斯特拉算法（Dijkstra´s algorithm）是最为基本的路径搜索法。此搜索法也可说是改良型横向搜索。从与出发地邻接的交叉路口依次求出成本。横向搜索在处理上存在不同。横向搜索是在最初求出与 A 邻接的交叉路口 B、C、D 之后，求出全部与 B、C、D 邻接的交叉路口的成本，计算顺序不会成为问题。迪克斯特拉算法是在求出交叉路口 B、C、D 的成本后，针对 B、C、D 中成本最小的交叉路口，求出与其邻接的交叉路口以及成本。假定成本最小的交叉路口为 D，与 D 邻接的交叉口有 E、F。此时，接下来搜索的邻接交叉路口是 C、D、E、F 中成本最小的交叉路口。迪克斯特拉算法不是搜索各阶层，也不是像纵向搜索那样一味地向一个方向搜索。总之就是并非按照阶层而是从成本小的交叉路口依次展开搜索，以保证搜索到达目标交叉路口时所获取的路径是成本最小的路径。

迪克斯特拉算法会计算出全部对象交叉路口的成本，若应用到实际道路数据上耗时巨大。因此为节省无用的计算，缩短计算时间，提出了 A * 法与变形迪克斯特拉算法。

b. 变形迪克斯特拉算法

此处，首先讲解一下为缩短搜索时间而将路径搜索用的道路网络层级化的变形代克思托演算法。

具体来讲，所应用的路径数据文件被分为用于长距离的广域网络、中距离的基本网络、短距离的详细网络这三类层级。图 5-28 表示的是路径数据文件的层级结构。

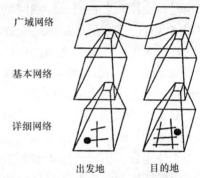

图 5-28　路径搜索地图数据库的层级结构

广域网络文件是把日本全国划分为地域，收藏连接每个地域的代表路径。构成道路主要有高速公路、主要国道。

基本网络文件是按照约 18km × 18km 的大小划分日本全国，再以此为基准，以 5 × 5 或是 8 × 8 作为 1 个文件。具体采用哪种划分取决于该地域的数据容量。这样一来，数据容量变大，CD - ROM 的数据访问次数减少，检索时间缩短。构成道路主要有高速公路、国道、主要地方道路。

详细网络文件是以 4 × 4 的 16 分割为基准，以 3 × 3 划分作为 1 个文件。此文件与基本网络一样，外侧的 8 个分区是重叠区域。构成道路主要有高速公路、国道、主要地方道路、一般县道、干线道路。

表 5-9 表示的是计算所需的路径数据库文件。

表 5-9 路径数据库的文件数

出发地与目的地的距离	广域网路文件	基本网络文件	基本网络文件
4.5km 以下			1
13.5km 以下			2
22.5km 以下			3
54km 以下		1	2
125km 以下		2	2
126km 以下	1	2	2

从该表可知无论是怎样的远距离路径引导，最多只需读取 5 个文件，就能够计算出结果。例如，引导相距 300km 的东京与名古屋路径时，会用到名古屋的详细网络文件与基本网络文件、东京的详细网络文件与基本网络文件、名古屋-东京之间的广域网络文件（参照表 5-9）。引导距离在 125km 以内的路径时，不会用到广域网络文件，仅会用到两个基本网络文件。图 5-29 表示的逻辑是从出发地与目的地的位置关系，选择效率更佳的文件组合。该方法用矩形的组合代替了搜索用椭圆围上的出发地与目的地之间区域的手法，搜索时间得以缩短。

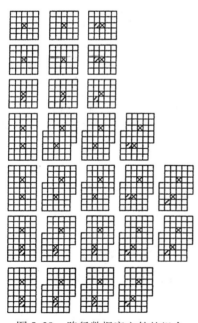

图 5-29 路径数据库文件的组合

c. 静态路径搜索

路径搜索的基本是使用给出的交叉路口的衔接关系与邻接的交叉路口间成本，运用代克思托演算法的代表性搜索法，求出从各交叉路口的出发地的成本。

按照此成本进行搜索，如何设定成本十分重要。表 5-10 表示的是成本决定因素。

表 5-10 连接成本

	数据项目
A	连接长度
B	左右转成本
C	通行限制成本
D	道路类别系数
E	道路宽度成本系数
F	收费道路优先系数

在这些因素中，可认为数值是固定的，例如，组合交叉路口间的距离、道路种类、道路宽度、收费公路识别标志等，求出成本，实行路径探索，这称作是静态路径搜索。

静态路径搜索是依据各要素受重视程度，选择最短路径，尽量选择行驶在更多宽阔道路上的路径，能够选择避开收费公路的路径。

d. 静态路径搜索的评价实例

选取大阪市周边的 15 个地点，评价高速公路优先、不优先的两种（420 路径）路径方案。首先针对 420 路径，把明确判断为合理的路线作为正确的可选择路线。其次，以合理性存在质疑的路径作为模型路线，选择 27 条路线，依照出租车司机等驾驶人的问卷调查结果与实际行驶结果，确认合理性。评价项目有易理解性、安全性、时间这三个项目，取平均值作为合理性。表 5-11 表示的是正解率与非正解路径的合理妥当性。

从上述结果，根据以下公式计算出对于系统的期望值。

期望值 = 正解率 + 非正解率 × 合理性的最低值：计算结果普通公路期望值为：83.5%，高速公路优先期望值为：91.8%。

因此，现行的路径引导一般而言是搜索 8~9 成的正确路径。

表 5-11 调查结果

正解率	普通公路	64.3%
	高速公路优先	71.8%
非正解路径的妥当性	普通公路	76.7%（最低值 53.7%）
	高速公路优先	85.7%（最低值 81.8%）

e. 动态路径搜索

动态路径搜索是指利用交叉口之间所用时间与拥堵信息等实时变化的信息，求出成本，进行路径搜索。动态路径搜索能够对应突发事故与规定而搜索路径，其服务比静态路径搜索更为精细。不过，收集、处理、提供实时变化的大量信息，离不开社会性的系统，实现较为困难。

在日本，以负责道路交通的政府机关为主导，政府学术界民间共同研究了 VICS、ATIS、UTMS 等交通信息系统。图 5-30 为 VICS 的整体构成。VICS 以图 5-30 展示的方式，提供拥堵信息、旅行时间信息、交通障碍信息、交通限制信息、停车场信息。

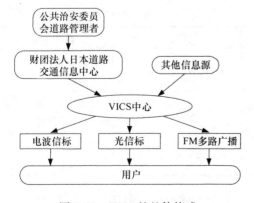

图 5-30 VICS 的整体构成

5.4.5 路径引导方式

路径引导是指以路径搜索求出的推荐路径来提示、引导驾驶人。推荐路径的有诸多提示方式，如在显示器上显示地图，在地图上指示当前位置与推荐路线、交叉路口放大图等。为进一步减轻驾驶人的视觉负担，语音引导也已经普及。语音引导需要重视语言的种类与时机等人机工程要素。

当行驶过程中按照规定的路径驾驶时，驾驶人的思考形态通常是首先会确认转弯交叉路口位置以及转弯方向，再行确认转弯交叉路口情况。路径引导要符合驾驶人这一思考形态，做到无错误认识、无错误判断。

a. 语音路径引导

同时使用导航计算机演算的当前位置与 CD-ROM 容纳的地图数据以及包含交叉路口名称与周边标志性建筑等的交叉路口放大图，加上这些的地图显示，在转弯交叉路口近前，利用语音，引导符合上述思考形态的路径。

在临近交叉路口 300m 左右，从显示当前位置的地图会自动切换至交叉路口的引导图。交叉路口的引导图范围约在 300m × 300m，行进方向为上，固定显示。右下方的长条图形表示的是当前位置与交叉路口中心之间的距离。圆形与箭形符号的光标表示的是正在移动之中的当前位置。路径是用有别于交叉路口的道路图的红色表示。通过交叉路口后约行驶 50m，交叉路口的引导图会自动返回显示当先位置的地图。

采用此引导方法，驾驶人在接收到语音辅助的同时，在需要转弯的某个交叉路口近前，能够准确掌握行进方向等，充分自如并且更加安全的采取驾驶行动。

图 5-31 表示的是在引导的各阶段内所显示的地图画面以及语音。

b. 必要的引导信息与时机

针对依托路径引导在陌生道路行驶，在

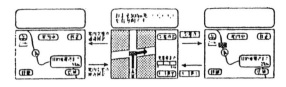

图 5-31 引导显示

哪一时间点为驾驶行动提供哪种信息方能遵照路径行驶这一事例,分别对普通公路与高速公路两种情况实施事例研究,决定语音信息内容与提供时机、报告效果。

c. 普通道路情况

当车辆伴有图 5-32 所示的变换车道与右转时,需要:

① 变换车道;
② 发现与判断需要转弯的交叉路口;
③ 指示方向。

等三项与行动有关的信息,表 5-12 表示的是考察针对①、②、③应该分别提供的信息与时机、汇总后的结果。

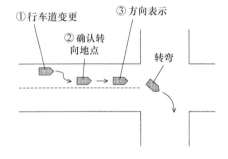

图 5-32 道路情况

表 5-12

No.	信息	提供时机
①	行车道变更方向 右或者左	转弯近前
②	转弯位置的记号信息（交叉路口名称,天桥等）	能够确认记号时
②	到交叉路口的距离或是时间	接近交叉路口时
②	到达转弯路口之前的交叉路口数量	2~3 个近前
③	转弯方向（右或者左）	方向指示的近前

基于上述研讨,系统所需的引导条件与时机是在多车道行驶时,①的有关信息是在实际开始变换车道之前,在引导交叉路口近前 700m 附近,引导变道方向（=左右转方向）；②的有关信息是引导交叉路口名称；②、③的有关信息是在需要转弯的交叉路口进入驾驶人视野的,交叉口近前 300m 附近引导。左转与右转情况下完全相同。

d. 高速公路

在图 5-33 所示的高速公路上,有①入口、②衔接点、③出口等场景需要引导。在高速入口周边的交叉路口上,悬挂标明入口方向的引导标志；在衔接点与出口上,考虑变化车道与行驶车速,自岔路口的 2km 近前设置引导标志。充实的引导标志是高速公路的特征之一。在高速公路上,如果在标志设置位置的近前向驾驶人传达引导标志内容,利于驾驶人的视线移动到引导标志上,实现顺畅行驶。表 5-13 是对图 5-33 的①、②、③各场景应提供信息及其提供时机的整理。

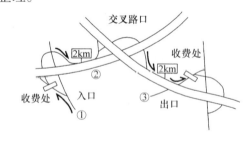

图 5-33 高速公路

表 5-13

No.	信息	提供时机
①	高速公路入口方向	在表示入口的引导标志之前
②	应该行进方向	在表示交叉路口方向的引导标志之前
③	出口的交叉路口名称	在表示出口方向的引导标志之前

基于上述研讨,所需的引导条件与时机

是，①的有关信息是在道路类别变更地点的 300m 近前，引导即将进入高速公路；②、③的有关信息是在高速公路岔路口的 2km 近前，在城市高速公路 1km 近前，提示引导标志所表示的地区名称或是出口名称。

e. 引导表达

语音信息与听取难易度、记忆难易度、前方风景相对应，在连续的岔路等情况下还需要引导车辆顺利转弯。

f. 听取难易度

右转、左转（左转、右转日语发音接近）等说法作为道路引导的表达形式，起初听起来是有差异的，但是随后容易出现听错的现象。因此最好使用右、左（左、右的日语发音完全不同）等容易区分的用词。

g. 记忆难易度

若一次提供的信息过多，则驾驶人短期记忆负担变大，难以记忆。因此信息的长度原则上是短小精炼，控制在 5～7s 之内。

h. 前方风景对应

路径引导中进行左右方向引导时，若前方风景的左右感觉与引导的方向感觉一致，则容易理解。由前排乘员席引导路线时：

① 对沿当前道路行驶不会迷路的道路不做引导。

② 导航除此类之外的岔路时，导航需要针对当前道路左转或右转采取不同的语言来进行指引。

导航系统中，也建议采用基于交叉路口衔接的道路的宽度、衔接角度等条件指导路径。

i. 连续岔路引导

搭载语言路径引导后，驾驶人观看地图画面的机会相应减少，在诸如图 5-34 的连续岔路上，有时会忽视画面上第二个岔路，因此针对连续的岔路，在第一个岔路转弯前，还需引导下一个岔路的行进方向。在立体交叉路口，若按照此方法引导，则沿着路径易于驾驶。

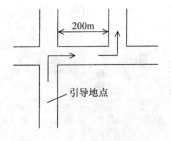

图 5-34 连续岔路情况

j. 语音路径引导评价实例

针对各种导航系统也，对驾驶人关注导航画面的时间、次数，以及对减轻精神负担的效果进行了评价。

k. 评价方法

对语音引导系统与无语音路径引导系统进行了比较。路线是从名古屋市到郊外的普通公路，各路径引导区间含有需要转弯 2～3 次的交叉路口，语音引导条件是在交叉路口近前输出声音。

l. 注视行动

从每个路径引导区间的显示器总注视时间与总注视次数，计算出每分钟的平均注视时间与注视次数，结果如图 5-35、图 5-36 所示。基于有无语音引导的条件与被试验者两项因素，反复进行 2 次分数分析，可知当有语音引导时，平均注视时间明显缩短（$F = 26.48$，$df = 1/8$，$p < 01$），平均注视次数也有所减少（$F = 27.76$，$df = 1/8$，$p < 01$）。

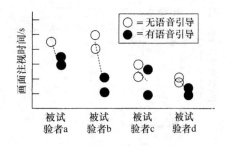

图 5-35 测试结果（一）

m. 精神负担

针对所有应该转弯的交叉路口，计算

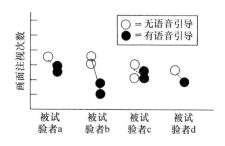

图 5-36 测试结果（二）

心率与呼吸性变动，求出每个被试验者的平均值与标准偏差，结果如图 5-37、图 5-38 所示。基于有无语音引导的条件与被试验者两项因素进行分散分析。可知当有语音引导时，心率低，显著性水平（signific-ance level）10%（$F=2.92$，$df=1/36$，$05<p<1$），被试验者 a、b 的差异明确。借助语音引导，驾驶人在交叉路口近前的精神负担趋向于降低。

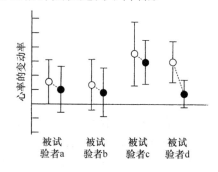

图 5-37 测试结果（三）

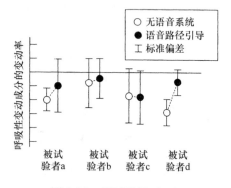

图 5-38 测试结果（四）

针对地图导航，以车辆信息处理装置作为切入点进行技术解说。信息处理技术是以人为对象，通过工程学实现人的全部或是部分智力活动的技术。汽车导航是以驾驶人为对象，通过车载计算机这一工程学科，实现当前地点确认、路径规划、目的地引导等部分智能活动的信息处理装置。因此"汽车导航是汽车步入信息化的信息处理的重大发明"的说法并不为过。其未来与普通的计算机技术的进展基本一致。实时/多任务 OS、多媒体、数字通信技术将成为下一步的课题。今后车辆位置探测与道路地图数据库将会是本领域内发展与普及的普遍技术。

[东 重利·小川陆真]

参 考 文 献

1) 東　重利,堀部哲也,伊藤　徹：マルチインフォメーションシステムの開発,自動車技術,Vol. 42, No. 2（1998）
2) 荒井　宏：エレクトロマルチビジョン CD インフォメーション,日本コンピュータグラフィックス協会
3) H. Shiga, T. Katoh and K. Itoh：Road Map Database and Digital Mapping Technique, IEEE, Densi Tokyo, No. 26（1987）
4) M. Ogawa, Y. Syoji, et al.：Digital Map on CD, SAE Paper, No. 880221（1988）
5) Y. Syoji, T. Horibe and M. Ogawa：Toyota Electro Multivision, SAE Paper, No. 880220（1988）
6) 岸　浩司,杉浦精一,木村賢治：自動車用ナビゲーションの視認性検討,自動車技術,Vol. 46, No. 9（1992）
7) M. Ogawa, S. Azuma, K. Ishikawa and T. Itoh：Map Navigation Software for the Electro-Multivision of the '91 Toyota Soarer, VNIS 1991, 912790（1991）
8) CRT を用いた自動車用情報集中表示装置の開発と実用（トヨタエレクトロマルチビジョン）,自動車技術会
9) 梅田幸彦,森田博史,東　重利,伊藤　徹：Development of the New Toyota Electro-Multivision, SAE Paper, No. 920601（1992）
10) 近藤弘志：ATIS in JAPAN, SAE Convergence
11) 岸　浩司,木村賢治,杉浦精一：音声経路案内の人間工学的考察,自動車技術会学術講演会前刷集,No. 936（1993.10）

5.5 车路通信技术

5.5.1 车路通信的概念

近年道路信息化设备高度化与汽车电子化等智能化飞速发展。道路与汽车的智能化并未联动发展，而要解决道路交通存在的问题，需要基于双方的联合功能，开发综合性智能化。作者称实现此综合性智能化的系统为智能交通系统。车路通信（RVC, Road

Vehicle Communication）是连接智能化道路（smart highway）与汽车（smart vehicle）之间的通信手段，是智能交通系统的重要构成要素（图 5-39）。

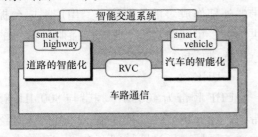

图 5-39　车路通信的概念

车路通信相比普通通信手段的不同之处在于处理信息的种类。汽车所利用的信息（图 5-40）有驾驶直接需要的信息（前排座椅信息）与无直接关联的信息（后排座椅信息）。传统的汽车电话等通信手段属于次要信息。车路通信是向智能交通系统传达必要信息的手段。广义来讲，广播节目提供的交通信息与来自高速公路广播等声音媒介的信息也属于主要信息，这里基本是限定为以数据形态传递的信息。车路通信的"通信"严格来讲有别于广播形式，但是广义解释是包含诸如广播的单向传递手段。

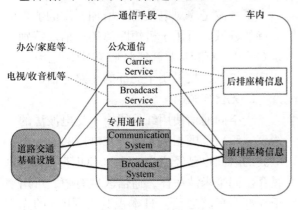

图 5-40　汽车与通信信息

5.5.2　通信形态的分类

车路通信系统根据其通信的形态，可分为广播型、局部广播型、广域通信型以及局部通信型四类。最近，局部通信型又进一步分为主动型与被动型，这是基于车辆无线功能的差异（图 5-41）。

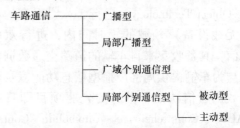

图 5-41　通信形态的分类

a. 广播型

广播型是 1：N 的单向通信，为极广范围的众多车辆提供信息。另外信息的内容是广域的，不适用于提供某一地点的详细信息。代表系统有 FM 多路广播，即利用数据重叠到传统的 FM 广播中的方法，提供各种信息。道路交通信息也是 FM 多路广播极具代表性的信息系统服务。在欧洲，RDS（Radio Data System）相对较普及；日本则开发并应用了比 RDS 更为高速的传输系统。日本的 FM 多路广播是 VIDS（Vehicle Information & Communication）提供道路交通信息的手段之一。

b. 局部广播型

局部广播型也属于 1：N 的单向通信，提供的无线区域非常小，主要提供局部信息。可为汽车导航等提供当前位置数据与行驶方向的道路交通信息。代表事例有 VICS 中以无线与光为媒介的光标方式。

c. 广域个别通信型

借助车载电话与工作用无线移动设备等广域的双向通信功能，从个别车辆收集汽车的行驶状况数据，控制中心基于这些数据，向各车辆提供道路交通信息。欧洲 DRIVE 计划中的研究与美国实验系统等都采用过此类通信形式。

d. 局部个别通信型

局部个别通信是指在局部无线区域进行

双向通信，分为断续类型与连续类型。

基于最小断续区域，在车辆通过断续配置的 SPOT 通信（译者注：Small Programmable Object Technology，运行 Java™ 程序的小型无线设备）领域的短时间内，进行双向通信，具备收集来自车辆的道路交通数据功能与为车辆提供局部广播型信息功能以及个别数据通信功能。世界的先驱项目即日本 CACS（Comprehensive Automobile Control System）采用的是无线感应方式的局部个别通信。其后进行过各种研究开发，建设省主导的 RACS（Road/Automobile Communication System）无线信标方式与警察厅主导的 UTMS（Universal Traffic Management System）光信标方式均被用作局部个别通信。

另外下一代系统的研究旨在飞跃性提升道路交通的安全性与利用效率，重点研讨内容为基于沿路铺设电缆的局部通信方式。

e. 被动型和主动型

在进行车辆个别识别的简易通信方面，开发有发射机应答器与电子标签或是 RF-ID 等被动型的通信方式，应用于欧美的征收费用等上。该方式是利用基地台发射电波的能量，返回汽车末端的应答信号，车辆末端得以简化。

主动型同传统无线机器一样，属于汽车末端可自行发信的方式，可作为一般通信功能而综合性利用。

5.5.3 通信媒介的比较

车路通信的通信媒介选择对于系统功能影响巨大。以下是主要的车路通信媒介。

a. 感应无线电波

感应无线电波是通过电子感应连接道路与车辆的通信方式。从电波标准来看，主要用作高频设备。使用频率是 10~250kHz 的频带，形成的通信领域限定在极其靠近感应线的附近。具备不易受到地形与气象等因素影响，感应线的传递损失小等特征，但是由于频率低，可使用的回路（通道）数与数据传输速度受限。

b. FM 广播

FM 广播的构成是把 FM 立体声广播基带的外部作成多重数字信号，由广播电台提供数据。可同时对处于 FM 广播服务范围的汽车提供信息。

c. UHF 波

UHF 频带为 400MHz 频带与 800MHz 频带，广泛应用在移动体通信上。可构成宽泛的通信区域，不过区域间存在干涉致使电波分配上存在问题，属于电波资源严重不足的频带。在宽泛的通信区域传输数据时，需要对行车过程中的衰落进行错误控制，由于多路径的路程差影响，难以高速传送。

d. 微波

1~3GHz 的准微波频带是移动体通信的全新分配领域。该频率的利用主体为汽车电话与 MCA 无线等的数字化，在 ISM 频带上的各种应用也在不断发展。VICS 的电波信标属于此频带。目前欧洲正在推行研讨利用 5.8GHz 的 ISM 频带的发展方向。日本的自动收费系统中使用的也是 5.8GHz。

e. 毫米波

毫米波是应对电波需求增加开发的值得期待的领域，可用于极短距离的通信。特别是 60GHz 频带属于氧气吸收频带，电波无法广泛扩散，故可用于局部的车路通信。

f. 光空间通信

光空间通信使用红外线，不受电波法的约束，利用范围相对自由。在难以共同分配电波的欧洲也已经成为 ALI - SCOUT 的通信媒介。同毫米波一样，通信区域有限，可用于局部的车路通信。日本视其为 VICS 的光信标系统，尚处于开发之中。

5.5.4 车路通信系统实例

历史上曾经研究开发过各种系统，在这里，集中讲解一下日本当前的主要系统。

a. FM 多路广播

FM 多路广播是广播型的典型系统，是在 FM 立体声广播的基带信号上，通过重叠数字信号来提供信息。日本的方式称作是 DARC（Data Radio Channel），其基带信号排列如图 5-42 所示，表 5-14 是日本的 DARC 方式与欧洲实用化的 RDS 方式的技术内容比较。对比可知 DARC 方式能够传达大容量的信息。DARC 的调制方式（LM-SK）是根据立体声信号的调制度，控制多路调制水平，具备确保多路信号的传送特性，降低对立体声播放干扰的效果。

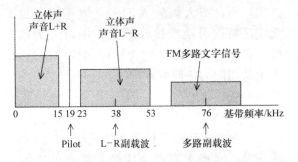

图 5-42 基带信号排列

表 5-14 FM 多路广播的技术比较

项目	DARC	RDS
多路信号的调制方式	LMSK	曼彻斯特编码 BPSK
多路信号的调制度	4%~10%	约 2.7%
多路副载波频率	76kHz	57kHz
多路信号的传送速度	16kbit/s	1.1875kbit/s
错误订正方式	基于（272，190）符号的乘积符号	（26，16）符号
传送信息	文字·图形·附加信息（约7kbit/s）	节目·局部数据文字数据

注：LMSK—Level controlled Minimum Shift Keying；
BPSK—Binary Phase Shift Keying。

b. 电波信标

局部型车路通信的代表型通信手段主要借助于信标。图 5-43 表示的是日本推进实用化的 VICS 中的 RVC 概念与电波信标的定位。该系统是日本建设省主导开发的 RACS（Road Automobile Communication System）的基础。

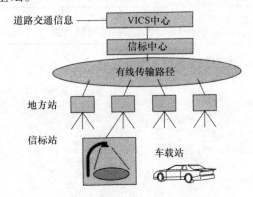

图 5-43 VICS 电波信标的概念

（i）构成 图 5-44 表示的是基于电波信标的无线区域的概念。图中为车辆通过间歇布置在路边极小无线区域的瞬间，接收信标站发送的道路交通信息的方式。无线设备（信标站）设置在路边，利用照明柱与机架等，把天线安装在约 5m 的高度。构成约 50~100m 的无误差的无线区域。

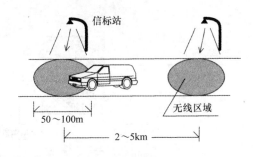

图 5-44 电波信标的无线区域构成

（ii）技术概要 表 5-15 是 VICS 电波信标系统的规格概要。表 5-16 是 VICS 等信标提供信息的分类。

表 5-15 电波信标的技术概要

项目	技术上的条件
无线频率	2.5GHz 频带
天线电力	在发射装置的各输出端，10mW 以下
调制方式	双重调制方式 （GMSK 调制方式，振幅调制）

（续）

项目	技术上的条件
传送速度	64kbit/s
占有频率频带的容许值	85kHz 以下

表 5-16 电波信标的信息分类

［当前位置信息］
　［静态信息］
　　·岔路信息
　　·引导信息
　［动态信息］
　　·注意警戒信息
　　·紧急信息
　　·故障信息
　　·简易旅行时间信息
　　·简易图形
　　·停车场
　　·事态规章链接信息
　　·拥堵链接信息
　　·其他
　［扩展服务信息］
　［道路管理用信息］
　［保养用信息］

在提供导航用位置信息方面，无线区域覆盖面广，故需要准确锁定其位置。通常采用图 5-45 所示的方式，使用双面合成天线。装置方面，通过数据将接受频率调制的调制波分为两个系统，再加上相位相差 180°的振幅调制，从两个天线分别送出。图 5-45b 表明了数据传输领域与位置检出信号的关系。汽车方面，能够检出振幅调制成分的相位反转，特定位置。相比传统方式，此方法可以极高精度补正位置。

图 5-46 表示的是无线传输路径的数据格式，是以 128Byte 的多帧为周期而反复的方式。研讨最大帧数 N 时，是以车辆通过无线区域内可准确接收最少 2 帧以上为前提。各帧的帧头部位包含信标的位置信息。无论从周期的任何位置接收都能够即刻掌握当前位置。

c. 光信标

日本的光信标是作为光学式车辆探测器而开发，实现了车辆与探测器之间的交互通信。

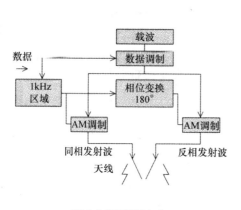
a) 特定位置的调制方式

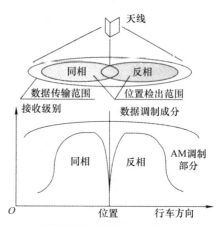
b) 数据传输范围与位置检出信号的关系

图 5-45 电波信标的特定位置技术

（i）构成　具有从距离路面 5.5m 的投受光器投射近红外光线，由车辆反射水平感知车辆存在的车辆探测功能，以及与车载机之间进行双向通信的车路通信功能（图 5-47）。为使车路通信的通信领域对应个别车辆，传输速度被高速化，以确保所需的信息量。

（ii）技术概要　表 5-17 表示的是光信

第5章 汽车与道路的智能化

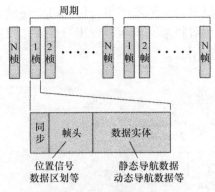

图 5-46 数据格式

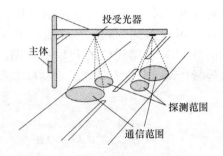

图 5-47 光信标的构成

标系统的规格概要。光信标的信息提供功能与着电波信标一样，是 VICS 提供手段之一，可对车辆的导航系统提供拥堵信息与旅行时间信息等，并且凭借双向通信功能，收集交通流与引导最佳路径等。

表 5-17 光信标的技术概要

车辆探测功能		通信功能	
探测方式	近红外线反射方式	调制方式	脉冲振幅调制方式
可能探测速度	0～120km/h	符号化形式	曼彻斯特编码
探测对象车辆	微型车以上	可达到的通信速度	0～70km/h
探测领域	1.2m×1.2m	通信领域	
		探测器→车辆	3.5m×3.5m
		车辆→探测器	1.6m×3.5m
		传输速度	
		探测器→车辆	1Mbit/s
		车辆→探测器	64kbit/s
		传输信息量	
		探测器→车辆	10kByte
		车辆→探测器	256Byte

d. 局部型连续通信

当深入推进安全性提升与道路利用效率化研讨时，需要车路间始终保持连接形态的车路通信手段。广域通信手段难以对各车辆进行局部控制，信标型的通信手段又难以确保连续性。基于这些理由，目前正在研究泄漏同轴（LCX）电缆与泄漏导波管（LWG）等下一代车路通信方式。

道路上的 LCX 应用已经在隧道等封闭空间内投入使用。目前是用作语音通信，作为行车时的车辆紧急播放与道路管理、消防活动、警察活动等工作用通信手段。包括在开放区间在内敷设此 LCX，构成可能连续传输数据的车路通信系统。

（i）构成 图 5-48 表示的是系统的构成事例。

沿着高规格干线道路、地下道路、隧道等道路，敷设 LCX 电缆，构成沿途的连续通信区域。对通信区域分区，按照分区进行通信处理。

（ii）技术概要 现在，隧道等采用的 LCX 电缆的使用频率频带约为 80～800MHz。如果使用频率变高，LCX 电缆内的传输损失会变得非常大，故可利用上限为准微波带（1～3GHz）范围。并且还研讨过泄漏导波管应用高频率的 5.8GHz。建设省

127

土木研究所的电波传播实验结果表明使用 2.5GHz，可覆盖约 500m 的范围。图 5-49 表示的是 LCX 车路通信的利用示意图，对事故等紧急情况非常有效。按照这样如果可能在道路与车辆之间始终构成通信连接，那么有望对将来实现车群行车与自动驾驶发挥巨大作用。

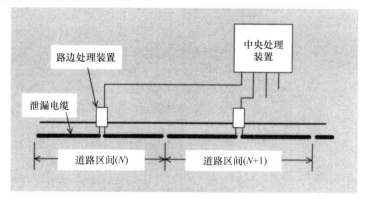

图 5-48　局部型连续车路通信的构成事例

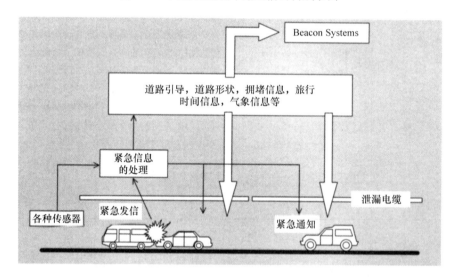

图 5-49　局部型连续车路通信的利用示意图

5.5.5　今后展望

基于全新概念，把车路通信与车车通信一同作为未来的 ITS（Intelligent Transport System）的重要构成要素，开展研究开发。基于 FM 多路广播与信标方式的道路交通信息提供功能正处于实际应用阶段，ITU（International Telecommunication Union）与 ISO（International Standards Organization）等国际标准化机构也将此功能作为标准化对象开展审议。今后，不仅是道路交通信息的提供，面向 ITS 领域的各种功能实现的开发与标准化也将不断展开。这些通信手段有望对道路交通存在的各种课题的解决带来巨大的效果。为大力确保道路与拥堵代表性的主要课题即安全性，以及提升道路利用效率，需要进一步开发有效的系统。各领域均已开展与下一代道路交通系统有关的研究。对于这些研究而言，确立高度的车路通信手段尤为重要。期待面向下一代 ITS，日本基于泄漏电缆的连续性车路通信系统开发与车车通信系统研究将对世界作出贡献。

[福井良太郎]

参 考 文 献

1) 電気学会技術報告第 437 号，自動車交通情報化，電気学会（1992）
2) 電気学会技術報告第 551 号，自動車経路誘導システム，電気学会（1994）
3) 黒田 徹：FM 多重放送のシステム，放送技術（1994.7）
4) 無線データ通信研究会：無線データ通信入門解説，ソフト・リサーチ・センター
5) M. Nakamura：Results of Experiments on Transmission Function of Leakage Coaxial Cable（LCX）in Quasi-Microwave Band, Vehicle Navigation & Information Systems Conference, IEEE（1994.8）

5.6 车车通信技术

5.6.1 车车通信概念

车车通信顾名思义，即车辆之间直接交换信息。驾驶人之间借助车载电话与个人无线进行的互相通讯也属于车车通信。此处我们所说的车车通信是指车载通信机之间不依存于控制通信的中央装置，而是自律形成通信连接或是通信广播网，收发数字代码，是有别于目前为止通信技术中既存类型的全新形式。

该全新通信概念，很大程度上可能实现有助于汽车交通安全性提升与交通流畅通的各种功能，由（财）汽车行车电子技术协会的研究团队于 1981 年提出，协会内部持续致力于有关基础性的研究。之后，国内外的若干研究机关也着眼于车车通信未来的发展，开展相关技术研究。

本节将重点讲解车车通信技术，并介绍该技术应用到汽车交通系统上的效果与近期研究情况等。

5.6.2 车车通信的应用与效果

基于车辆搭载的通信装置，相邻车辆之间相互自动联络位置、行驶情况、操作等有关信息的功能有助于提升交通流的安全性与畅通性，奠定实现下述功能与系统的基础，进而协调汽车交通环境。

a. 基于直接传达拥堵信息等的补充交通信息系统

最近，利用 AVI（Automatic Vehicle Identification）技术等提供通过拥堵地点所需时间等信息，极大充实了拥堵方面的信息。但是要想得到准确的拥堵队尾位置信息，防止追尾与适当规避拥堵更为有效。行驶在现场的车辆往往会最早获悉这类交通状况，今后应更加重视基于车辆的交通流计量（称作通过探测车收集信息）。

除将获取的交通状况变化信息告知中央管制中心之外，若能直接通知相邻行驶中的关联车辆，交通流的响应会更加敏捷，交通的安全性与畅通性会越发提升。

b. 基于车辆间信息交换的协调行车

若车辆之间相互交换车辆位置、控制信息等，则可实现如下的行车形态：

① 保证车辆之间前后左右安全行车距离同时自律行车。

② 为安全的超车与合流提供行车支持。

③ 避免视线不佳的交叉路口等的碰撞。

通过实现上述功能即协调行车，可实现更为安全的交通、舒适且安心的驾驶。并且，若能自动维持众多车辆适当的车间距离与速度，高速公路等拥堵问题将得到大幅改善。

车车通信技术还是实现货物车等列队自律行车的基础技术之一。为将来实现无人驾驶及减轻驾驶负荷等提供了极大的可能性。

但是这些众多的功能都是以全部车辆具有车车通信功能为前提，为此应该充分考虑功能导入、发展计划，推动技术开发。

c. 疏导驾驶人行动意愿的协调行车

为使上述功能发挥作用，疏导驾驶人之间的行动意愿也是必不可少。为此相邻车辆之间，需要表达出自身对于进行协调行车的意愿，询问对方的意向或是相互打招呼，而

车车通信可用作这类手段。

在 ACCS（Adaptive Cruise Control System）等普及的过程中，该功能也会在某种程度上成为必要的功能。

此外还能有效向相邻车辆传达巡逻车与急救车等紧急车辆的行动意愿与指示。

5.6.3 车车通信技术特征及研究现状

a. 车车通信的通信形态

形成车车通信的数据通信网也可以说是在构成上时刻变化的局域网，通常车车通信网络可分为1对多、1对1、多对多这三种代表性的通信形态（图5-50）。

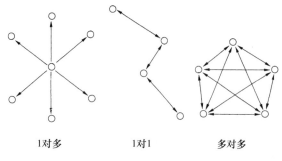

图5-50 车车通信网络的种类

（i）1对多型 1对多型属于1辆车为信息源，给予多辆车同一信息，形态接近广播，不需对对象家进行识别或是寻求回应。例如向其他车辆通告有急救车在附近或建议避让指示等情况，故障与事故当事车辆通知周边车辆具体情况以寻求救助等系统的通信形态。

（ii）1对1型 1对1型属于车辆间相互识别对方的通信，接近人与人之间的会话。汽车行车中通常进行以下这类信息的交换：

① 警示车辆行车等异常情况：门半开、轮胎异常、行李箱异常等。

② 驾驶有关的提醒、意思传达：提醒（请先行，谢谢）、各种希望与请求。

③ 交通信息问询：拥堵原因（向对向车辆）、前方交通状况等。

交换这些信息时，需要锁定对方是否具备个别或某些条件。一般在进行车车通信的情况下，事先不清楚通信对象车辆即对方的ID，识别对象车辆时，实际上是使用相对位置关系等，因此各车辆需要以较高的精度认识自身的行驶位置。

虽然交换交通信息无需锁定对方，但是在本质上需要双向形成通信连接网。附近搭载装置的车辆无应答时，可考虑进而通过向其他搭载通信机的车辆提问直至有车辆作出回答，形成锁状通信网络的方式（回程也是一样，形成连接）。

（iii）多对多型 多对多型属于行车中相邻或是一定范围内全部车辆相互交换各自行车状况信息的通信网络形态，是未来极可能实现防止碰撞与辅助自动驾驶等的通信形态。形成这样的网络，所有车辆均要搭载通信装置并在极短周期内交换数据，难以在广阔的范围内对诸多车辆施行，如果是在限定范围内（例如行车中前后各数辆邻近车辆之间，交叉路口附近等），那么给限定范围内的车辆分配时间段，按照时间段经常交换各车的位置、速度或是驾驶操作信息等。实现这种时间段的通信系统，要求各个通信机的钟表同步，以及决定更新优先顺序的结构，设想路边有基地站等时则比较容易，但是仅凭车辆很难实现。

1对多型的通信也包含在由此形成的网络当中。

b. 车车通信研究的重点及课题

车车通信的技术性范围尚无明确定义，其中通过多对多型通信尤其是仅靠车载的通信装置间形成同步系统与自律进行时间段控制是最受关注的研究对象，即所谓的自律分散控制型的移动通信网络形成技术。这种技术应用不仅限于车辆之间的通信，在避免飞机之间的碰撞与机器人的群体控制等方面也有类似的研究课题。该技术也是行车中车辆应用的车车通信最为困难的研究目标。

形成上述自律型网络时数据传递协议的有关研究是基本课题。针对车车通信协议曾有过各类研究，目前仍然无法充分确认它们的可行性。今后的研究重点是如何构筑功能同步系统的形成方式与时间段的分割方式。

车车通信协议因使用的通信媒介而差异巨大，目前为止开展的讨论是以相邻车辆间进行信息交换，使用单一的频率作为通信媒介，传播距离最多约在数百米。

此外有无定向功能也会极大的改变研讨方向。现阶段考虑的通信媒介主要如下：

（i）低定向性媒介　考虑某种程度上易于控制通信范围的频率带宽的电波、与车路间通信共用，在欧洲 5.8GHz 也成为研讨对象之一。

（ii）高定向性媒介　研讨毫米波、红外线、雷达等。毫米波方面，60GHz 在欧洲仍然是候补。

日本尚未到达具体研讨车车通信使用何种通信媒介的阶段，今后这将成为较大的研讨课题，而在决定方向性之前，还需要深入积累有关基础知识。

车车通信还应注意脱离常说的通信技术框架。在为实现周边车辆之间时常交换行车数据的功能而形成通信网络的控制流程中，需要车辆位置等信息，而通信功能与应用功能也是密切关联。换言之，OSI 的低层与高层会出现互相作用的状况。以通信系统的可靠性等为例，通常会关注站与站之间的数据链路层，然而有时还需根据车车通信令应用系统功能目标的实现程度来讨论通信可靠性。

c. 研究现状

世界上关于车车通信的研究也并不少见。PROMETHEUS 计划中也曾提及，研讨内容主要围绕应用在汽车列队行车等上的车车通信。近来，德国的 Deutsche Aerospace AG 也开展了相关活动，还有亚琛工业大学正在开展车车通信的协议研究。

日本也正在开展多项研究，如庆应义塾大学（中川研究室）利用 SS 方式的车车通信方式与自律分散同步的研究，北海道工业大学（佐佐木研究室）调制激光束反射波方式的车车通信技术研究。

（财）汽车行车电子技术协会也在持续研究车车通信技术，自 1993 年起开启了为期四年的利用红外线的车车通信的研究计划项目。该项研究的详细情况后续进行介绍。

5.6.4　车车间行车数据传递系统的可行性研究

实现安全且畅通的协调行车，需要确立多对多型的通信网络的自律形成技术。要想将此项技术应用在 AVCS（Advanced Vehicle Control Systems），还应确立诸多关联的关键技术。

目前，（财）汽车行车电子技术协会在（财）机械系统振兴协会的财政支持下，正在推进"车车行车数据传递系统的可行性研究（FS）"，旨在以红外线为通信媒介，形成自律（不以外部控制基地为前提）同步系统与开发实行时间段控制的基本协议，利用实验机器确认其工作情况。与此同时，后续车照相机捕捉红外线标志灯影像，应用三角测量的原理，与通信功能组合，计量多辆车的车间距离的技术等也处于开发之中。图 5-51 表示的是将这些功能整合在一起的系统。在目前的计划中，最后一年会使用数辆试验车进行行车实验，确认车车通信协议的可行性，同时进行列队行车与车辆合流控制等驾驶支持功能有关的基础性实验。这里将重点介绍 FS 中讨论的车车通信用协议的概要。

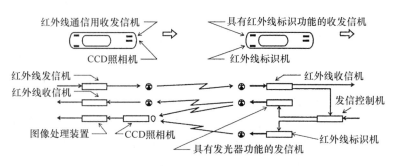

图 5-51　利用红外线的车车通信实验系统

a. 通信协议的开发方针

此通信协议旨在以表 5-18 所示的具有基本性能的物理媒介为前提，开发车车通信协议。协议的设定是立足于（财）汽车行车电子技术协会历来与协调行车有关的基础性研究成果，然而实际应用到系统上仍有待深入探讨。现阶段，通信协议开发的目标与其说是寻求通解，不如说是侧重于确认多对多型通信协议可行性，换而言之即寻求特解。大部分研究成果，对于研讨使用毫米波替代光为媒介的协议参考价值很高。

表 5-18　通信系统的基本性能

通信媒介	红外线（波长 870nm）
传输速度	1.544Mbit/s
可通信距离	2.5~50m
定向角特性	±10°
调制方式	CMI 符号化 光强度调制

如图 5-52 所示，开发中的通信协议是以光的特征（视距通信）为前提，可与车辆前后一定距离内、一定角度内的车互相通讯，设想前后分别为另外的通信区域。试验系统中，正侧面车辆间为一阶跃型通信。

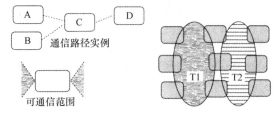

图 5-52　红外线车车通信的通信区域与数据链

由车车通信网络联结的集合体称作"车群"。如图 5-53 所示，假定车流在邻近的多条行车道上行驶，车群内各车辆至少能够与周围 1 辆以上行驶的车辆通信，相邻车辆之间分别形成通信连接，最终整个车群的通信网络得以延伸。当然车群的形态并不固定，时常会出现新加入或是离队的车辆。行车车群基于车车通信，车群内的车相互影响，协调行车状况。

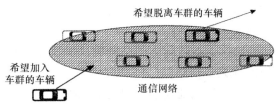

图 5-53　协调车群行车

b. 通信协议概要

基于上述方针，设定如下的通信协议，根据理论研讨，大体上确认其可行性，再行仿真等锁定技术课题等。

（i）通信形态　先行车向后续车实行周期轮询，后续车接收到询问时，向前方车辆返回 ACK 信号。通信机 ID 与位置信息、插槽指定有关指示，以及加减速度等实时性极高的信息被附加到轮询与 ACK 信号之中。

（ii）避免轮询信号冲突　各车辆即使未形成车群，也会不断发出轮询信号。当侧向（视距通信的死角）车辆靠近，双方车辆的轮询重复时，后续车将无法识别轮询，不会施行通信。为防止此问题出现，每隔一定时间，会随机改变轮询信号的发送时机（图 5-54）。

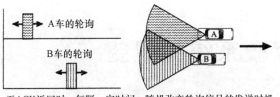

无ACK返回时，每隔一定时间，随机改变轮询信号的发送时机

图 5-54 轮询时机的随机化（避免通信冲突）

（iii）同步形成 需要特别指定车群中的某一车辆为同步源，以车群的排头车为同步源，后续车根据先行车的轮询信号（帧同步）把握同步情况，调整自身的同步状态。1帧内的 SLOT 数量固定。各车在各自的帧内分配 SLOT。基于行车车道，同步形成时，首先要确定一定的优先顺序。由此还需要获取行车车道信息的手段。

（iv）SLOT 选定 本车所使用的 SLOT 是随机选定的。然而为避免不同车辆选择相同 SLOT，本车应将选择的 SLOT 号码连同其他数据一同联络告知前后车。一旦 SLOT 确定后通信就不会中断，轮询、ACK 的信号将依据此 SLOT 进行（此时，并非通常所说的轮询、ACK，参照图 5-55）。

此外还应设法实现 SLOT 的反复利用。

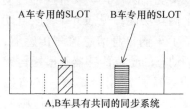

图 5-55 基于专用 SLOT 的双向通信

c. 同步形成的课题

车车通信的可行性会影响自律形成稳定的同步系统这一说法并不为过。保证上述通信协议工作，要求各车辆了解正在行车中的车道，而正确识别本车位置的技术也是重要的关联技术。如果以此项车辆位置识别功能为前提考虑，在探讨通信协议与应用功能时，可取方式的范围将大幅扩展。

车辆合流部分的同步形成也是重要的研讨课题之一，利用外部的支持功能是可选的简单解决方法。

5.6.5 今后发展与课题

车车通信技术属于立足长远，展望未来的技术。该领域在今后要求不断积累更多的知识。然而作为列队行车用的通信手段，在近期内也有实现的可能性，ISO 也开始讨论是否应将车车通信技术作为对象加以研讨。

因此应该持续推动研究开发与深入扩充技术开发人员队伍，同时系统的整理各种扩展的车车通信概念，尽早开始讨论它与车路通信的协作与功能分担。探讨与车车通信的导入、发展过程有关的事项自然也是不可或缺的。

相对传统通信以传递信息为目的，车车通信与车路通信一样，主要是以实现安全且畅通的交通为目的。正如上节中所讲，它属于是驾驶直接需要的信息（前排座椅通信），目前在法律制度上难以操作。在今后的讨论中，有关这一全新概念的"通信"制度的讨论也是重要的课题。

［藤井治树］

参 考 文 献

1) 中川，井上：SS 車両間通信ネットワークのための MCA プロトコルの検討，電子情報通信学会秋期大会 (1993)
2) 中川，赤沢：車々間通信ネットワークにおける自律分散同期システムの検討，情報理論とその応用学会シンポジウム (1994)
3) I. Sasaki：Vehicle Information Networking based on Inter-Vehicle Communication by Lasar Beam Injection and Retro-Reflection Techniques, VNIS Conference (1994)

第6章 自动驾驶系统的展望

6.1 自动驾驶之传感器

自动驾驶系统的概览如图6-1所示。该系统能以设定的速度及车间距行驶,具有车间控制系统及可在指定车道上行驶的侧面控制系统,可以实现车队行驶。装备这种自动驾驶系统的车辆其功能参见表6-1。该自动驾驶车辆装备了车辆自身信息监测传感器,例如测量车辆动态的轮速传感器及横摆传感器等动力总成系统控制用传感器,还有以GPS等设备所使用的车辆位置监测传感器等。自动驾驶车辆除了上述传感器以外,检测车辆周围环境的传感器也是必不可少的,这也是自动驾驶系统的关键技术所在。图6-1的系统中,基于激光雷达检测到的车间距离控制加速系统和制动系统,通过磁性传感器检测路面磁力线圈与车辆的相对位置,通过画面处理进行路面白线识别,进而实现车辆的驾驶控制。

另外通过在道路上设置智能传感器实现自动驾驶系统中车辆与道路的功能分配,以此来构建更加高级的系统。如图6-2为道路

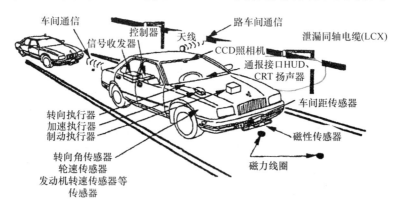

图6-1 自动驾驶系统概览

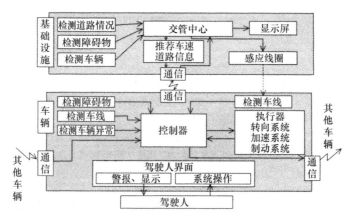

图6-2 自动驾驶系统功能图

第6章 自动驾驶系统的展望

和车辆均配有传感器功能的自动驾驶系统的功能图。道路一侧设置了对路面情况及道路障碍物进行检测的传感器,对此后面的章节会具体介绍。本节将针对自动驾驶车辆的关键传感器技术——行驶情况确认及周围障碍物感知传感器技术进行介绍。

表 6-1 车辆功能

项目	功能
障碍物检测	检测可预见范围内的障碍物及与周围车辆的车间距离
行驶情况识别	利用车载照相机检测操作控制所必需的行驶路线信息。通过磁力线圈及感应线圈的感应磁场检测行驶路线信息
路车间通信	与交管中心相互通信
车间通信	与前方车辆、后方车辆等交换行驶状态、运动性能以及合流、分流等信息
车辆异常检测	监测各车载设备的运行情况
驾驶人界面	向驾驶人提示驾驶人应采取的系统操作指示输入及系统运行状态
控制功能 其他功能	• 转向控制　• 速度控制　• 车间距控制　• 检测基础设施障碍　• 检测驾驶人状态 • 执行器备份　• 故障安全　• 紧急停止　• 退避指引

6.1.1 路面形状识别技术

自动驾驶车辆必须具备对行驶区域进行识别的功能。画面处理技术包括检测路面白线等标记的方法和利用某种结构或色彩信息选择行驶区域的方法等。另外还有的在路面埋设磁力线圈及感应电缆,通过传感器检测其具体位置。相关识别方法的特征参见表 6-2。本节将对其中的基于画面处理技术的白线识别技术和基于磁力线圈的行驶位置检测技术进行说明。

a. 图像处理

这里将对基本的图像处理系统,即通过识别路面白线进行路况识别的系统进行介绍。图 6-3 为车辆图像处理的处理对象实例。如图所示,图像处理不仅仅是对路面形状的识别,同时还要检测和识别周围车辆及环境,并计算车辆到物体的距离以及方位。不过由于对象物体情况复杂多变,很难设计出适用于任何环境的图像处理系统。图 6-3 中的对象也未包括车辆所处环境的所有条

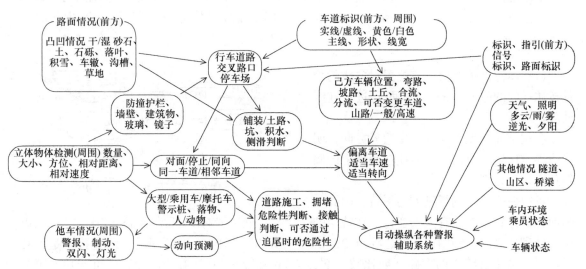

图 6-3　汽车用图像处理的处理对象

件。车辆的行驶环境不同,对象物体也不尽相同。如果对物体和环境赋予一定条件,则图像处理系统能够更充分发挥其作用。例如在高速公路或机动车专用道路上,由于是专门为机动车设计的道路,因此识别对象物体相对较少,所需图像处理系统的功能也相对简单。图6-4是可对路面白线进行检测并识别路况的图像处理装置的构成及其处理结果。表6-2为该装置的规格参数。

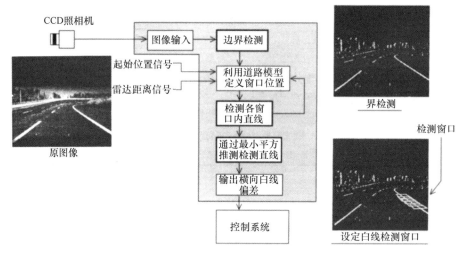

图6-4 白线识别的构成及识别结果

表6-2 白线识别的规格参数

项目	规格
测量位置	15m前方
画面角度	±23°
画面像素	256×240
检测范围	±6.3m
分辨率	0.05m
响应时间	0.05s

(i)图像处理概要 该装置对白线的位置按照一帧的时间(33ms/画面)进行连续处理。

利用画面灰度差异计算出边界方向,明确边界方向后就可以参考白线在画面上的倾斜角度进行处理。

一般白线与车辆行进方向平行,因此在画面上的位置基本没有太大变化。在特定的窗口处理边界点,利用得到的边界点检测白线位置。高速公路上的弯路一般比较平缓,能够像直线道路那样在较少的参数参照下准确地进行检测。因此白线可以利用各边界点的坐标,通过最小二乘法得到的直线公式求出。对该直线进行坐标变换后可以得到车辆与白线的相对位置关系。

(ii)硬件概要 该图像处理装置具有如图6-5所示的架构,能够实现高速且通用性较高的图像处理。装置具有以下内部功能。

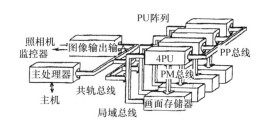

图6-5 图像处理装置架构

该装置有16个处理器(PU),PU间以及PU与图像存储器间的总线连接,是可独立进行各PU演算功能设置的可变功能可变结构型流水线处理器。

PU 内部构成如图 6-6 所示。该 PU 由两个 ALU、可变延时模块、RAM 等构成。另外还包括 PU 内部总线、PU 间总线、PU 及图像存储器间总线等多个流水线总线。其主要特点是 PU 的功能及总线结构可以根据指令寄存器的指令进行调整。

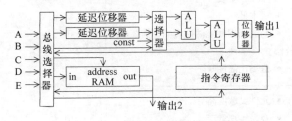

图 6-6 PU 内部构成

MPU（主处理器）属于微程序式处理器，可以并列进行含 PU 指令或不含 PU 指令的处理，处理速度要比通用型微处理器更快。

另外在进行算术理论演算、浮动小数点演算的同时，可以读取两个图像存储器并向其他图像存储器存储信息。

b. 磁力线圈

磁力线圈埋设于路面下，通过传感器检测计算磁力线圈与车辆的横向位移。基于该横向位移信息识别车辆行驶状态。基于该磁力线圈识别行驶状态与白线检测方法比较，不易受路面积雪及大量积水路况的影响，埋设时磁力线圈的 N/S 极排列方式一定，前方路面的曲率及绝对位置等可作为已知信息加以利用。但是其不足是仅能把握车辆临近时候的信息，还需要解决车辆分流、合流等特殊情况下磁力线圈的布置方式。下面对应利用磁力线圈进行路况识别的基本技术进行解说。

（i）磁力线圈概要 磁力线圈的外形如图 6-7 所示，其磁场分布如图 6-8 所示。图中 B_z 为垂直于路面的磁场，B_y 为与路面中心线垂直的磁场。

图 6-7 磁力线圈

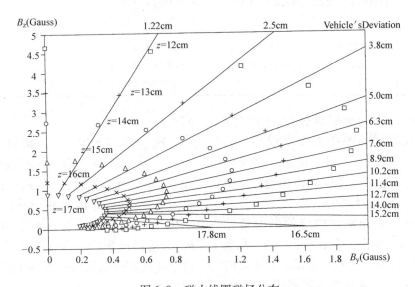

图 6-8 磁力线圈磁场分布

（ii）磁力传感器原理　检测磁场的传感器有霍尔元件、半导体磁阻效应元件、强磁性体磁阻效应原件、韦根效应元件、磁力晶体管、SQUID（量子扰动超导探测器）等。上述传感器原理及特征参见表6-3。

表6-3　磁力传感器的原理及特征

磁力传感器种类	工作原理	特征	磁场灵敏度
霍尔元件	霍尔效应原理：电流流经半导体，应对与电流成直角方向施加磁场，在电流与磁场的直角方向产生电位差，即电压	• 小型、安装方便 • 成本低 • 易受周围环境温度影响，需要温度补偿 • 磁场比例性好	10^{-7} T
霍尔IC	同上	• 元件灵敏度高 • 容易实现量产 • 不平衡电压大	10^{-7} T
半导体磁阻效应元件	利用半导体物理效应及电流通路变化产生的形状效应等磁阻效应	• 磁通量低的位置输出呈二次方特性 • 磁通量大，呈直线特性	10^{-8} T
强磁性体磁阻效应元件	利用强磁性体特有的异常磁阻效应——取向效应及磁阻随磁性大小变化的磁性效应	• 可以测量Hs（饱和磁场）以上的磁场方向 • 基于输出饱和特性，输出水平与磁场强度无关，相对稳定	10^{-10} T
韦根效应元件	利用特殊处理的线束外包装与中心的矫顽力之差，调整中心磁化方向与外壳磁化方向相同或相反的韦根效应	• 无需外部电源 • 可减小线束直径 • 与磁铁组合提高输出功率 • 无触点系统，避免机械疲劳	
磁敏晶体管	设有两个收集器，利用磁场改变发射器流入的电流值	• 可利用IC技术 • 可实现小型化、量产化	
SQUID	弱耦合超导体施加磁通量，然后接通电流。基于该电流，磁通量量子通过弱耦合进出，测量磁通量变化	• 磁力传感器中灵敏度最高 • 极低温（液态氦4k）环境运行 • 不易实现小型化	10^{-14} T

磁力线圈产生的磁感应强度为 10^{-4} T 左右，对传感器的检测能力要求很高。从表6-3可以看出，霍尔元件、磁阻元件及磁通门传感器比较适合用于检测该磁场。下面对霍尔磁力传感器进行解说。

霍尔元件是基于霍尔效应的磁力传感器，使用 InAs、InSb、Ge、Si、GaAs 等半导体材料，其结构如图6-9所示。x轴方向流经控制电流 I，z轴方向为磁感应强度 B，y轴方向为霍尔电压 V_H，与磁感应强度 B 成正比。

$$V_H = R_H/l * IBF_1 \text{（电流驱动时）}$$
$$= w/l * \mu_H VBF_v \text{（电压驱动时）}$$

式中，w 为元件宽度；l 为元件长度；R_H 为霍尔系数；μ_H 为霍尔移动量；F_1 及 F_v 为形状系数（$0 \leq [F_1, F_v] \leq 1$）。另外 $R_H \mu_H$ 受温度影响，存在温度系数。一般通过温度控制回路将传感器环境温度的影响降到最小。

（iii）车载传感器应具备的功能及车载

第6章 自动驾驶系统的展望

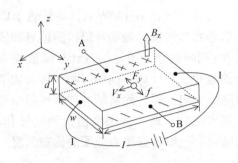

图6-9 霍尔元件的结构

传感器概要 对于车辆用磁力传感器的功能要求如下。

- 必须能够通过磁力线圈埋设位置检测偏差,即行驶情况识别功能。
- 能够检测磁场峰值强度。如果能够检测出车辆通过磁力线圈位置,那么就能够检测车辆位置及计算车速。
- 能够判断磁力线圈的极性。这是分析解读磁力线圈排列形式的重要功能。

另外车载磁力传感器的要求事项如下。

- 输出不受车辆举动的影响。特别是要控制车高变化带来的影响。霍尔元件等传感器及线圈产生的磁场特征是,线圈和传感器的间隔对传感器的性能影响较大,磁场强度以距离的2~3次方程度减小。
- 不受外界磁场的影响。首先传感器附近不能有磁性体。而车身自身的磁性及发电机等产生的磁场、地球磁场、路面埋设物、商用电线等产生的感应磁场也不容忽视。特别是地球磁场广泛存在于地球上,而车辆行驶时方向也随时会发生变化,因此必须要具备消除地球磁场影响的功能。
- 计算范围广泛。可以利用多个传感器扩大可计算测量的范围。
- 可靠性高。由于是安装在车外,因此要避免温度变化、湿度等周围环境变化给测量结果带来不良影响。
- 易于装配。
- 不易破损。线圈与传感器的间隔越小磁场强度越强,测量精度越高。但是由于离地间隙较小,很容易破损,需要在安装位置及方法上多做考虑。
- 安装精度高。安装位置误差直接影响到测量结果的准确程度。因此要确保传感器精度及安装精度。
- 低成本。

图6-10为车载传感器的构成实例。图6-11为传感器安装于前保险杠的外观图。该车载传感器有三对霍尔元件传感器和一对磁力传感器。霍尔传感器分辨率为±10mm,可测量±450mm的横向位移。一对磁力传感器沿YZ方向检测埋设于地面的磁力线圈的磁力线分布,利用该检测结果求出磁通矢量,通过磁场空间投影测量车辆的横向位移。横向位移与车高变化为非线性关系,因此如图6-12所示输入YZ另一个方向的磁通密度,利用横向位移的二次元图谱进行车高修正。

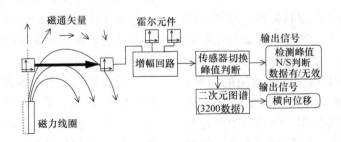

图6-10 车载传感器的构成实例

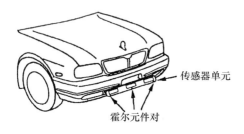

图 6-11 传感器外形图

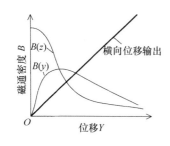

图 6-12 磁场空间图

另外，如图 6-13 所示，该传感器以脉冲信号的形式输出磁场峰值检测信号和线圈的 NS 判断信号。通过测量计算峰值检测信号的脉冲数来计算车辆的行驶距离。如果线圈间隔一定，通过测量脉冲周期或频率可以计算出绝对车速。利用峰值检测信号和 NS 判断信号能够掌握磁力线圈的排布情况。

6.1.2 雷达技术

车用雷达作为车间距警报装置或者车间距控制装置的测距传感器，各个汽车厂家及零部件厂家从 20 世纪 60 年代后期开始了相关的研究。最早的雷达系统使用的是微波，由于半导体激光的不断发展，激光雷达的研究逐渐占据主流地位，大型车用雷达于 1988 年商品化，乘用车用雷达于 1990 年实

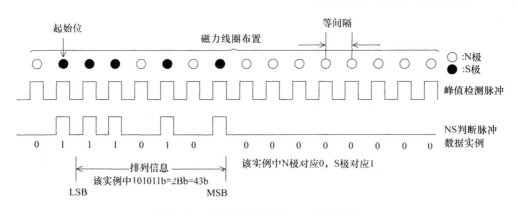

图 6-13 峰值检测信号与 NS 判断信号

现商品化。近几年，由于天线的小型化需求，不易受天气影响到毫米波雷达相关的研究逐渐盛行起来。

机动车用雷达不仅仅具备测量与周边物体距离的作用，还要能够测量诸如与正前方车辆的车间距离等，要对物体的距离及方位进行检测。另外还有很多尚待解决的问题，例如易受弯曲道路及路边建筑物的反射影响、容易受到雨雪等恶劣天气及灰尘附着的影响，还要尽可能做到小型低成本化，以便于车辆安装等。

a. 雷达的基本原理

雷达发射电磁波后接收对象物体的反射波，通过计算发射波和接收波的时间差和相位差来计算到物体的距离。通过分析接收波的多普勒频移和强度等特征检测与物体的相对速度及材质等。

车用雷达所采用的测距方式有脉冲式、FM-CW 方式、双频 CW 式、展布频谱式等。下面对激光雷达常用的脉冲式和毫米波雷达常用的 FM-CW 方式的特征及最大检测距离进行介绍。

(i) 脉冲式　发送脉冲调频电磁波及声波,通过发送脉冲和接收脉冲的时间差来计算距离。该方式构成相对简单,特别是高输出脉冲光很容易通过半导体激光获得。因此一般车间距警报装置及车间距控制装置所用的激光雷达都是脉冲式。距离测量原理参见图 6-14。与物体的距离 R 可利用如下公式求得:

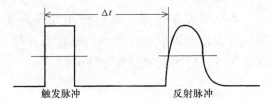

图 6-14　脉冲方式的距离测量原理

$$R = \frac{v\Delta t}{2}$$

式中,v 为介质的传播速度,使用电磁波时为光速（3×10^8 m/s）,使用声波时为音速（约 340m/s）。

(ii) FM-CW（Frequency Modulation Continuous Wave）方式　发送三角波等进行调频后的信号,然后利用发送波和接收波的时间延迟产生的相位差计算距离。然后通过计算接收波的多普勒频移分量检测与物体的相对速度。

基于调频后的载波的 FM-CW 方式的构成及原理如图 6-15 和图 6-16 所示。通过调频 f_0、脉冲频率 f_m、频移 δ_f 等调制载波后发送。物体反射信号产生时间延迟并伴有多普勒频移。时间延迟对应于物体距离,多普勒频移对应于物体的相对速度。接收的信号通过混合器与发射的信号混合,产生差频信号。如下述公式所示,通过测量差频信号的频率 f_{b1}、f_{b2} 可以求出与物体的距离 R 和与物体的相对速度 v。

$$R = \frac{C(f_{b1}+f_{b2})}{8\Delta f f_m}$$

$$v = \frac{C(f_{b2}-f_{b1})}{4f_0}$$

式中,C 为光速。

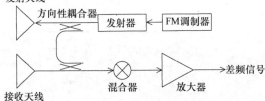

图 6-15　FM-CW 方式的构成

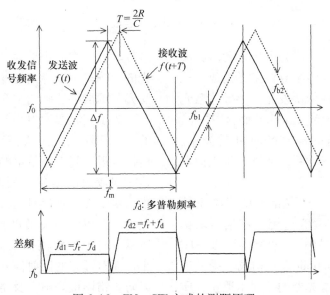

图 6-16　FM-CW 方式的测距原理

(ⅲ）最大检测距离　表明发信电力和收信电力关系的雷达方程式是进行雷达设计的基本理论。发信电力设为 P_t，收信电力设为 P_r，利用物体截面积 S_0 和光束的截面积 S 的相对关系可以得到如下公式。

$$P_r = \frac{KS_t S_r L_t L_r}{\pi^2 R^4 (\phi/2)^2 (\Phi/2)^2} P_t$$

式中，L_t 为发信系统的传播率；L_r 为收信系统的传播率；S_t 为物体面积；S_r 为受光透镜面积；Φ 为物体反射广角；R 为最大检测距离。

由该公式可知，发信功率与最大检测距离的四次方成正比关系，因此提高发信功率并不能有效地延长最大检测距离。另外光束广角变小可以延长最大检测距离，但是根据光束照射物体的位置，收信电力容易发生变化，稳定性会受到影响。激光雷达可以利用反射器的高反射率来延长最大检测距离。

b. 激光雷达

本小节以车用激光雷达脉冲方式为基础，对多光束式激光雷达的概要进行介绍。该激光雷达的构成实例参见图 6-17。

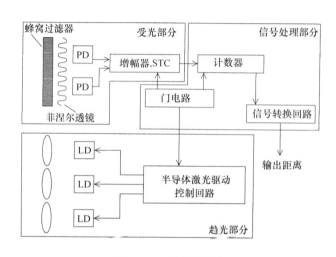

图 6-17　雷达的构成

（ⅰ）发光部分　该激光雷达装置由驱动回路、光学系统及三组半导体激光构成，三组半导体激光按顺序依次发光。半导体激光产生的是 SOn_s、30W（peak）的脉冲光，通过光学系统发送广角为 60mrad 的光束。三组半导体激光和光学系统能够产生正面左右方向约 50mrad 的角度。

（ⅱ）受光部分　受光部分由光学系统（包含蜂窝过滤器和受光透镜）和信号增幅部分（包括光敏二极管、增幅器以及 STC (Sensitivity Time Controller)）构成。受光透镜使用的是带红外滤光器的菲涅尔透镜，质量较轻且受光面积更大。另外为了减少背景光的影响采用了蜂窝过滤器，该光学系统的受光范围能够达到约 150mrad。

为了接收幅度更小的脉冲，增幅器选择的是 10MHz 以上的宽带增幅器。STC 通过传播延迟时间来调整增幅幅度，对于传播延迟时间较短的信号，相对的增幅幅度也较小，对于橡笔延迟时间较长的信号，其增幅也更大。STC 的灵敏度特性概要如图 6-18 所示。对于近距离的反射信号增幅幅度较小，而对远方的反射信号增幅较大，这样可以防止错误检测雨雪及路面的反射信号。

（ⅲ）信号处理部分　由门电路、滤波器及信号转换回路构成。门电路半导体激光的发光间隔为130μs，发光的同时生成1μs受光门信号。该门信号可以消除多余的干扰。门信号在输出的1μs时间内启动滤波器，测量发光脉冲和受光脉冲的时间差，并输出与目标物体的距离。

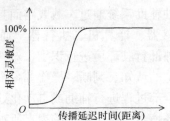

图6-18　STC的灵敏度特性（概略图）

另外高温条件下，半导体激光的输出率和寿命均有所下降，因此有的系统会配备温度检测回路，当达到一定温度时会停止其工作。有的还会增加光敏二极管，可以感知收发光窗口产生的多余反射，用于检测收发光窗口有无污渍或水滴附着等情况。

最近还开发了新的与上述激光雷达性能相近的雷达。该雷达对受光信号进行积分处理，对光学系统进行了优化，激光为2.5W的单光束激光。

c. 毫米波雷达

日本对毫米波雷达的频率范围界定为60GHz左右，美国及欧洲的主要研究范围是76～77GHz。特别是在60GHz范围，由于会吸收大气中的氧分子，传播距离较短，对于其他无线电设备的影响较小。这也是实际应用及研究课题中解决电磁干扰的有效手段之一。

毫米波雷达与近红外线激光雷达比较，所使用的电磁波波长较长，具有以下的特征。

- 相对于浓雾及污染的透过率较高，基于不同材质的反射率变化较小，检测能力更高。
- 光束较为集中，需要大型的天线，车载设备很难实对象物体方位的高精度检测。

毫米波元件在开发初期的成本非常的高，近年来随着半导体技术的不断进步，毫米波段相关的研究成果主要有带激振和增幅功能的IMPAT二极管（IMPAT：Impact Ionization Avalanche and Transit Time）、Gunn二极管、HEMT（High Electron Mobility Transistor）等。已开发成功的MMIC（Monolithic Microwave IC）体积小质量轻且可靠性高，今后将会进一步实现低成本化。MMIC在半导体上集成了电阻、线圈、电容器等被动元件和晶体管等主动元件，目前已经实际应用在广播卫星接收信号转换器上。另外车用雷达中重要的组件还有车载天线。天线决定了雷达检测范围及障碍物识别能力等性能，而且车载条件对于天线的大小、重量以及外观设计均有一定的要求。

以上对自动驾驶车辆上用于行驶路线识别及障碍物检测的传感器的结构及原理进行了说明。此类传感器部分产品刚刚实现商品化，自动驾驶系统要想顺利地在各种环境下实现其功能，还需要解决很多的壳体。今后，针对环境变化，还需要开发出具有更高鲁棒性的传感器产品。另外在提高传感器单体性能的同时，开发多种功能集成于一体的复合型传感器也是今后研发的重要方向和课题。

［佐藤　宏］

参 考 文 献

1) 財団法人道路新産業開発機構：AHS（自動運転道路システム）研究開発実験の概要（1995.11）
2) 農宗：自動車における画像処理，テレビジョン学会誌，Vol.46, No.8, p.978-984（1992）
3) 農宗，小沢：自動車のマシンビジョン，電気学会論文集（C編），Vol.113, No.12, p.1038-1043（1993）

4) 農宗：連続道路画像からの実時間白線認識，映像情報，Vol. 26, p. 53-57 (1994)
5) 農宗，小沢：道路形状情報と連続道路画像からの車両位置とカメラ姿勢の同時推定，電子情報通信学会論文誌 D-Ⅱ, Vol. 77-D-Ⅱ, No. 4, p. 764-773 (1994)
6) S. E. Shladover, et al.: Automatic Vehicle Control Developments in the PATH Program, IEEE *TRANSACTION ON VEHICULAR TECHNOLOGY*, Vol. 40, No. 1, p. 114-130 (1991)
7) センサ活用の実際，オーム社，p. 75 (1984)
8) センサの上手な使い方，工業調査会 (1993)
9) 安間，小林，石川，神頭，村本：大型トラック用追突防止警報装置，自動車技術，Vol. 43, No. 2, p. 65-73 (1989)
10) 早川，丸山，藪田：車間距離警報装置について，自動車技術会学術講演会前刷集，No. 931, p. 57-60 (1993-5)
11) 財団法人電波システム開発センター：自動車用レーダ研究開発報告書，p. 52-98 (1993)
12) 上瀧ほか：ミリ波技術の手引と展開，リアライズ社，p. 81-94 (1993)
13) 江藤，高瀬，川田：自動車用レーザレーダの開発と先行者追尾システムの開発，日産技報論文集 1986, p. 66-73 (1986)
14) 大西，杉田，西野，武田：車間距離警報装置の開発，自動車技術，Vol. 50, No. 4, p. 26-31 (1996)
15) 福原：ミリ波技術の現状と自動車への応用，自動車技術，Vol. 46, No. 9, p. 79-85 (1992)
16) 村本，岡林，坂田：レーザレーダの追突警報装置への応用，日産技報，No. 27, p. 157-164 (1990. 6)
17) 寺本，藤村，藤田：レーザレーダ，富士通テン技報，Vol. 6, No. 1, p. 28-39 (1988)
18) 上村，本田，藤田：高性能・車載用ミリ波レーダシステム，富士通テン技報，Vol. 11, No. 3, p. 34-42 (1993)
19) 安間，岡林，村本，南，神頭：大型トラックの追突警報装置，自動車技術会学術講演会前刷集，No. 881, p. 105-108 (1988)
20) 梶原：レーザ距離計と衝突警報，自動車の光技術，自動車技術会，p. 13-17 (1994)
21) 村尾，佐々木，加治木：自動車用レーザレーダ，OPTRONICS, No. 3, p. 55-60 (1994)
22) 100 例にみるセンサ応用技術，工業調査会 (1993)
23) A. Asaoka, et al.: An Experimental Study of a Magnetic Sensor in an Automated Highway System, Proceedings of the 1996 IEEE Intelligent Vehicles Symposium (1996)

6.2 未来驾驶辅助系统

汽车性能在安全性、平顺性和舒适性等几大领域不断在向前发展。此前汽车技术的开发大都集中在提高车辆操纵稳定性以及改善车内乘坐舒适性方面，或者以代替驾驶人操作为目的的物理性能开发。也就是说汽车行驶速度达到 200km/h 已经不是问题，但是辅助驾驶人的信息处理能力以及操作能力相关的技术开发尚未达到理想效果。另外，汽车保有数量迅猛增加，但是道路交通网络的发展却没有与之形成配套。大城市交通出现慢性堵塞现象，汽车的舒适性在恶化。

为解决上述问题，以日本、美国、欧洲等为中心大范围开始了驾驶辅助系统的研究开发。本节首先对驾驶辅助系统的现状及研究动态进行阐述，然后讲解驾驶辅助系统相关的课题，最后根据目前的现状对驾驶辅助系统未来的发展进行预测。

6.2.1 驾驶辅助系统的现状

驾驶辅助系统通过车载或路面基础设施中的传感器、计算机、执行器、通信系统等，对外部行驶环境进行识别，对驾驶人驾驶过程中的认知、判断、操作等各个环节的部分或全部过程进行辅助或自动化处理。外部形势环境是指基于车辆的视点所观察到的广泛的外部环境，包裹周边车辆、道路形状、路面状况、天气、驾驶人自身等所有的环境因素。驾驶辅助系统在驾驶人驾驶操作的各个阶段进行信息提醒、建议、警报、操作辅助、自动操作等各种等级的辅助支持。下面针对已经商品化的驾驶辅助系统和正在研究的驾驶辅助系统进行阐述。

a. 实用化的驾驶辅助系统

（i）平视显示器　为了实现安全驾驶，要求驾驶人在视线移动范围很小的条件下就能够看清所需的信息，并且不能阻碍前方视野，减轻驾驶人视觉负担。20 世纪 60 年代开始在飞机上采用的平视显示器就具备了上述功能。1998 年该技术初次应用在乘用车上之时，仅仅是用于显示车速等简单的信息。现在已经发展到路线指引、卫星导航等多种功能。

（ii）声音导航系统　导航系统的液晶画面上显示详细信息，这增加了驾驶过程中视线移动的范围，因此开发了声音导航的功能。而且现在基于话音指令控制系统的导航系统也已经实现了商品化。在驾驶操作过程中不需要移动视线即可获得信息。预计这也是提示系统今后发展的趋势。

（iii）车间距离警报系统　为了减少高速公路上大型车辆的追尾事故，激光雷达车间距测量警报系统已经实现了商品化。乘用车用警报系统也已上市销售。系统除了声音报警、灯光报警以外,自动变速器通过传动齿轮可以实现自动解除以达到减速的目的。

(iv) 车间距离控制系统 驾驶人驾驶操作辅助系统当中,节气门控制系统已经实现商品化。如图 6-19 所示的车间距离控制系统中,利用扫描式激光雷达和 CCD 照相机识别前方车辆并测量车间距离,利用节气门控制系统和自动变速器降档保持一定的车间距离。

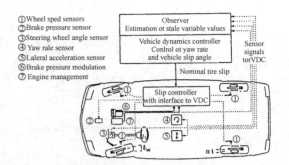

图 6-20 横摆惯性力矩控制系统
(Vehicle Dynamics Control System)

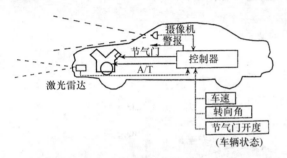

图 6-19 车间距离控制系统(自适应巡航系统:Preview Distance Control, PDC)

(v) 进入弯路车速控制系统 当进入弯路时车辆速度过快,系统会通过关闭节气门来提醒驾驶人注意。该系统融合了传统的车辆控制欲新的导航系统的多重功能,被定义为新型车辆控制系统。

(vi) 横摆惯性力矩控制系统 图 6-20 所示的系统严格意义上来说不属于驾驶辅助系统。该系统通过独立调节四轮制动力来控制惯性力矩,自动减速,防止车辆侧滑或跑偏,提高车辆的稳定性。日本和德国均已经实现了商品化。该系统可以说是传统车辆控制系统的延伸。驾驶人即使不踩踏制动踏板,当车辆面临危险情况时会自动减速回避危险,从这一点上来看,可以说是自动制动系统的雏形。

b. 研究中的驾驶辅助系统

(i) 疲劳等级警报系统 系统能够将检测出驾驶人疲劳等级并发出警报,防止驾驶人瞌睡驾驶导致交通事故。系统通过检测转向角变化、车身蛇形状态、驾驶人眼皮、心跳、皮肤电位变化、表情变化等来间接地推测驾驶人的疲劳等级。

(ii) 自动制动系统 自动制动系统主要用于回避与前方障碍物的碰撞事故。障碍物检测传感器一般采用电波雷达或者激光雷达。日本运输省推行的先进安全汽车 ASV (Advanced Safety Vehicle)上应用了各个公司的操作辅助系统。目前对于天气及障碍无条件清晰的情况,系统的障碍物检测能力较好,要想实现全天候高可靠性的障碍物检测还需要解决更多地课题。今后针对如何提高激光雷达在雨雪天气条件下距离检测能力方面还需要开发更先进的技术,而对于电波雷达,还需要在多个障碍物方位确定及识别处理方法上进一步开发。

(iii) 转向辅助系统 转向控制要求更高的传感技术、控制性能、可靠性等级等,预计商品化过程还需一定的时间。大部分的传感系统依靠的是图像处理,而如何实现不受天气、日照、时间等因素影响的准确检测是目前最大的技术难题。另外检测路面车道时,大都依靠路面白线或者地面埋设的磁力线圈。如果没有清晰标识或者路面标识被覆盖,则需要重新考虑构建识别对象和识别系统。为此在车道保持系统的基础上增加了车道偏离净白及轻度转向辅助系统（图6-21）。

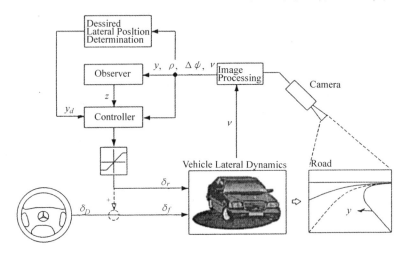

图6-21 转向辅助系统

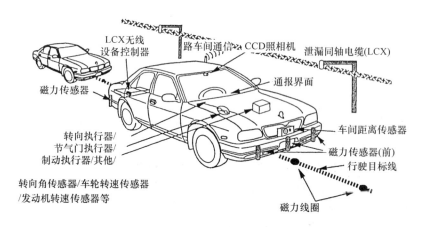

图6-22 自动驾驶系统

（iv）自动驾驶系统（图6-22） 美国、日本以及欧洲对自动驾驶系统开发开展的较早。不过自动驾驶技术十年内实现商品化目前来看存在一定困难。车间距离控制方法、转向控制方法、障碍物识别方法等重要技术的研究开发成果主要集中在驾驶辅助系统的研发领域。

以欧洲汽车厂家为主导的PROME-THEUS计划针对不依靠基础设施、仅通过汽车本身的技术实施自动驾驶的相关技术开展了研究。研究成果在1994年10月的示范性行驶验证活动中进行了搭载展示，其中梅赛德斯奔驰的试验车VITA Ⅱ（Vision Technology Application Ⅱ）搭载了18个摄像头和60部电脑用于检测路上白线，可以在公路上以超过100km/h的速度自动行驶。

日本的各个汽车厂家也开展了自律型自动驾驶的相关研究。1995年以日本建设省推出的自动驾驶道路系统AHS（Automated Highway System）为中心，各个汽车厂家开始了联合实验，大力推进基础设施协调型自动驾驶系统的开发。

美国IVHS AMERICA（现在整合为ITS AMERICA）开展了各种研究，PATH计划组织研究了基于磁力线圈的自动驾驶。1997年8月在圣地亚哥的高速公路上开展了自动驾驶示范行驶活动。

6.2.2 驾驶辅助系统的课题

a. 技术课题

引入驾驶辅助技术最大的问题在于技术层面很难实现像驾驶人一样可靠的对外部行驶环境的高度识别。实际应用环境中虽然有的领域能够做到相当高程度的识别，但是识别技术在可靠性方面仍略显不足。例如不受天气、日照条件的影响，清晰识别100m前方的小型障碍物这一行为，以目前的技术水平来说是无法实现的，未来要想单纯靠车载设备实现这一目标也是非常困难的。这些问题是实现驾驶辅助系统商品化的最大障碍。也就是说，考虑到各种各样的问题、安全驾驶责任所在、社会的受容性、基础设施建设、车载设备成本等一系列问题，驾驶辅助技术实现商品化道路曲折，更多的依然是停留在抽象的假设或者构想层面。

要想在技术应用方面有所突破，唯一的途径就是积累更加深厚的技术经验。避免不切实际的一味追求尖端技术，要脚踏实地地做好产品技术研发工作，一步一步地实现驾驶辅助技术的应用和普及。虽说要做好坚实的基础技术开发，但是很多技术开发是无法预见最终是否能够成功的，而且很多时候研发工作会超出单一汽车厂家能力所及范围。为此需要公共机构的参与，或者通过引入公共资金举国之力开展联合开发。

b. 与驾驶人操作的干涉

原来的车辆控制系统中，有些系统的运行与驾驶人操作会发生干涉（重叠），不过大都是驾驶人控制能力无法实现的短时间车辆控制（ABS等）领域，或者是替代驾驶人实施行驶、转弯或停车任意功能的车辆控制（自适应巡航等）领域的系统。也可以说是因为与驾驶人操作的重叠性小，所以导入的比较容易。而要想真正引入驾驶辅助系统，就必须要考虑如何解决系统与驾驶人操作重叠的问题。

而外部形式环境识别技术是这一环节的难点问题。驾驶人在驾驶过程中，不仅要观察正前方的车辆，还要对前方更远的车路环境动态进行把握，预测即将发生的情况确保驾驶行为的安全性。这种预测能力在未来的汽车上是否能够实现是个未知数。这对实施轻度辅助控制的驾驶辅助系统来说问题不大，但是类似紧急回避转向系统等会不会最终演变成为驾驶人完全操作的结果呢？

c. 安全驾驶的责任

驾驶辅助系统在没有得到社会广泛认可的初期阶段，解决安全驾驶责任所在市决定是否引入系统的关键所在。以实现自动驾驶历史悠久的航空飞机为例，大部分操纵工作由设备自动完成，当发生故障或问题时，由飞行员采取对策解决。也就是说即便是成熟的自动驾驶活动中，飞行员也负有确保安全的责任。汽车也应该如同此理。最早开发驾驶辅助系统的目的是为了检测驾驶人无意识的操作失误并进行警告，进一步发展到替代驾驶人部分操作，但是确保安全的第一当事人仍然是驾驶人。驾驶辅助系统真正的商品化以及实现自动驾驶，需要从现在单一功能系统向多功能系统进步，而且还要不间断的对驾驶人进行教育培训和开展宣传工作。经过不懈的努力和时间的积淀，使系统逐步得到社会舆论的认可。另外还要加快系统可靠性和安全技术的开发，这也是解决问题的关键所在。

d. 标准化

驾驶辅助系统这些高科技含量系统的应用目的是要简化用户操作的人机界面，通过操作一个按钮就能解决问题是系统追求的目标。系统启动时，驾驶人自然的动作就能够轻松地实现准确的操作。为此用户不论买的哪个厂家的那款车型，即使按钮形状不同，但是能够实现相同的功能，类似车辆的加速踏板、转向盘、制动系统，这是首先要考虑的问题。也就是说驾驶辅助系统的功能不仅仅承担选装功能的角色，要融入整个车辆，成为车辆既有的功能。这样就可以防止驾驶人操作失误，而负责开发的厂家也能够规避系统设计上的风险。

操纵飞机和火车的都是经过训练的专业人士，而使用驾驶辅助系统的汽车驾驶人却数以万计。因此实现操作按钮、零部件的标准化，甚至功能的标准化，对于用户来说是最科学的。但是这样一来就弱化了厂家之间系统上的特征差异。驾驶辅助系统应高与车辆基本的行驶、转弯等功能等同视之。树立了这样的思想，那么首先统一功能及基本性能。然后在商品的差异化等方面借鉴安全气囊、ABS 等产品的经验，进一步实现低成本、高可靠性以及舒适性等。

e. 成本负担

可想而知驾驶辅助系统在实现商品化的早期成本相当之高。早期的驾驶辅助系统以自律型系统为主。购买的用户一般不会太在意成本问题，即使成本很高，如果能够充分发挥出系统的功能，用户也会接受，而且销量也会越来越大。

那么基于基础设施的驾驶辅助系统又是什么情况呢。驾驶辅助系统领域所需要的基础设施包括路车间及车车间等的通信系统、用于行驶路线识别的辅助道路设施等。通信系统的建设理念是尽可能利用现有的社会资源，控制投资额度。不过借用现有的 VICS 等已有媒体也仅能实现信息提供功能。而能够实现警报及车辆控制的系统需要连续不断的信息传递，这在已有的通信设施上是很难实现的。道路识别相关的辅助道路设施方面，收费站通行费用需要用户自行承担，而这一费用金额相当可观，也将成为驾驶辅助系统普及的重大阻碍。由于早期会在局部限定区域或部分车辆上引入驾驶辅助系统，因此全面投入公共资金进行扶植很难被社会接受。而要想全面普及驾驶辅助系统，完全脱离社会基础设施也是不可行的。如此基础设施建设就陷入了两难的境地，需要思考如何从困境中突破出来。

日本 VICS 是基础设施建设相对较发达的实例之一，当然车载设备普及如果达不到一定程度也无法促进基础设施的建设。近几年导航系统逐渐普及，与 VICS 相配套的车载设备由导航显示器及计算机等。基础设施建设发展较为顺畅。这样发展下去，不远的将来会有越来越多的驾驶辅助系统实现普及，驾驶辅助系统的成本也会越来越亲民，那么引入公共资金大力开展基础设施建设也将不会受到阻碍。当自律型驾驶辅助系统的普及达到一定程度，车载设备引入机制趋于完善之时，基础设施系统的引入也会水到渠成。

f. 社会接受性问题

包含无人驾驶系统系统的认可等问题在内，存在很多很多的课题。比如电车等虽然是无人驾驶，但是也仅仅是在轨道上进行活动，而车辆要想在道路上实现二维平面上的自由活动，除了技术课题以外还存在着更大的课题。另外电车定为了确保切实的可靠性，在安全上的投入比例巨大。每个月都要进行全面的维修点检。汽车发生紧急情况时，给驾驶人反应的时间非常短。因此与电车和飞机相比较，对于设备的可靠性要求更高。另外与电车及飞机等公共交通相比较，私家车辆对成本的要求更直接。

如此看来自动化的驾驶辅助系统只是个美丽愿望。其实换个思路思考一下，虽然汽车无法实现电车或者飞机同样的安全可靠性，但是一部分功能可以通过驾驶人实现，同样可以大幅度降低交通事故的发生，在经济性和排放方面也能够有更高的突破。这也解决了社会接受性的问题。

6.2.3 未来驾驶辅助系统的发展

基于以上对驾驶辅助系统现状、研究动态、课题等的分析，我们来预测一下未来驾驶辅助系统的发展动向。

a. 技术变化

欧洲汽车交通智能化发展以 PROMETHEUS 主张的汽车智能化为主要推进方向。这主要是由于虽然欧洲众多国家在基础设施方面有所统一，但是在语言及法律法规等方面依然存在很多问题。

日本目前由于技术开发没有大力推进，基础设施建设方面也是观望状态，预计会采取跟欧洲相同的策略。但是随着驾驶辅助系统和自动驾驶系统关键技术的研发的不断深入，人们也意识到单纯依靠车辆自身完成高精度障碍物识别及车辆位置识别，依然存在着很大的技术性难题。1995 年 2 月，日本政府发布"推进高度情报通信社会基本方针"后，确定由五个省厅（警察厅、通产省、运输生、邮政省、建设省）联合推进汽车交通的智能化。有望在基础设施建设方面有所突破。1995 年开始的建设省主导的 AHS（自动驾驶道路系统）实验对连续路车间通信及磁力线圈基础设施进行了验证，对其可靠性及性能给予了很高的评价。通过不断完善基础设施建设，联合驾驶辅助系统，解决自动驾驶的技术难题指日可待。

b. 社会变化

最近汽车安全对于用户的吸引力越来越淡化，而自动变速器、汽车空调、车载音响等舒适娱乐性系统越来越受到关注，虽然装备的成本偏高，但是搭载率却在不断上升。此前 ABS、安全气囊价格也曾居高位，但是愿意花钱购买的客户却少之又少。最近随着安全意识的提高以及汽车厂家的各种宣传推广活动，未装备安全气囊和 ABS 的车辆已经没有市场了。这变化也不过是两三年的时间。

驾驶辅助系统的开发主要是为了实现安全、快捷、顺畅且环保的汽车交通环境。驾驶辅助系统对于实现顺畅的道路交通环境的影响并不是很直观，因此用户可能很难将二者紧密联系起来，不过纵观社会的变化，相信不久的将来，通过科学的教育以及广泛的宣传活动，这一概念会深入人心。另外从近年来的环境污染状况来看，当现在的孩子长大成人后，环保系统理念将会成为一种社会常识。长远来看，未来驾驶辅助系统的商品化乃至自动驾驶系统的商品化几乎不存在社会接受性等壁垒，如果相关技术开发成熟，那么将会迅速普及推广，被人们所接受。

c. 未来的驾驶辅助系统

那么到底什么样的驾驶辅助系统今后更容易实现商品化呢？

为驾驶人提供信息及辅助的系统今后将随着 VICS 的发展进一步得到普及，功能方面也将进一步多元化，为人们的驾驶行为创造更多的便利。未来人们可能在驾驶车辆的同时进行计算机办公。

从操作辅助系统来看，如果能够提升激光雷达以及电波雷达的识别性能，那么在车间距离控制系统上增加制动功能很容易实现，从而在技术角度解决了自动制动系统商品化的问题。

不过如上所述，提升车辆位置识别精度相关的基础设施建设发展到一定程度后，辅助操作转向纠正车辆偏离车道等转向辅助系统的实用化才具有一定的现实意义。也就是说，要想实现自动制动，必须能够全天候高精度地对远方的障碍物进行识别，这也是技术难点所在。不过实现转向辅助所需要的车辆横向位置信息，只需要检测车辆附近的信息即可获得。因此只要在基础设施上有所建树，那么将会构建出在可靠性和性能方面均满足需求的识别系统。

综上所述，基础设置的建设是驾驶辅助系统乃至自动驾驶系统从研究阶段向商品化迈进的道路种最关键的一环。

［早舩一弥］

参 考 文 献

1) 岡林:新しい電子表示技術の動向,自動車技術, Vol. 44, No. 9 (1990)
2) 安間ほか:レーザレーダを用いた大型トラックの追突警報装置の研究,自動車技術会論文集, No. 41 (1989)
3) 早川ほか:車間距離警報装置について,自動車技術会学術講演会前刷集, No. 931, 9301728 (1993)
4) プレビューディスタンスコントロール,技術発表資料,三菱自動車 (1995)
5) T. Watanabe, et al.: Development of an Intelligent Cruise Control System, Proc. of ITS '95, Vol. 3, p.1229-1235 (1995)
6) 新型ディアマンテ広報資料,三菱自動車 (1995)
7) K. Yoshioka, et al.: Improvements in Cornering Safety through Deceleration Control and Road Preview, Proc. of ITS America 5th Annual Meeting (1995)
8) Anton T van Zanten, et al.: VDC, the Vehicle Dynamics Control System of BOSCH, SAE Paper, No. 950759 (1995)
9) VSC (Vehicle Stability Control) 技術発表資料,トヨタ自動車 (1995)
10) 児玉ほか:皮膚電位を用いた覚醒度検出装置の開発,自動車技術会学術講演会前刷集, No. 912, 912172 (1991)
11) 森永ほか:ドライバの覚醒度推定の要因分析について,自動車技術会学術講演会前刷集, No. 946, 9437593 (1994)
12) 杉山ほか:まばたきによる意識低下検知法,自動車技術会学術講演会前刷集, No.951, 9534388 (1995)
13) H. Kikuchi, et al.: Development of Laser Radar for Radar Brake System, Proc. of AVEC'94 (1994)
14) T. Butsuen, et al.: Development of a Collision Avoidance System with Automatic Brake Control, Proc. of the 1st World Congress on Application of TT and IVHS (1994)
15) 中島:21世紀に向けた先進安全実験車(ASV)研究開発の推進,自動車技術, Vol. 47, No. 12 (1993)
16) 運輸省先進安全自動車推進検討会:21世紀へ向けて(ASVパンフレット) (1994)
17) B. Ulmer: VITAⅡ-Active Co llision Avoidance in Real Traffic, Proc. of Intelligent Vehicle '94 (1994)
18) S. Hahn: Switching between Autonomous and Conventional Car Driving- A Simulator Study, Proc. of Intelligent Vehicle '93 (1993)
19) U. franke, et al.: The Daimler-Benz Steering Assistant – a Spin-off from Autonomous Driving, Proc. of Intelligent Vehicle '94 (1994)
20) K. Naab, et al.: Driver Assistance Systems for Lateral and Longitudinal Vehicle Guidance-Heading controlnd Active Cruise Support-, Proc. of AVEC'94 (1994)
21) A. Hosaka, et al.: The Development of Autonomously Controlled Vehicle, PVS, IEEE VNIS'91 (1991)
22) A. Okuno, et al.: Development of Autonomous Highway Cruising System, IVHS America 3rd Annual Meeting (1993)
23) 車間側方コントロールシステム WG, AHS研究開発実験の概要,道路新産業開発機構 (1995)
24) 加藤:墜落,講談社 (1990)
25) 遠藤:飛行機はなぜ落ちるか,講談社 (1994)
26) 久野:航空機の飛行制御系設計における人間/機械系の調和について,日本機会学会東海支部講習会資料,最新の安全性・信頼性向上技術 (1995)
27) 早舩ほか:運転支援システムの分類,自動車技術会 車と道路のインテリジェント化 (VeRI) シンポジウム資料, 9431580, p. 60-66 (1994)
28) 野島ほか:社会的受容性の検討,自動車技術会 車と道路のインテリジェント化シンポジウム資料, 9533659, p. 18-29 (1995)
29) 服部ほか:AVCSの現状と課題,自動車技術会,日本における自動運転について考える,車と道路のインテリジェント化シンポジウム資料, 9631498, p. 18-27 (1996)
30) 早舩:運転支援システム技術の現状と課題,自動車技術会学術講演会前刷集, No. 952, 9535189 (1995)

6.3 自动驾驶系统

汽车驾驶自动化,是指驾驶过程中不需要驾驶人的驾驶操作。或者说运行不需要驾驶人参与的系统称之为自动驾驶系统。本小节将按照时间顺序对汽车的自动驾驶系统进行预测,并对自动驾驶系统的关键技术及应用实例进行介绍。表6-4为缩略语表。

6.3.1 历史

汽车自动驾驶系统的历史可以追溯到20世纪30年代纽约世界博览会上GM公司展出的概念车Futurama。而真正开始自动驾驶系统研究却是在50年代后期。之后的发展也并非一帆风顺。现在,在EU以及美国大力推行的ITS相关的大规模国家项目中,自动驾驶系统的研究占有重要的地位。这里基于技术和社会的背景,按照第一代到第三代自动驾驶系统分类进行介绍(表6-5)。

表6-4 缩略语表

AHS:	Automated Highway System
ALV:	Autonomous Land Vehicle
AVCS:	Advanced Vehicle Control System
BVV:	Bildvorverarbeitungs – System
CMU:	Carnegie Mellon University
DARPA:	Defense Advanced Research Project Agency
DRIVE:	Dedicated Road Infrastructure for Vehicle Safety in Europe

第6章 自动驾驶系统的展望

(续)

ERIM：	Environment Research Institute of Michigan
FSLQ：	Frequency – Shaped Linear Quadratie
HMMWV：	High Mobility Multipurpose Wheeled Vehicle
ISTEA：	Intermodal Surface Transportation Efficiency Act
ITS：	Intelligent Transport Systems
NavLab：	Navigation Laboratory
NIST：	National Institute of Standard and Technology
PATH：	Partners for Advanced Transit and Highway
PROMETHEUS：	Programme for a European Traffic with Highest Efficiency and Unprecedented Safety
PVS：	Personal Vehicle System
VaMoRs：	Versuchsfahrzeug fur autonome Mobilität Rechnersechen
VITA：	Visiom Technology Application

a. 第 1 代自动驾驶系统

自动驾驶系统的概念最早是美国于 20 世纪 50 年代后期提出。其目的是解决当时社会影响严重的交通事故和交通拥堵问题。

这一时期的自动驾驶系统以在路面埋设感应电缆为主，车辆沿着电缆行驶。50 年代末到 60 年代，美国 RCA、GM、俄亥俄州立大学、英国道路交通研究所、德国西门子等多所大学和企业等先后开展相关研究工作。日本机械技术研究所与 60 年代前期开始研究工作。如图 6-23 位机械技术研究所的自动操纵汽车。基于感应电缆实现的自动驾驶系统称之为第一代。

感应电缆的优点是在雨雪天气环境下仍然能够主动地提示行驶线路。但是前提条件是要在行驶的路面下埋设电缆，因此基于电缆实现应用的系统目前几乎没有实现真正的商品化。目前大都停留在试验跑道上的实车试验、专用道路的双模客车以及货场的无人卡车等指定场所的应用上。

表6-5　自动驾驶系统历史

年代	自动驾驶总体	导向式自动驾驶系统	自律式自动驾驶系统
1940	[美] Futurama		
1950	[美] 自动驾驶系统提案		
	第一代自动驾驶系统	[美] 自动驾驶系统实验	
		[欧] 自动驾驶系统实验	
1960		[日] 自动驾驶系统实验	
1970			
	第二代自动驾驶系统		[日] 智能汽车
1980			[美] ALV、NavLab、HMMWV
			[德] VaMoRs
	第三代自动驾驶系统		[日] PVS
	[欧] PROMETHEUS		
1990	[美] IVHS	[美] PATH 队列行驶	
			[德] VITA Ⅱ
	[日] AHS		[法] Pro – Lab Ⅱ
	[美] AHS		[美] NavLab6

151

图 6-23 机械技术研究所的自动操纵车

少数国家和城市实现了公共道路感应电缆的应用。比如瑞典哈姆斯塔德市（Halmstad）的支线巴士。该系统仅在停车站台附近埋设了感应电缆，能够准确停靠在站台内，主要目的是为了方便轮椅和婴儿车上下车方便。

现在对导向式自动驾驶系统的研究依然没有停止。同时也出现了替代感应电缆的路边墙壁、角隅棱镜、磁力线圈等新型组件。

b. 第 2 代自动驾驶系统

各国感应电缆式自动驾驶系统的研究告一段落。进入 20 世纪 70 年代，日本的机械技术研究所开始了基于计算机视觉技术的自律型自动驾驶系统的研究。该系统称之为智能汽车，其目的是摆脱导向式系统对道路特殊装置的依赖。图 6-24 为智能汽车实例。智能汽车于 1977 年成功完成行驶实验。

图 6-24 智能汽车

美国国防部高级研究计划局（DARPA）于 20 世纪 80 年代前期开始着手军事无人侦察机用 ALV 的开发。开发工作主要由马丁公司负责。ALV 利用计算机视觉技术和激光测距仪检测车辆行驶及车外障碍物，然后对行驶环境进行判断和确定行驶计划，最终实现完全自律行驶。80 年代中期开始，美国卡内基梅隆大学（CMU）的 NavLab 和国家标准与技术研究所（NIST）的 HMMWV 接受并继续开展该项研究，目前正在开展在一般汽车以及火星探测车上的应用研究。

德国慕尼黑联邦国防大学于 20 世纪 80 年代中期开始了基于计算机视觉技术的自律汽车 VaMoRs 的开发。该研究最初的目的是为了解决高速图像处理问题，后来再应用于汽车的自动驾驶研究。1987 年，VaMoRs 在尚未正式开通的高速公路上进行了时速 96km 的跟随行驶。PROMETHEUS 试验车辆上应用了该计算机视觉技术。

20 世纪 80 年代后期，日本的日产汽车和富士通公司开始了 PVS 自动驾驶系统的研究开发。PVS 是基于计算机视觉技术的自律型自动驾驶技术综合实验车。图 6-25 为 PVS。PVS 着眼于未来的具体交通工具，可以说是此后第 3 代系统的先驱。

图 6-25 PVS：房檐处装备三台路线检测用 TV 照相机，车辆前部装有两台检测障碍物用照相机

此外从 20 世纪 80 年代后期开始，日美及 EU 的各个大学、研究机构以及汽车厂家

等开展了众多基于计算机视觉技术的自动驾驶系统的研究。

20世纪70~80年代，基于计算机视觉技术的自动驾驶系统大部分并非出于自动驾驶的目的，可以说起到了从第1代向第3代过度的效果。

c. 第3代自动驾驶系统

20世纪80年代后期开始，EU和日美等就启动了大规模ITS相关的国家级项目。其目的是通过电子、通信技术和控制技术的应用环境交通事故、拥堵以及环境污染等汽车带来的交通问题。安全不仅仅是被动安全，更重要的是主动安全。消除道路拥堵也并不是修建新的道路，而是要通过控制交通流和车辆缓解交通堵塞。其中包含自动驾驶在内的先进车辆控制系统（AVCS）是解决汽车交通问题非常有效的手段。欧美日关于ITS研究的系统称之为第3代自动驾驶系统，其代表性系统就是美国的ITS、EU的PROMETHEUS、日本建设省的自动驾驶道路系统。

美国加州的ITS项目PATH以AVCS为主要课题，于1990年开始自动驾驶系统的研究。该系统称之为"platooning"，主要是用于自动驾驶中的群车队列行驶。

CMU在NavLab开发经验的基础上，与ITS相关联，成功开发了基于计算机视觉技术的自律式自动驾驶系统NavLab V。NavLab V源自迷你厢式车，已经在公路上完成道路行驶试验。

美国运输部于1997年8月在加州圣地亚哥的1-15HOV路面上完成了自动化高速公路（AHS）实验。美国在1992年制定了关于道路交通效率的法令（ISTEA）。由于AHS对于消除交通拥堵、提升安全性以及防治大气污染等方面起到了积极作用，因此该法令要求在1997年之前完成自动驾驶系统的试验工作。AHS计划也是在该法令的推动下开始的。为了确保1997年的试验计划顺利完成，1994年10月，以GM为中心，包括PATH和CMU在内结成了合作联盟。

1997年8月的试验主要是从技术角度对可行性进行验证。实验针对PATH具有侧向控制功能的队列车辆、CMU基于计算机视觉技术的车辆、加州运输局（Caltrans）具有障碍物检测回收功能的道路维护车辆、载货汽车用雷达及自适应巡航控制等七个系统开展了示范性验证。

EU的ITS相关项目主要有以建设完善基础设施为主的DRIVE和以车辆为对象的PROMETHEUS。自动驾驶系统归类在PROMETHEUS项目中，该项目由戴姆勒奔驰于1986年提出，是Eureka计划重要的一环，于1994年10月结束。该项目聚焦于车辆智能化，开发了诸如车道保持辅助系统、碰撞回避系统、协调行驶系统、自适应巡航控制等众多AVCS相关的系统。自动驾驶应用主要是车道保持辅助系统和碰撞回避系统。PROMETHEUS项目中能够实现自动驾驶的车辆有戴姆勒·奔驰的VITA II、PSA雷诺的Pro-Lab II、VW的Convoy等。VITA II和Pro-Lab II利用计算机视觉技术和雷达检测路线及障碍物。Convoy搭载了与PAHT相同的高密度群车行驶系统，在试验跑道上以100km/h的车速与多辆车保持1m的距离成功完成了行驶实验。遗憾的是研究中途搁浅了。

PROMETHEUS的试验车辆不仅在试验场地验证，而且成功在公路上完成了高速行驶。不过现阶段第2代和第3代自动驾驶系统还没有实现商品化。另外此前开发的计算机视觉系统由于其特性的限制，行驶条件也有一定的局限性。

日本的ITS项目中完成了自动驾驶试验的有建设省推进的自动驾驶道路系统（AHS）。1995年秋季在横滨召开的ITS世界大会上，建设省公开发布了在土木研究所试验场上进行的自动驾驶道路系统试验。并于1996年秋季完成了高速道路的验证试验。

6.3.2 自动驾驶系统的主要技术

汽车的自动驾驶系统必须具备两大功能，一个是路线检测和沿检测路线进行行驶控制的功能，另一个是障碍物检测和回避功能。表6-6为系统实例和功能分类。该表中不同的功能按照其目的不同所需的地面设施以及车载设施进行了整理。所有设施按照主动系统和被动系统进行分类。这里的主动系统是指发送媒体或信号的系统，包括感应电缆、磁力线圈、超声波传感器、激光雷达、雷达等。被动系统是指不发射媒体信号的系统，包括磁力传感器、计算机视觉等。

表6-6 自动驾驶系统应具备的功能

功能	地面设施	车载设备	系统实例
路线检测	主动系统 感应电缆	被动系统 传感器	基于感应电缆的自动操纵车
	磁力线圈	被动系统 传感器	PATH 队列行驶
	被动系统 路线标识	被动系统 计算机视觉	PVS、VITA II、NavLab V
	导轨	被动系统 计算机视觉	智能汽车
	导轨	主动系统 超声波传感器	PVS
	无	被动系统 航位推算	智能汽车
障碍物检测	主动系统 感应环	无	机械技术研究所自动操纵车
	无	主动系统 激光雷达	PVS
		主动系统 雷达	PATH 队列行驶
		被动系统 计算机视觉	智能汽车、PVS、VITA II

以下从上述两种功能方面针对第1代到第3代自动驾驶系统中的代表性系统进行说明。

a. 机械技术研究所的自动操纵车

机械技术研究所的自动操纵车诞生于20世纪60年代，于其他的第1代自动驾驶系统一样，利用埋设于路面下的感应电缆进行侧向（转向）控制。如图6-26所示，向感应电缆接通交流电，利用车辆前方保险杠两端的传感器检测所产生的交流电磁场，以此来感知是否偏离车道，最终通过PD控制实现侧向控制。后保险杠两端安装两个传感器，用于测量车辆的横摆角度，这是系统确定转向操作量的必要条件。该自动操纵车辆在1967年完成了车速为100km/h的自动行驶。

机械技术研究所的自动操纵车辆不具有检测一般障碍物的功能，但是能够防止与前

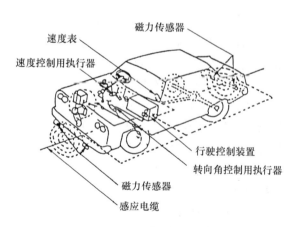

图6-26 自动操纵车辆的构成

方车辆发生追尾事故。该防追尾系统通过路面下埋设的感应环检测前方车辆，根据车间距离控制车速。

b. 智能汽车

智能汽车可以说是世界上最早的基于计算机视觉技术的自动驾驶系统，车辆前端安

装了用于检测障碍物的 TV 照相机。基于视差原理进行障碍物检测，图像处理通过硬连线逻辑完成。针对 TV 照相机发出的视频信号，直接进行理论演算，实时进行障碍物检测。通过 16 台硬连线逻辑设备并行实现二维视野，视野范围为车辆前方 5~20m，约 40°视角。该视野范围的障碍物检测结果如图 6-27 所示。

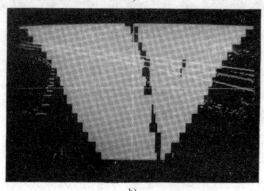

图 6-27　视野内的障碍物
a) 真实图像　b) 导轨作为障碍物检测的结果

早期的智能汽车沿着计算机视觉技术检测出的导轨行驶，自动行驶速度可以达到 30km/h。此后在车辆上增加了航位推算功能，利用该功能进行转向操作。虽然最终实现的是开环控制，不过通过联系单障碍物检测和回避，最终能够自动行驶到达目的地。

c. Navlab

CMU 的 NavLab 搭载了检测路线用彩色 TV 照相机和检测障碍物用的 ERIM 制三维激光测距仪。NavLab 最初速度只能达到 3km/h 左右。通过提高信息处理速度，速度提升到了 40km/h。

NavLab 依靠道路几何特征知识库检测道路模型。检测道路区域范围时，通过边缘提取、线性特征轨迹及颜色信息等实现边界追踪，另外还采用匹配滤波器进行选段追踪等图像处理演算法。

激光测距仪通过水平方向 80°、垂直方向 30°的激光束以 0.5s 的周期进行扫描，根据反射光和发射光的相位差形成的距离像和反射光的强度像检测障碍物。检测范围为 19.2m 以内，距离的分辨率约为 7.6cm。

目前的 NavLab V 由 2 台检测路线用 TV 照相机和便携式电脑构成，通过神经网络控制系统检测道路边界和路上标识，完成转向操作。该 NavLab V 于 1995 年在匹兹堡到圣地亚哥约 3000mile（1mile＝1.6km）的公路上，完成了约全程 95% 的自动行驶。

d. VaMoRs

慕尼黑联邦国防大学 VaMoRs 的亮点在于检测行驶路线的计算机视觉技术。最早用于图像处理的 BVV2 装置由 15 个 i8086 处理器构成，通过实时并列处理完成道路检测。系统以 16.6ms 的周期检测道路边缘并在计算机上小窗显示，利用结构化的道路模型检测道路一侧情况。目前正在尝试通过检测道路纵向边缘来检测障碍物。

此后利用 i80386 又成功开发了图像处理装置 BVV3，该装置能够同时检测多条车道信息以及侧面超车车辆和后侧车辆，还能够识别道路标识等。

e. PVS

PVS 作为新型交通系统，其目的是实现不受时间、地点限制，任何人都能够轻松驾驭。该系统由日本机械系统振兴协会主持立项并开展研究工作。日产汽车提供车辆及控制系统，委托富士通完成图像处理系统的开发。研究工作自 1987 年开始，1992 年研究完成。

PVS 由检测路面标识用计算机视觉系统、检测障碍物用计算机视觉系统、检测障碍物用激光雷达、检测导轨用超声波传感器构成，还搭载了专用图像处理装置和行驶控制工作站，另外还具有航位推算功能。

PVS 利用侧向控制演算法（基于车辆前方 5～25m 范围的车道标识以及职业驾驶人驾驶经验）完成交叉路口以及回形针形道路自律行驶。无法获取车道信息时，通过超声波传感器测量与导轨的距离并沿着导轨行驶。然后利用车道信息和航位推算功能测量路面形状，自动生成行驶地图。

PVS 利用立体计算机视觉系统和激光雷达检测附近静止车辆等障碍物。当道路宽度足够通过时，系统自动进行障碍物回避并通过。

f. PATH 的自动驾驶

美国加州的 PATH 以加州大学伯克利分校为中心推进，另外还有多所大学和企业参与，共同开展队列自动驾驶系统的相关研究。该系统能够以很小的车间距离在高密度车群中实现自动跟随行驶。开发该系统的主要目的是为了通过缩小车间距离增加道路交通容量，以及通过缩小车道宽度增加车道数量。

车辆侧向控制归类为导向式自动驾驶系统。路面下每隔约 1m 的距离埋设磁力线圈。利用车辆前端装备的传感器检测磁场，进而感知车道偏离情况，实现侧向控制。图 6-28 为磁力线圈和车用传感器。沿道路埋设的磁力线圈形成既定车道，系统通过预先控制实现车辆的平顺性特性。

车群内各车辆的纵向（速度）控制通过车车间通信和车间距离雷达完成。通过车车间通信将前方车辆的加减速动作传递给后车，各车联动实现同步的加减速。通过雷达测量车间距离实现车间距离控制。其控制原理与描述发动机节气门转化为车辆速度的非

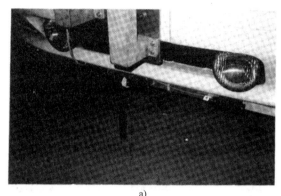

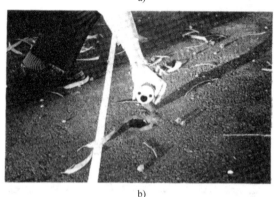

图 6-28　PATH 侧向控制
a) 车辆前保险杠下方的磁力传感器和磁力线圈
b) 磁力线圈天线于路面上的埋设装置

线性模型滑膜控制相同。

现阶段侧向控制和纵向控制还是单独进行试验。1992 年在大学校内试验场地进行了侧向控制试验，包括时速约 70km 的弯路行驶实验、蛇形行驶试验和模拟冰雪路面行驶试验。同年在圣地亚哥的高速公路上进行了纵向控制试验，四辆试验车以 100km/h 的车速和 8～9m 的车间距离成功完成跟随行驶试验。

g. VITA Ⅱ

PROMETHEUS 试验车辆之一是戴姆勒·奔驰的 VITA Ⅱ。该试验在奔驰 S600 乘用车上搭载了基于计算机视觉技术的自动驾驶系统，主要用于辅助保持车道和回避碰撞。

VITA Ⅱ的计算机视觉系统安装了共计

18台TV照相机，用于观察车辆前、后及侧面情况。4组立体视觉相机用来检测车辆前后方及左右两侧的障碍物。监测行驶路线的计算机视觉系统由慕尼黑联邦国防大学负责开发。如图6-29为不同焦距的两台照相机。车载计算器由60个处理器构成，演算能力达到了850MFLOPS。

图6-29 慕尼黑国防大学开发的由两个带长短焦点镜头构成的路线检测照相机（车辆为慕尼黑联邦国防大学的试验车辆）

VITAⅡ不仅能够实现100km/h以上的自动驾驶，还能够根据驾驶人（操作员）的指示对车辆左右及后方进行安全确认并自动完成车道变更。

h. 自动驾驶道路系统

日本建设省推进的AHS已经完成了四个系统的群车行驶实验。表6-7为1995年试验中四个系统所用的传感器系统和控制系统。从表中可以看出，主要采用的是侧向控制系统和纵向控制系统。自动驾驶道路系统的构成如图6-22所示。

侧向控制系统中系统C采用的是计算机视觉系统检测道路白线，系统C以外的系统主要采用的是PATH项目所使用的磁力线圈组。四个系统的磁力传感器均安装在前保险杠下侧，系统B采用的是霍尔元件，其他系统采用的是过饱和芯片高灵敏度磁力传感器。另外系统D在后保险杠下侧安装了磁力传感器，用于测量车辆的横摆角度。侧向控制一般都是基于车道偏离的反馈控制于基于车道信息的前馈控制并用。

纵向控制主要通过车车间通信和测距系统实现。试验设置的跟随实验时间间隔为1s。系统A通过前方车辆后部安装的发光器及后续车辆的TV照相机测量车辆间距。发光器也可以作为车车间通信的发送装置。系统B和系统C利用激光雷达测量车间距离，系统D将各车辆检测的自车位置信息进行交换获取车间距离，车辆的速度以及其他信息由路边的泄漏同轴电缆向各车辆传递。

表6-7 自动驾驶系统

系统	侧向控制路线检测及车载传感器	纵向控制车间距离测量方法	车车间通信
系统A	磁力线圈和磁力传感器	通过发光器进行三角测量	光学式
系统B	磁力线圈和霍尔元件	激光雷达	数字无限
系统C	道路标识和计算机视觉	激光雷达	数字无限
系统D	磁力线圈和磁力传感器（搭载于车辆前后侧），横摆角度测量	通过交换车辆位置信息计算	SS无线

6.3.3 自动驾驶系统的效果和课题

汽车自动驾驶系统的典型代表AVCS有可能从根本上解决汽车交通问题。AVCS系统能够早期发现问题并提前进行操作，排除驾驶人人为错误，排除驾驶人心理影响，确保操作有效，对具体车辆实现控制。基于上述特征，AVCS毋说是解决交通事故、拥堵、环境污染等汽车交通问题的有效方法。并且随着未来老龄化社会问题的加剧，

AVCS 也能够在辅助老年人驾驶方面起到非常重要的作用。

不过以自动驾驶为核心的 AVCS 要想实现商品化，需要突破众多技术性难题，而且还要解决生产责任、社会接受性多方面的难题。

[津川定之]

参 考 文 献

1) 津川ほか：道路交通の自動化，電気学会道路交通研究会（1995年6月22日），論文番号 RTA-95-14（1995）
2) 津川：自動車交通のインテリジェント化－欧米日のプロジェクトの現状，システム/制御/情報，Vol. 39, No. 5, p. 211-218（1995）
3) S. Shladover：Research Needs in Roadway Automation Technology, SAE Paper, No. 891725（1989）
4) L. E. Flory, et al.：Electric Techniques in a System of Highway Vehicle Control, RCA Review, Vol. 23, No. 3, p. 293-310（1962）
5) H. M. Morrison, et al.：Highway and Driver Aid Developments, SAE Trans., Vol. 69, p. 31-53（1961）
6) R. E. Fenton, et al.：One Approach to Highway Automation, Proc. IEEE, Vol. 56, No. 4, p. 556-566（1968）
7) P. Drebinger, et al.：Europas Erster Fahrerloser Pkw, Siemens-Zeitschrift, Vol. 43, No. 3, p. 194-198（1969）
8) Y. Ohshima, et al.：Control System for Automatic Automobile Driving, Proc. IFAC Tokyo Symposium on Systems Engineering for Control System Design, p. 347-357（1965）
9) 堺ほか：自動車無人走行実験システム，日産技報, No. 22, p. 38-47（1989）
10) 大西ほか：悪路走行の高信頼自動操縦システム開発，自動車技術会学術講演会前刷集, No. 921, Vol. 3, p. 21-24（1992）
11) 岡：これからのクルマと都市の関係，ダイヤモンド社, p. 212-213（1985）
12) 津川ほか：知能自動車に関する研究，機械技術研究所報告, No. 156（1991）
13) M. A. Turk, et al.：VITS－A Vision System for Autonomous Land Vehicle Navigation, IEEE Trans., Vol. PAMI-10, No. 3, p. 342-361（1988）
14) C. Thorpe, et al.：Vision and Navigation The Carnegie Mellon Navlab, Kluwer Academic Publishers（1990）
15) M. Juberts, et al.：Vision-Based Vehicle Control for AVCS, Proc. the Intelligent Vehicles '93 Symposium, p. 195-200（1993）
16) V. Graefe：Vision for Intelligent Road Vehicles, Proc. the Intelligent Vehicle '93 Symposium, p. 135-140（1993）
17) V. Graefe, et al.：Vision-based Autonomous Road Vehicles, in I. Masake（ed.）：Vision-based Vehicle Guidance, Springer-Verlag, p. 1-46（1991）
18) 保坂：自動運転の実験－Ⅱ－自律走行車 PVS とその走行実験，自動車技術会 Smart Vehicle の現状と課題シンポジウム資料, p. 43-49（1992）
19) 薦田：自動運転の実験－Ⅰ－高速道路自動運転システムの将来課題，自動車技術会 Smart Vehicle の現状と課題シンポジウム資料, p. 36-42（1992）
20) 丸屋ほか：自律走行実験車の開発，第5回知能移動ロボットシンポジウム予稿集, p. 25-30（1990）
21) N. Kehtarnavaz, et al.：Visual Control of an Autonomous Vehicle（BART）－The Vehicle-Following Problem, IEEE Trans., Vol. VT-40, No. 3, p. 654-662（1991）
22) K. S. Chang, et al.：Automated Highway System Experiments in the PATH Program, IVHS Journal, Vol. 1, No. 1, p. 63-87（1993）
23) B. Ulmer：VITA Ⅱ－Active Collision Avoidance in Real Traffic, Proc. the Intelligent Vehicles '94 Symposium, p. 1-6（1994）
24) M. Hassoun, et al.：Towards Safe Driving in Traffic Situation by Using an Electronic Co-Pilot, Proceedings of the Intelligent Vehicle '93 Symposium, p. 444-448（1993）
25) E. Fiala：Future Contributions of the Motor Car to Safety and Environmental Protection, Proc. FISITA 1986, Vol. 4, p. 4.17-4.24（1986）
26) S. Tsugawa：Super Smart Vehicle System：Future Intelligent Driving and the Measures for the Materialization, Proc. 1993 IVHS America Annual Meeting, p. 192-198（1993）
27) 保坂：自動車の自動操縦技術の動向，日本機械学会ロボティクス・メカトロニクス講演会'92講演論文集（Vol. A）, p. 979-984（1992）
28) 道路交通自動化システム，電気学会技術報告第636号，電気学会（1997）